编委会

主　编：王晓红　罗姣姣
副主编：包圆圆　田　元
编写组成员【排名不分先后】
　　　　　杨　宾　姜宇佳　张　辰　姜鹏翔　李怡汐
　　　　　李悦飓　李　欢　胡　瑞　喇　姆　杨雨千
　　　　　王亚雪　李　卓　纪嘉欣　陈飞扬　赵雨泉
　　　　　翟昊冉　陈　健　岳沁蓉　张昊若　曹　婷

中国网络视听研究案例库

China Online Audio-Visual Case Study

视听新传播：
转型与破局
中国网络视听年度案例研究
 2023

王晓红　罗姣姣 ⊙ 主　编
包圆圆　田　元 ⊙ 副主编

中国传媒大学 出版社
·北京·

主编简介

王晓红，教授、博士生导师，中国传媒大学校务委员会副主任、本科生院院长。入选国家高层次人才计划、全国文化名家暨"四个一批"人才、"国家百千万人才工程"，荣获"有突出贡献中青年专家"称号。研究方向为广播电视学、视听新媒体、媒体融合等。主持多项国家级重大及省部级重点课题，完成多项与各级机构合作课题，曾在《现代传播》《新闻与写作》等刊物上发表百余篇文章。兼任中国网络视频研究中心主任，创办中国网络视频学院奖、中国网络视听年度案例库等。

罗姣姣，北京体育大学新闻与传播学院教师，硕士生导师，中国文艺评论家协会新媒体委员会委员。中国传媒大学广播电视学博士，清华大学新闻与传播学院博士后。2016年创立广电、视听行业自媒体"看电视"微信公众号并担任主编。先后在《中国编辑》《中国电视》等刊物上发表学术论文二十余篇，出版专著《中国电视综艺发展史》。

包圆圆，中国传媒大学媒体融合与传播国家重点实验室副研究员，硕士生导师，中国网络视频研究中心主任助理。长期从事视听新媒体、媒体融合相关研究，主持、参与国家社科基金重大课题、国家广播电视总局规划课题等国家级、省部级项目十余项。出版编著《中国网络视频年度案例研究》5部，在《现代传播》《中国新闻与传播研究》等刊物上发表文章十余篇。

田元，浙江大学传媒与国际文化学院百人计划研究员，博士生导师。中国传媒大学中国网络视频研究中心特约研究员，湖南卫视等一线卫视节目质量评估特约专家。研究方向为视听内容生产、媒介社会学及广播电视艺术学。曾在《新闻记者》《新闻界》等刊物上发表学术论文十余篇，出版专著《景观重构：视频内容模式案例研究》。

目录

融合、精品、增效
　　——2022年网络视听行业发展综述　　　　　　　　　　／1

视听精品案例

网络视听内容的跨界融合与创新表达
　　——以2022—2023《中国网络视听年度盛典》为例　　／31

乡村振兴主题剧的价值引领与市场化建构
　　——以《幸福到万家》为例　　　　　　　　　　　　／45

守正与创新：主旋律节目的年轻态破局密码
　　——以《这十年·追光者》为例　　　　　　　　　　／64

吹响网络电影高质量发展的集结号
　　——以《特级英雄黄继光》为例　　　　　　　　　　／84

节目高质量发展何以兼顾"降本"和"增效"
　　——以《快乐再出发》为例　　　　　　　　　　　　／99

平台创新案例

自主学习视频社区的实践及其阐释
　　——以哔哩哔哩知识区为例　　　　　　　　　　　／117

长视频平台集约化运营下网剧的发展实践及其阐释
　　——以《梦华录》为例　　　　　　　　　　／136
短视频平台自制综艺的内容创制与传播运营
　　——以抖音自制综艺为例　　　　　　　　／150
北京冬奥会的转播范式创新与运营路径探索
　　——以咪咕视频为例　　　　　　　　　　／165

——媒体融合案例——

音频媒体融合转型的路径与策略
　　——以中央广播电视总台云听 App 为例　／189
传统广电媒体转型 MCN 的创新实践
　　——以芒果 MCN 为例　　　　　　　　　／207
新型台网合作模式的实践思路与特征呈现
　　——以"中国节日"系列节目为例　　　　／224

——新技术新探索——

虚拟数字人的人格呈现、技术迭代与应用探索
　　——基于多个数字人的探索分析　　　　　／243
在线健身直播的传播策略与运营机制
　　——以刘畊宏健身直播为例　　　　　　　／262
网络直播赋能企业转型的实践阐释
　　——以新东方东方甄选直播间为例　　　　／276

融合、精品、增效
——2022年网络视听行业发展综述

2022年网络视听行业诸端口、诸业态持续发展推进，呈现出新的发展面貌和态势。从宏观上的顶层设计到中观上的政策管理再到微观上的内容产制，融合化、精品化、高效化构成了其中的主流关键词，沿着这条脉络，本文从重大主题项目建设、管理政策、网络剧集、网络综艺、网络电影、网络纪录片以及短视频七大维度入手，描画网络视听在2022年的整体性发展面貌与发展路径。

一、重大主题项目建设：紧扣核心、融合传播

2021年适逢中国共产党建党百年，网络视听业界深入聚焦学习习近平总书记"七一"重要讲话精神，坚持思想引领与媒体深度融合，以优质内容研创和主流价值融合传播宣导为核心，助力实现中国网络视听产业高质量发展。2022年中国共产党第二十次全国代表大会的胜利召开为实现中国式现代化语境下文化建设指明了方向。"广泛践行社会主义核心价值观，提高全社会文明程度，繁荣发展文化事业和文化产业，增强中华文明传播力影响力"成为网络视听监管部门、业界和科研机构须长期共同学习并深入贯彻落实的发展目标。《广播电视和网络视听"十四五"科技发展规划》指出，媒体深度融合、业态多元、优质内容、平台再造等六项具体目标，在全社会形成广泛共识[1]。

在近两年的实践中，中国网络视听业态持续良性发展，优质内容研创、平台

---

[1] 国家广播电视总局.广播电视和网络视听"十四五"科技发展规划[EB/OL].(2021-10-20)[2023-01-21].http://www.nrta.gov.cn/art/2021/10/20/art_3704_58259.html.

深度治理和科技强化赋能等业态元素日趋扣接、多点融合。在此背景下,围绕"建党百年""喜庆二十大""迎冬奥""弘扬社会主义核心价值观"等重大主题,中国网络视听界实现了优质内容生产、平台融合实践等领域的发展,一大批弘扬讴歌主流价值观的作品如雨后春笋般出现,在网络视听受众中反响热烈,并有效助力国际传播;同时,媒体深度融合实践与优质内容持续紧密结合,相关主体在重大主题内容传播和主流价值宣传平台实践等层面实现发展突破。"紧扣核心、融合传播"成为围绕重大主题项目建设的关键逻辑。

(一)重大主题网络视听内容产制成果丰硕

网络新媒体是弘扬社会主义核心价值观的重要阵地,优质内容产制则是其传递主流价值思想的核心位点。近两年以来的重大主题网络视听作品坚持正确政治方向、舆论导向和价值取向,坚持思想精深、艺术精湛、制作精良、科技创新相统一,头部和区域化、差异化两个维度的优质内容跨品类研创均获佳绩。

2022年,国家广播电视总局以"庆祝党的二十大"为主题展开网络视听精品节目展播,品类涉及短视频、微纪录片、网络文艺专题片[①]。例如,展现区域发展成就的竖屏视频《中国之光 福建智造》、以非遗为主题的新媒体专题片《申临其境》和人物类网络纪录片《这十年》。以"建党百年"为主题,全国各网络视听产制主体先后推出《百炼成钢:中国共产党的100年》《追光者2:奋斗的青春》《觉醒年代》《理想照耀中国》《我和我的时代》等优质献礼作品,巡礼百年征程,讴歌美好生活,在网络视听用户中获得积极反馈。同时,网络视听平台积极联合相关部门推出"建党百年"等重大主题系列的PC端、手机端红色专栏,提升重大主题的新媒体传播效果,以实际行动致敬建党百年。围绕"弘扬社会主义核心价值观·共筑中国梦"重大主题,网络视听创作主体科学规划,在网络剧集(《在希望的田野上》等)、网络电影(《勇士连》《幸存者1937》《凡人英雄》等)、网络纪录片(《党的女儿》《百年求索》等)、网络动画片(《焦裕禄》《血与火:新

---

① 庆祝党的二十大网络视听精品节目展播[EB/OL].(2022-10-20)[2023-01-21].http://news.fznews.com.cn/zt/2022/xy20da/.

中国是这样炼成的》等)、网络综艺节目(《闪耀吧！中华文明》《声生不息·港乐季》等)、网络音频节目(《啊，延安》等)和短视频(《弄潮》《中国心愿》等)等多种品类上实现内容研创突破，创造了以弘扬价值观、共筑中国梦为核心叙事和审美意象的内容矩阵。

2022年冬奥会在北京成功举办，围绕"迎冬奥""一起向未来"等重大主题，各网络视听主体推出各品类优秀网络视听作品。广电总局联合咪咕和芒果TV推出的冬奥献礼剧《冰球少年》立足青春题材，致敬冬奥并弘扬冰雪体育精神；《年画版冬奥会宣传片》融合中国文化元素与奥运元素，获得国内外受众广泛好评；爱奇艺推出的网络电影《飞吧，冰上之光》以短道速滑运动为切入点，融青春奋斗与家国情怀于其中，传递"一起向未来"的北京冬奥精神；围绕"迎冬奥"主题的数字音乐视听作品《一起向未来》《冰雪冬奥》，以年轻人喜闻乐见的数字内容形态诠释冰雪运动精神。其中，咪咕视频作为北京冬奥会的持权转播商，在此次北京冬奥会的赛事转播中，以平台为依托、技术为助力，积极开拓赛事传播运营的新路径和新方法，创造了多个传播热点，更新了网络视听平台体育赛事传播运营的范式，先后制造了多个热点，成为网络视听进行冬奥传播的一个范例。此外，以"建团百年""乡村振兴""我们的新时代"等为主题的网络视听优质内容创作也持续展开。

2021—2022年，"喜庆二十大""建党百年""乡村振兴"等重大主题网络视听内容的产制不仅从横向视角体现出头部优质内容齐头并进、品类日趋齐全的样态；在纵向视角中，重大主题内容研创更加体现出与差异化人群相组合、与区域性实践相衔接、与新媒体UGC生产模式相匹配的特征，体现出优质主旋律内容强劲的融合潜力和传播效果的综合提升。视听新媒体在"建党百年"期间积极与电视媒体合作，推出面向少年儿童的《花儿向阳 童心向党——庆祝中国共产党成立100周年全国少儿晚会》融媒体晚会作品和《中国好故事2021》等优秀网络动画作品，在重大主题受众方向上坚持差异化精准研创。在区域化的研创实践中，各级网络视听媒体围绕"弘扬社会主义核心价值观"等重大主题推出区域化的优质内容，如新疆天山网推出的本地网络纪录片《马和帕丽:男兵连里的铁甲女兵》、沈阳网推出的微纪录片《"红色掌柜"在沈阳》等作品。融合 UGC 生产模式的重大主题内容研创体现出"自下而上"式的、"从群众中来"的新型优质内容研创模式,如《新疆牧民帮游客脱困后骄傲亮党员徽章》短视频在全网热传,与"二十大"期间《新疆"党徽大叔"登长城》后续短视频形成联动,此类内容实践为重大主题内容研创提供了生动的"新形式"。

(二)重大主题网络视听传播实践有序展开

2021 年 12 月,习近平总书记在中国文联十一大、中国作协十大开幕式上发表讲话,指出"要正确运用新的技术、新的手段,激发创意灵感、丰富文化内涵、表达思想情感,使文艺创作呈现更有内涵、更有潜力的新境界"①。2021 年至 2022 年,重大主题网络视听内容传播更加深入地与技术创新、实践创新结合在一起。在"内容+融合传播"新模式获得青睐的同时,"5G+云演播""5G+云阅读""5G+云文博"等新传播方式突破文本内容叙事边界,助力"喜庆二十大"等重大主题系列活动"云上"展开。5G 实景歌会《中国大合唱》、互动微电影《抉择》等重大主题内容通过创新传播形式向受众提供了身临其境式的接受模式;《经典频传:看电影、学党史》系列短视频在电影内容消费新媒体转型基础上融入"学思践悟"主题,展现出新媒体支撑并助力重大内容深入融合的新动能;人民网打造的"红色云展厅"智慧化呈现各地红色纪念馆、博物馆,开创云游式观展新模式。2022 年,由国家广电总局网络视听节目管理司指导,中国电视艺术委员会主办,爱奇艺、优酷、腾讯视频、芒果 TV、抖音、快手、哔哩哔哩、咪咕联合承办的《中国网络视听年度盛典》成为网络视听领域的一次跨界融合与创新表达的探索,晚会既展现了网络视听行业蓬勃发展的积极面貌,也是全行业在二十大胜利召开和中国梦提出十周年之际一次集体的成绩展示,成为网络视听领域行业性、融合性、联动性的主题传播案例。

除"优质内容、融合传播"实践的有序展开外,依托重大主题的内容传播规

---

① 习近平.在中国文联十一大、中国作协十大开幕式上的讲话[EB/OL].(2021-12-14)[2023-01-21]. http://politics.people.com.cn/n1/2021/1215/c1024-32308070.html.

范逐渐确立,以重大主题精神为指导的网络视听新产品也竞相涌现。2022年8月,国家广电总局组织相关单位编制《广播电视和网络视听节目内容标识标签规范》《电视播出节目信息即时传输技术规范》行业标准,对网络视听内容及其传播进行规范,内容涉及价值导向、情感氛围、内容年代等八个层面,传播涉及更新要求、传输架构等七个层面①。行业标准的制定为网络视听深入融合提供了方向,依托重大主题的内容的生产传播也更加广泛。微信视频号、抖音等数字平台积极支撑主流媒体开展重大内容传播,庆祝中国共产党成立100周年文艺演出《伟大征程》和《香港回归25年,5个动人高光瞬间》等内容在移动媒体深度出圈,咪咕以5G赋能视听内容供给侧改革,以全新视听产品形式发扬红色文化,助力网络视听行业深化"中国叙事、中国表达"。芒果TV、湖南卫视联合推出的纪实访谈节目《这十年·追光者》则是主旋律节目年轻化表达的一个代表,它通过纪实访谈的形式,讲述十八大以来的十年中,普通人在各个行业领域平凡而伟大的奋斗故事,引发社会共鸣。

二、网络视听管理政策:监管与治理并行,构建健康发展生态

网络视听被纳入主流化监管已经成为一种常态,随着网络视听领域的发展以及新现象和新问题的不断涌现,监管的主体、范畴、理念、方法等都在持续、深入推进。2022年,包括国家网信办、国家广电总局等在内的主体管理部门协同其他相关部门,对网络视听领域继续进行强力监管,一方面出台一系列相关管理制度和办法,为网络视听领域的有效、高效管理提供思路,另一方面对行业发展过程中出现的一些问题和乱象进行集中且有针对性的治理,为营造清朗的网络视听环境奠定基础。管理政策这只"看得见的手"在网络视听发展过程中始终发挥着重要、积极的作用,而网络剧片的发行许可、网络直播和短视频领域乱

---

① 国家广播电视总局科技司关于对《广播电视和网络视听节目内容标识标签规范》等两项广播电视和网络视听行业标准报批稿进行公示的通知[EB/OL].(2022-08-31)[2023-01-21].http://www.nrta.gov.cn/art/2022/8/31/art_113_61378.html.

象、未成年保护、网络暴力治理等都成为 2022 年网络视听领域监管治理的重点。

(一) 持续推进主流监管,健全网络视听管理模式

2022 年,网络视听的主流化管理进一步推进,"线上线下统一标准"的管理准则在管理方式上进一步得到推进,网络剧片发行由备案制升级为许可证制度,与电视剧在管理方式上进一步对标。未成年人网络保护则成为 2022 年网络监管的重点,其中涉及网络视听领域的管理,而面对网络微短剧、网络演出剧(节)目等网络视听领域的新现象与新问题,网络视听领域的监管触角也不断延伸,对其进行及时、系统化的管理成为题中应有之义。

1. 网络剧片发行实行许可证制度

近年来,管理部门一直在积极推进网络剧片的"线上线下统一标准",即在播出和审核上,网络剧片和传统的电视剧实行统一标准,而在 2022 年,针对这种"统一标准",管理部门又有了实质性的举措,网络剧片由以往的备案登记制正式升级为发行许可制度,网络剧片的审查被纳入行政许可事项。在 2022 年 12 月国家广电总局对外发布的《国家广播电视总局办公厅关于国产网络剧片发行许可服务管理有关事项的通知》中,对从 2022 年 6 月 1 日开始施行的网络剧片发行许可服务管理的有关事项进行了进一步确认,明确了"国家对国产网络剧片发行实行许可制度",要求广电主管部门不断完善国产网络剧片事前、事中、事后全链条监管,实施有针对性、差异化、精准化的管理措施。重点网络剧片实施重点监管,符合条件的网络剧片须取得"网络剧片发行许可证",上线时应使用统一标识,准确标注发行许可证号,固定于节目片头的显著位置展示。重点网络剧片管理的相关条件、标准、措施、做法,视情况向其他网络剧片延伸适用,而制作播出重大题材或涉及特殊题材的网络剧片,应出具省级以上人民政府有关主管部门或有关方面的书面意见,同时包含网络剧片发行许可服务管理的一系列其他事项。被行业称作"网标"的发行许可证于 2022 年 6 月 1 日开始正式实施,以"网络视听"四个字为主体,时长 5 秒,标注节目发行许可证号,放置于网络剧片开头部分。自此,国产重点网络剧片需要"持证上岗",在审查标准和方式上与电视剧片进一步对标。

2. 进一步加强微短剧管理

随着行业发展,一批新形态的网络剧样态出现,成为网络剧创作传播的组成部分,而新的现象也伴随着新的管理空间的出现。2022年12月,国家广电总局发布了《国家广播电视总局办公厅关于进一步加强网络微短剧管理 实施创作提升计划有关工作的通知》(以下简称《通知》),对网络微短剧领域出现的新现象和新问题进行了监管上的跟进与强化,实施微短剧的创作提升计划。

《通知》明确提出,"一种新兴的'小程序'类微短剧利用技术手段逃离监管、发展快、势头猛、不规范、问题多,形成对主流作品'劣币驱逐良币'的挤出效应,对网络秩序造成冲击"。为此,对"色情低俗、血腥暴力、格调低下、审美恶俗的'小程序'类网络微短剧,开展专项整治"。同时,《通知》提出了10项具体的网络微短剧规范管理措施,实施微短剧领域的创作提升计划,其中包括依法将所有网络微短剧纳入管理,加强创作规划引导,加强重点剧片的跟踪指导,加大精品扶持力度,强化内容审核,突出结构管理,严格发放许可证,坚守管理底线,压实平台主体责任,积极推行行业自律和业务指导,为网络微短剧的进一步管理和创作提升提供了方向和指导意见。

3. 强化未成年人网络保护

未成年人保护是近年来网络监管领域的重点,2022年强化未成年人网络保护依旧是网络监管的一条重要线索。2022年3月,国家网信办发布《国家互联网信息办公室关于〈未成年人网络保护条例(征求意见稿)〉再次公开征求意见的通知》,从中可以看到,针对网络游戏、网络直播、网络音视频、网络社交等针对未成年人的网络服务,将有一系列的标准和规范出台。其中主要涉及关于加强未成年人网络素养的培养、加强网络信息内容规范、加强未成年人个人信息保护以及加强未成年人网络沉迷防治。2022年5月,针对网络直播新业态的兴起造成未成年人身心健康受损等诸多社会问题,由中央文明办、文化和旅游部、国家广播电视总局、国家互联网信息办公室四部门联合出台《关于规范网络直播打赏 加强未成年人保护的意见》，为未成年人营造健康成长的网络环境，对网络直播行业加强了规范。其中列出了七项具体的工作举措，包括禁止未成年人参与直播打赏、严控未成年人从事主播、优化升级"青少年模式"、建立专门服务团队、规范重点功能应用、加强高峰时段管理、加强网络素养教育。从各个方面入手，规范网络直播打赏，强化未成年人的保护。

4.健全网络演出剧（节）目内容管理

近年来，网络演出市场得到了进一步发展，因此规范网络演出市场，就成为管理政策出台发布的一个方向。2022年9月，针对网络演出剧（节）目经营活动的管理规范，文化和旅游部起草了《文化和旅游部关于规范网络演出剧（节）目经营活动 推动行业健康有序发展的通知（征求意见稿）》（以下简称《意见稿》），并公开征求意见。其中对网络演出剧（节）目的范畴进行了规定。同时明确了从事网络演出剧（节）目经营活动，须先取得"网络演出剧（节）目"的网络文化经营许可证，而提供进口网络演出剧（节）目，须先进行内容审查；提供国产网络演出剧（节）目，则应当报文化和旅游部备案。《意见稿》中同样明确了网络演出剧（节）目不得含有《互联网文化管理暂行规定》第十六条禁止的十项内容。同时，要求网络演出剧（节）目经营单位应建立健全内容管理制度，加强内容管理，如"设置独立的内容管理部门，配备适应内容审核工作需要的专业人员负责网络演出剧（节）目的内容管理，加强对评论、弹幕等用户产生内容的实时监控。采用直播方式提供网络演出剧（节）目，应当采取延时直播方式播出，并安排专人对网络演出剧（节）目进行实时监管，发现内容问题第一时间阻断并及时处置"。

（二）专项行动治理行业乱象，构建网络视听健康发展环境

网络视听领域的专项治理行动，一直是监管过程中的重要方式和手段，而在2022年，针对网络视听领域新出现的发展乱象，管理部门先后出台了一系列"清朗"行动实施方案进行专项打击治理。其主要集中在网络直播、短视频领域

的乱象整治,未成年人网络环境的整治,以及网络暴力的专项治理等方面。

1.整治网络直播、短视频领域乱象

"清朗·打击网络直播、短视频领域乱象"专项行动是2022年国家网信办"清朗"系列专项行动的重点之一。清朗行动从多个层面入手,对网络直播和短视频领域出现的乱象进行集中治理,其中既包括内容层面的乱象,也涉及打赏、劣迹艺人复出、违规、虚假制造流量和营销诈骗等违规行为,全面彻底地对行业乱象进行治理。具体来看,专项行动致力于全面清理"色、丑、怪、假、俗、赌"等各类违法违规直播和短视频;对"激情打赏、高额打赏、诱导打赏、未成年人打赏等行为"进行严整;"劣迹艺人违规复出、被封账号违规转世"被纳入治理范畴;对"偷拍跟拍、搭讪骚扰、虚构自杀等各类无底线蹭流量、违规变现行为"进行严惩;对"直播间营造虚假人气、虚假带货量,短视频账号营造虚假流量等行为"进行坚决整治;并且"严厉打击通过炮制低俗情感剧情,收割老年人流量,实施营销诈骗"。

同时,2022年对MCN机构的管理被纳入监管的重点领域,"清朗·MCN机构信息内容乱象整治"专项行动成为"清朗"行动的重要组成部分,该项行动集中整治MCN机构及其旗下账号炮制蹭炒舆论热点、引发群体对立、欺骗误导网民、发布三俗信息、利用未成年人谋利等违法违规行为。

2.整治未成年人网络环境

作为未成年人网络保护的重要领域,网络视听领域在2022年持续推进未成年人保护的相关管理措施,整治未成年人网络环境是其核心要义。其中,国家网信办开展了"清朗·2022年暑期未成年人网络环境整治"专项行动,主要聚焦在未成年人使用频率高的短视频、直播、社交、学习类App、网络游戏、电商、儿童智能设备等平台,从十个方面进行了重点整治,涉及保护未成年人个人隐私问题,利用未成年人牟利、引流等问题,未成年人提供网络主播服务和参与直播打赏的问题,诱导未成年人不良交友、煽动负面情绪的问题,发布虚假信息和炫富拜金、奢靡享乐、扭曲审美等对未成年人造成不良影响的问题,等等。

3.治理网络暴力

网络暴力是互联网领域的症结之一,2022年网络暴力治理成为管理层面的重要领域之一。2022年,中央网信办发布了"清朗·网络暴力专项治理行动",对包括新浪微博、抖音、百度贴吧、知乎等在内的网络暴力易发多发、社会影响力大的18家网站平台进行重点聚焦,要求网站平台通过建立完善监测识别、实时保护、干预处置、溯源追责、宣传曝光等措施,进行全链条治理。抖音、快手、爱奇艺等视听平台先后发文响应网信办的专项治理行动,并针对各平台网络暴力问题发布具体措施。

4.开展冬奥版权保护行动

冬奥会作为2022年的一项全民性赛事,受到各方的关注,而面对新的传播渠道和形势,冬奥赛事版权的保护工作也面临新的挑战,保护冬奥会和冬残奥会相关版权,成为北京2022年冬奥会和冬残奥会筹办工作的一项组成部分。国家版权局与工业和信息化部、公安部、文化和旅游部、国家广播电视总局、国家互联网信息办公室于2022年1月至3月联合开展了冬奥版权保护集中行动,主要聚焦于对未经授权通过广播电视、网站(App)、IPTV、互联网电视等平台非法传播冬奥赛事节目的行为进行治理。同时对短视频平台公众账号未经授权提供冬奥赛事节目盗播链接、集中批量在网络平台上传播冬奥赛事节目等行为进行重点打击。

三、网络剧集:提质减量促市场回暖,精品化与创新化同步推进

提质减量、降本增效是2022年剧集市场的关键词,受影视寒冬、招商困难等影响,各网络视听平台在剧集布局数量上几乎都呈缩减态势。灯塔专业版发布的《2022剧集市场观察》显示,2022年全年上线项目数量除了腾讯视频有1.2%的小幅增长外,优酷、爱奇艺、芒果TV均有收窄。与此相对应,让剧集实现增效的压力加大,资源逐渐向行业头部聚集。在这样的生产环境下,兼具热

度与口碑的内容涌现,"增效"成果显著。

(一)提质减量趋势延续,市场大盘热度回暖

从各平台热度破万剧集分布来看,在高热内容孵化上,优酷表现突出,共产出《与君初相识·恰似故人归》《重生之门》《幸福到万家》《冰雨火》《沉香如屑》《两个人的小森林》《点燃我,温暖你》7部站内热度破万的剧集,且有4部进入全年剧集播放Top10榜单,较2021年实现300%的高增长。爱奇艺紧随其后,《苍兰诀》《人世间》《罚罪》《卿卿日常》四部剧均收获了不错的热度和口碑。而腾讯虽然只有《梦华录》与《星汉灿烂·月生沧海》两部古装剧表现突出,其讨论度却不容小觑。

对比2021年的热播剧档期特征发现,2022年的热门剧分布更加分散,"无效播剧"的情况有所改善。除了寒暑假"兵家必争"时段,二季度以及九、十月秋季的市场热度、观众满意值均有明显上涨,尤其是《县委大院》《人世间》两部献礼剧带来的口碑爆发期,再次唱响了2022年剧集市场以品质带动热度的竞争主基调。

从口碑评分上看,2022年剧集市场的表现也可圈可点,共有7部剧跨过豆瓣评分7分的大关,整体均分上升至7.1,较2021年同比上涨1.2,而《人世间》《梦华录》更是分别获得了8.1、8.0的高分,填补了往年高分段的空缺。

在降本增效带来的市场语境下,无论是小成本口碑剧还是中高等制作规模的爆款剧都在发掘自身优势,实现品质升级。以《异物志》《麓山之歌》《摇滚狂花》这一部分着眼"稀缺"特质、突围圈层冷门的小成本剧为例,此类剧集往往紧抓"新"的市场空白点发力,收获较好的垂类市场认可和可借鉴的类型市场表现,包括《唐朝诡事录》打出的"悬疑+奇幻"招牌让剧集从爱情大盘中脱颖而出,收获了远超预期的收视效果。小成本口碑剧的新视角突围,加上中高等制作的品质保障,共同实现了2022年剧集市场的扩容与好评。

(二)扩容题材创新迭变,传统类型精益求精

在题材类型上,2022年剧集整体呈现出不断扩容创新、追求精益求精的特点。现实题材、古装剧持续发力，表现突出，而其他各类题材在创新路径上不断探索，包括一些新兴类型题材剧集在市场上的表现也可圈可点。

1.聚焦时代、书写现实、观照当下的现实题材创造新语态

作为党的二十大、香港回归25周年等重要节点齐聚的关键一年，2022年献礼氛围浓厚，大批反映时代发展的年代剧涌入，现实题材剧集数量上升，达到137部。其中，以两种类型为主：一种是以"Z世代"（生于1995年至2009年的网络人群）年轻受众为主的都市偶像剧，通常选择流量明星挑梁，收视可观但难能以品质出圈；另一种就是打好"温情现实主义"创作牌，在浓郁的人间烟火气中讴歌奋斗人生的主旋律剧作，"老戏骨+年轻演员"的连帮带模式是其主要卡司阵容，在广大受众基本盘与社会传播力的助力下，献礼剧集年轻化、口碑化特征明显。

在选题和叙事策略上，2022年的现实主义题材剧都力求避开宏大叙事，选择将视角下沉，以"小故事、小人物"为切入口，来展现社会变迁和历史事件。《人世间》是一部横跨半世纪光阴，讲述中国百姓生活的史诗级作品；《大考》将背景放置于皖徽省金和县一中，看疫情寒冬下备考大军众生相；《警察荣誉》聚集基层服务点，讲述两代民警传承警魂、共同守护警察荣誉的温情故事；《幸福到万家》聚焦个人成长，将乡村故事影视化；《风吹半夏》对准生机勃勃的20世纪90年代，讲述改革开放大潮下企业家实现人生价值与自我救赎的奋斗故事；还有《县委大院》善用"散点透视"，通过四个人的跌宕起伏描绘基层干部崇高的品质等。

根植于改革开放与中国现代化的肥沃土壤，2022年的重大现实题材剧作以突出"平民"质感为基准，通过宣扬文化优势、呈现审美特色、结合独特地域，实现最佳资源配置，搭建正能量优质内容，用创新语态回应大众对现实主义佳作的期盼，而怀旧主题、情怀氛围、复古情境的复刻也有效唤起了一代人的集体记忆。

2.精致美学、创新表达、情感共鸣助力古装剧出圈

2022年古装剧仅播出了49部，但其制作规模与热度口碑几近成正比，在头

部效应明显、腰尾部供给缩小的环境下,以《梦华录》《风起陇西》为代表的古装剧实现了"脱虚向实"的提质转变。

尽管高颜值、高甜度恋爱仍然是古装剧故事的核心落点,但"不完美主角""新武侠""电子榨菜"等创新输出的火热也为市场指明了新风口,女性力量、悬疑志怪与轻喜剧更是成为跨圈层传播的卖点。例如,《梦华录》改编自关汉卿元杂剧《赵盼儿风月救风尘》,为无数平凡女子推开了一扇平等救赎之门;《星汉灿烂·月生沧海》虽与《知否知否应是绿肥红瘦》同为宅斗故事,却以喜剧的形式衬托厚重悲伤的人物底色,女性独立的本位思想突出;《卿卿日常》则在叙事上更加碎片化,以轻喜生活流代替尔虞我诈的复杂叙事,展现出解压治愈的影像力量;而《苍兰诀》"爱苍生也爱一人"的庞大世界观,给出了古装剧类型创新高效的新解法。

与此同时,在资源集中的头部效应赋能下,以《风起陇西》《天下长河》为代表的古装剧借丰富史实打造"精致美学",用构图置景共同搭建起优秀传统文化时空桥。《风起陇西》采用青黛深黄的视觉画面来映照主角个人命运,《天下长河》置景五个月,修筑千里堤坝,打造现代人视角下的历史图画。在这些剧里,传统文化不再是浮于纸面的文化符号,而是具有可视可感艺术价值的精品化时空复现,尽管历史剧在某种程度上因题材厚重而受圈层所限,但创制精美、细节严谨是有目共睹的集体共识。无论是古偶题材还是历史题材,都是在性别市场上备受青睐的剧集类型,而在频繁的女性议题之外,古装剧整体口碑的突破还需在内容方面持续深耕、挖掘。

3.小圈层突围、类型创新,高质量口碑剧构成多元化

2022年,豆瓣评分前十的作品分别为《大山的女儿》《三悦有了新工作》《警察荣誉》《风吹半夏》《异物志》《天下长河》《超越》《人世间》《二十不惑2》《风起陇西》。从类型来看,爱情、奇幻、古装、运动、年代等题材皆有。还有《开端》《破事精英》《一闪一闪亮星星》《天才基本法》等从悬疑、奇幻、喜剧等多元类型破题的优质剧,迎合网生观众口味,黑马频出。《开端》率先将无限流叙事带入大众视野,开年首战告捷;《一闪一闪亮星星》同样启用无限流叙事,在纯爱赛道

唤醒观众共鸣；《大山的女儿》取材自全国优秀共产党员、时代楷模黄文秀奋斗在扶贫一线的真实故事；《三悦有了新工作》则挖掘小众职业，带入边缘人群视角，在同好圈层形成强口碑认可。在市场与观众的相互影响中，观众的审美视野拓宽。

四、网络综艺：降本增效成主旋律，多元平台探索"小而美"路径

2022年，中国综艺市场的发展态势并不乐观。选秀节目黯然离场，综艺的流量红利逐渐消退，与此同时，短视频等带来的媒介竞争环境更趋激烈，综艺发展的整体环境可谓"寒气"逼人，充满了不确定性。据云合数据统计，2022年全网综艺累计正片有效播放量276亿，而这一数据相较于2021年的322亿下跌了14%。其中，电视综艺有效播放量121亿，同比下滑17%；网络综艺有效播放量156亿，同比下滑11%。[①]

当降本增效成为2022年网络视听内容制播领域的主题词，网络综艺在题材、形态、商业模式等维度上进行着探索，呈现出一些不同于以往的新的发展特点。降本增效效果明显，有着较高性价比的"小而美"综艺在2022年不仅得到了大力布局，且取得了令人欣喜的成绩，网络综艺在投入降低、数量减少的情况下，口碑却呈现出整体上升的趋势，部分节目实现了以小博大的效果，成为网综在2022年发展的典型案例；而长视频与短视频之间的竞合关系也构成2022年网络视听领域的重要现象，反映到网综领域，一方面是长视频和短视频平台之间的合作变得更加紧密，在节目创制和传播上达成了某些共识，另一方面则是短视频平台入局制播成为2022年网综发展领域的又一值得记录的显著现象。

（一）降本增效效果初显，"小而美"综艺释放市场新价值

"降本增效"是2022年各大网络视听平台在内容制播上的核心宗旨，在网

[①] 云合数据.报告|2022年综艺网播表现及用户分析报告[EB/OL].(2023-01-04)[2023-01-21].https://mp.weixin.qq.com/s?__biz=MzkxNzUxMzI1OA==&mid=2247504206&idx=2&sn=7eb41069b1994141b6d8af7a1575c486&source=41#wechat_redirect.

综领域也有较明显的体现。头部综艺集中在经过市场考验的"综 N 代"节目中，新创节目数量减少，在投入上也变得更加谨慎，大体量的头部综艺总体而言在数量上较往年呈现下降趋势。但减量的同时，提质的目标在一定程度上得以推进，2022 年综艺节目的口碑整体呈现上升状态，上新综艺的豆瓣均分提升至 7.0 分，8.0 分以上的节目占比达到 27%，①其中，被视为 2022 年综艺行业最大黑马的《快乐再出发》更是以超 27 万的评分观众和 9.6 分的评分，创下国产综艺豆瓣评分人数最多以及最高分两项纪录，而于 2022 年年底上线的《快乐再出发 2》也斩获了 9.5 分的豆瓣评分，成为一部高口碑的续作。

《快乐再出发》的黑马之姿，让其成为网综行业小成本、高回报的经典案例，这在某种程度上是网络视听平台在"小而美"路线上深耕的一种结果，降本增效的总体目标让追求高性价比成为一种普遍选择，综艺节目上的审慎投入策略事实上激活了节目在内容和路径创新上的另一种选择，也创造出更多新的可能。

总体来看，各大平台在综艺总体布局上更加集中和精准，一方面是已经得到市场检验的优质精品节目获得更多资源上的倾斜，因此可以看到的一个现象是，相较于新创节目，综 N 代节目在布局和发力上体现出更强劲的态势，包括《乘风破浪 3》《披荆斩棘 2》《声生不息·港乐季》《一年一度喜剧大赛 2》《脱口秀大会 5》等在内的 N 代网综都保持了较强的关注度和话题度。另一方面是各大平台在各自优势的赛道上积极发力，体现出全面布局和精准发力相结合的特点，音乐、恋爱、推理、喜剧是其中的重点题材，同时文化、社交以及衍生综艺等领域也有诸多探索，共同构成了 2022 年网综的内容版图。此外，布局路线上有了轻巧化的探索，如腾讯在 2022 年持续推进的"小鲜综"得到了市场和行业较多的关注，《毛雪汪》《是很熟的味道呀》等节目从不同的题材和类型出发，拓展着新的市场增量空间，而文化类综艺作为 2022 年综艺节目的一种主流题材，持续得到开发，电视平台积极布局此类题材，并谋求与网络平台的联动，在台网合

---

① 云合数据.报告|2022 年综艺网播表现及用户分析报告［EB/OL］.（2023-01-04）［2023-01-21］.https://mp.weixin.qq.com/s?__biz=MzkxNzUxMzI1OA==&mid=2247504206&idx=2&sn=7eb41069b1994141b6d8af7a1575c486&source=41#wechat_redirect.

作上有了一些新的探索,如河南卫视"中国节日"系列节目,便开启了与优酷等网络视听平台的新合作,在合作模式上有了新的发展,成为新型台网合作模式的一个典型案例。

(二)长视频平台常态化竞争,短视频平台入局带来新变量

长视频平台的发展和竞争逐渐进入常态化阶段,整体呈现出相对疲软的状态,"爱优芒腾"四大头部平台在产出力与原创力方面都显得动力不足,在综艺上新数量方面(不含晚会和衍生节目),仅芒果TV一家平台有所上升,较2021年的55档同比增加20%;优酷视频上新季播综艺82档,同比减少12档;而爱奇艺和腾讯视频的上新数量则下降了10%以上。[1] 长视频平台在各自优势赛道上持续深耕发力,对原有优质IP不断进行着价值链条的延伸,"综N代"表现强劲,相关的题材延伸或内容衍生类节目相继上档,构成创新探索的重要方向。但是,2022年上新的高分综艺中的大部分,如《快乐再出发》《乐队的海边》《闪亮的日子》等依旧由长视频平台贡献,四大头部平台依靠着自身相对成熟的创作团队和丰富的制播经验,在内容层面精准、持续发力,从而创造出了不少兼具高收视与高品质的综艺节目。

短视频平台积极投入综艺制播,是2022年网综领域的另一个显著现象。以抖音、快手为核心的短视频平台以及包括B站、小红书、知乎等在内的平台开始批量进行原创综艺节目的生产,基于自身的平台特质和目标定位,在多个题材领域进行积极拓展。抖音一方面与传统电视平台进行合作,以共创共制的方式找到传播和营销的新路径,如《点赞!达人秀》《为歌而赞》等都是抖音深度参与制播并与传统平台进行联动的产物;另一方面,在自身平台上进行了较为积极的综艺布局,探索新的传播链路、搭建新的营销模式,基于自身的平台生态,以"短视频+长视频+直播"等形式,进行节目账号运营,深挖用户互动和价

---

[1] 云合数据.报告|2022年综艺网播表现及用户分析报告[EB/OL].(2023-01-04)[2023-01-21].https://mp.weixin.qq.com/s?__biz=MzkxNzUxMzI1OA==&mid=2247504206&idx=2&sn=7eb41069b1994141b6d8af7a1575c486&source=41#wechat_redirect.

值转化的多重可能,如《很高兴认识你》在此方面的探索就取得了不错的成效。2022年先后推出的《拳力以赴的我们》《百川综艺季》等节目则彰显着抖音在综艺制播上的更多投入,题材从游戏竞技到文化、音乐等都有涉及,而将实力、灿星、日月星光等头部制作团队引入也引发了市场的不少关注。

快手在2022年先后推出近十档综艺节目,从喜剧到代际互动再到音乐等,不一而足,为2022年的综艺市场带来一些新面貌,如《11点睡吧》打出全网首档明星"劝睡"综艺的标签,关注的是当代年轻人的睡眠健康问题,以直播的形式呈现明星入睡全过程;《声声如夏花》聚焦于音乐女主播,紧密贴合短视频直播平台的专业特征展开层层选拔;《出发吧!老妈》以明星母子旅行体验为切入点,在轻松搞笑的旅程中传递脉脉代际温情。

此外,B站、知乎、小红书等新兴平台也纷纷入局自制综艺,构成网综发展的新线索。B站在2022年持续出品了不少综艺,其中《90婚介所2》《非正式会谈》《所有女生的offer 2》等已成为其站内自制网综的代表性节目,《我是特优声·剧团季》《哔哩哔哩向前冲》等节目也体现出较强的平台属性。知乎则基于其知识分享的平台特性,在2022年推出了包括《我所向往的职业啊》《荒野会谈》《我的高考笑忘书》等轻体量节目样态,拓展着平台内容布局的边界。

短视频平台的入局为综艺制播带来新的变量,基于短视频平台自带的强大流量基础和"自产自销"闭环,在内容制作和模式呈现上进行着更多新的探索,在形态和传播模式上不断创新。与此同时,2022年长视频与短视频平台之间从对立走向合作是一个主基调,包括快手与乐视、爱奇艺与抖音先后宣布达成合作,双方在内容授权、二创等方面达成共识。在节目制播领域,长视频与短视频平台之间也在积极探索共赢路径,通过团队组合、内容授权、二次创作等方式协同输出优质综艺作品。

五、网络电影:业态调适、稳健提质

随着网络视听行业融入媒体深度融合潮流,"降本增效"的价值效果同样蔓延到中国网络电影产业之中。2021年至2022年,中国网络电影产业逐渐寻得高质量发展的路径,在某些突出领域获得较快进展。从宏观发展和"降本"角度来看,2022年中国网络电影的分账策略、供给侧调整、商业模式乃至用户消费习惯相较于前阶段都有较大程度的变化,这也促使网络电影的排片量趋于理性,新的商业模式崭露头角,指向受众的单片盈利能力逐渐提升,网络电影产制、传播和消费结构更加优化。

除了网络电影产业近两年的结构化调整外,"增效"方面也出现可喜趋势。2022年,中国网络电影原创IP占比75%,高价值量、强知识产权型网络电影渐趋成为行业常态,这也促使网络电影从一个大众视野中的"边缘产品"转变为一种积极文化产品,主旋律题材网络电影迎来发展高峰期,如《特级英雄黄继光》《重启地球》《中国大坝》收获赞誉,而《目中无人》等武侠动作片则引发社交网络平台间的观影热议。整体来看,2021至2022年的中国网络电影产业展现出两个方向的发展特质:业态调适和稳健提质。

(一)业态调适:电影供给侧到消费端的调整升级

2022年网络电影从供给侧到消费端呈现出理性产消趋势。一方面,备案片量明显趋少,上新数量进一步缩减,同比降幅超过30%,片方争抢备案的现象正在消失。受当时的社会环境影响,网络电影的制播周期拉长,同时,更多居家时间使网络电影受众拥有更多对电影内容关注的契机,反向提拉片方精修剧本,慎重投拍。网络电影供给侧和消费端在这一时期形成的此种互动实际为行业降本增效提供了最具实践意义的变革,在此基础之上,理性备案和内容升级形成呼应。另一方面,深度融合背景下网络视听平台的结构性调整促使网络电影传播观念发生转变,以"独播"为主的发行模式逐渐向"拼播"模式靠拢。以2022年上半年为例,爱奇艺、腾讯视频的网络电影拼播占比均在30%~43%的范围内,这一比例在优酷平台甚至高达86%。从产业链调整的角度看,发行模式的变革也成为网络电影产消调整升级的一个重要的参考项,优质内容、高效传播和理性消费成为发展方向。

中国网络电影的业态调适整体上与近年来国内网络电影市场的消费需求相适应,电影内容的精细打磨和"拼播"发行策略与受众精细化的消费逐渐匹配,网络电影票房过千万者逐渐提升。以 2022 年上半年上新的 200 余部网络电影为例,24 部电影票房超千万,占比近 12%,24 部破千万影片瓜分了 4.47 亿票房,破千万影片部均分账高达 1862.5 万,创历年最高[①]。《目中无人》等影片实现叫好又叫座。2022 年千万级票房的网络电影已经远远高于疫情之前的 2019 年,而相较于备案众多、题材丰富的"前疫情市场",理性的票房反超现象说明,中国网络电影业界的行业探索正在收获积极效果。

"片量下降"和"票房上扬"之间,降本增效的实践意义得以彰显,而据此深入到票房结构的微观视角,"爆款"网络电影的票房数据则指向疫情防控常态化背景下整个电影行业消费场景的内生性调整变化。《张三丰》《大蛇 3:龙蛇之战》《龙云镇怪谈》《阴阳打更人》等影片上线后均斩获票房佳绩,部分样本单日票房过千万,超过同期线下影院单日票房。这些案例说明网络电影正在微观层面调整国内电影的消费场景,而"爆款"的接连出现并非说明人们无法走进线下影院,而是得益于优质内容引发持续消费的核心驱力。

(二)稳健提质:主题创作与内容结构的价值提升

中国网络电影业态的调适升级始终围绕内容创作的稳健提质展开,二者互为补充,其中内容提质是核心。尽管包括电影在内的内容行业始终提倡创作多元化,事实上,与市场密切挂钩的网络电影产业在多元内容上的试错成本一直居高不下,长期以来深挖某一类型、某一主题或形成规模效应的网络电影并不多。2022 年这种现象发生逆转,《幸存者 1937》《逆流而上》等影片挖掘现实故事,弘扬民族精神和社会主义核心价值观,寻求精细叙事和家国情怀的深度融合。《特级英雄黄继光》在中国英雄故事题材中寻找新的表达切口,提高视听叙事表达的质量,成为网络电影高质量发展的一个典型案例。《龙云镇怪谈》《阴

[①] 网视互联编辑部.2022 网络电影年中盘点:市场总规模超 10 亿,24 部破千万分账 4.47 亿[EB/OL]. (2022-07-12)[2023-01-21].https://m.thepaper.cn/baijiahao_18966897.

阳镇怪谈》《开棺》《山村狐妻》等民宿悬疑惊悚片成绩斐然,从剧本来看,这批惊悚题材影片与本土民俗深入融合,叙事模式亦融入本土样式,相较于前期网络惊悚题材创作的"生搬硬套",当前的内容创作者更加深入地挖掘本土民俗,展现中国式的悬疑故事。与此同时,《我不是酒神》《依兰爱情故事》等爱情题材网络电影正在形成规模效应。

近两年,中国网络电影在口碑上的评价逆转代表了内容结构价值提升的另一个方面:中国网络电影开始从追求视觉效果和刺激剧情的低口碑产品走向审美、叙事、价值观平衡统一的艺术产品。随着2022年5月国家广播电视总局对国产网络剧片发行实行许可制度,网络电影标准和规范开始设立,与院线电影的"品味差距"逐步缩小。从2022年的行业表现来看,《金山上的树叶》《青面修罗》等影片均走向叙事与审美的高度统一。此外,"网标"时代的到来也促使一大批原创IP开始崛起,《浩哥爱情故事》《暴走财神3》都在基础叙事上展现出潜在的IP扩展价值;《东北告别天团》《陈翔六点半之拳王妈妈》则在题材上聚焦小人物,于细微之处见真情,展现出网络电影创作上的现实主义倾向。

六、网络纪录片:精品发展、转型创新

2022年2月,国家广电总局印发《关于推动新时代纪录片高质量发展的意见》,提出"繁荣创作生产、做强行业主体、提升传播能力、提高管理效能、加强人才培养"五项目标,并要求"加快推动纪录片在传统媒体和新媒体平台的融合传播,优秀作品网上网下联合展播、融合推介,更好发挥线上线下联动、大屏小屏共振作用"①。2022年作为推动新时代纪录片高质量发展的元年,起到了承前启后的标志性作用。在借鉴积累前期成功经验的基础上,中国网络纪录片顺应时代要求和创新需要,围绕宣扬社会主义核心价值观和"记录美丽中国"主线,克服疫情压力,积极延拓内容研创方向和叙事模式。网络视听平台调整品类布

---

① 国家广播电视总局印发《关于推动新时代纪录片高质量发展的意见》的通知[EB/OL].(2022-02-10)[2023-01-21].http://www.nrta.gov.cn/art/2022/2/10/art_113_59521.html.

局,积极降本增效,并结合"传统媒体和新媒体平台的融合传播"基本要求,推动网络纪录片行业深度融合发展,展现出精品发展、转型创新的行业姿态。

(一)激活优质内容竞争,持续精品创作能力

2021年至2022年,中国网络纪录片行业首先经历了由内生化的生产调整到全媒体创作稳态模式的变化,电视媒体、市场化纪录片制作团队纷纷与视听平台展开交流合作,内容创作视野聚焦中华文明和中国发展,产生了以"共圆中国梦"和抗击疫情为主题的一大批优质网络纪录片,并在此期间尝试"纪录+""内容共创""UGC纪录片"等新型创作模式。随着"建党百年"和"建团百年"的到来,网络纪录片的产制更加贴近年轻受众和创意表达,《精彩中国》《但是还有书籍2》《中国2》《梯田守望者》等一大批优质网络纪录片上线并获得好评。从内容核心价值诉求、创作思路、叙事形态融合等方面来看,网络纪录片内容良性竞争的基因被持续激活,精品研创思路正在延续。

从内容创作的核心价值诉求角度看,网络纪录片逐渐摆脱刻意追求新潮、流量的"网感"的研创思路,思想内涵逐渐丰富、精深,契合主流价值观的纪实创作取向,逐渐成为主流。《我们都是追梦人》《勇敢者的征程》《我的岗位在边境》记录新时期社会主义建设者、守护者的心路历程;《闪耀的平凡:青春接力》《追光者2:奋斗的青春》和《我的时代和我2》展现新时期青年风貌;《柴米油盐之上》《鸟浪奇观》深入特定垂类领域,守望精神生活方式与生态家园。弘扬社会主义核心价值观和生态文明建设风尚主题突出,与时代背景相合。

从创作思路上看,网络纪录片在媒体融合潮流中努力探寻适合自身的选题、拍摄和传播位点,在充分体现主流方向、家国情怀和"平凡而伟大"的时代主题基础上,逐渐探索适合不同平台定位的研创策略,突出细节、凝练感情的优秀作品不断产生。B站自然人文纪录片《众神之地》记录了巡护员收养小野牦牛的故事,突出以细节方式展现自然之美,同时勇于探索自然纪录片创作中"人文关怀"的节奏和比例;优酷推出的纪录片《紧急救援》是国内首部水上救援题材的纪录片,该片以节奏取胜,实现内容与节奏的有效组合。

从叙事形态的融合层面看,中国网络纪录片在 2021 至 2022 年持续深化对传统纪录片形态的内生性改造,与平台及其他视听形态/模式融合,发展成行业创新主流。一方面,不同平台在纪录片品类上的规划持续"个性化",形成"平台—纪实内容"的深度连接,腾讯视频推出《是这样的,法官》和《119 请回答》系列深度关注职业社群的纪录片,其视听品相和选题思路与平台形成深度捆绑;B 站自制纪录片《但是还有书籍 2》与平台知识区规划策略整合于一处。另一方面,网络纪录片与真人秀、PUGV 等形态/生产模式深度融合,内容互通,形成了基于新媒体传播的新型内容贯通模式。《守护解放西 3》《中国这么美》持续打通综艺真人秀和纪实创作,致力于由内而外的内容创新;《众神之地》等纪录片则打破生产模式边界,专业用户内容创作成为新型网络纪录片研创的生产策略。

(二)行业转型差异布局,平台创新多元持续

内容研创良性发展的背后,是差异化的行业转型布局逐渐形成,基于数字视听平台的创新不再以追求数量和流量为先导,顺应媒介融合趋势,从"媒体"的结构性融合走向"内容"的深度融合。2022 年以来,网络视听产业遭到一定程度的冲击,广电总局和相关行业协会积极纾困引导,为行业转型提供外部支撑。在此背景之下,各行业主体重新审视影视综板块和纪实板块的业务布局,形成了差异而多元的网络纪录片产制景观。

首先,纪录片内容与平台内部生态呈现出更深程度的契合。2022 年前后,在"纪录片高质量发展"的指导下,网络纪录片行业持续创造生产与平台生态的"联络点",不同的是,业界目标从画像对标、拉新层面更多转向高效触达和情感触达,以期得到高端用户的平台认同。过度娱乐化、戏剧化的文艺形态不再受到追捧,高知识浓度、制作精良的内容更多与平台生态相合。从优酷、B 站和央视频等平台的创作实践中可见一斑。

其次,平台业务布局开始转型调整,持续稳定且优质的纪录片创作机制正在形成。资本环境市场的变化和优质内容研创的内在要求为业界提出新的生

产期待——"降本增效",各视频平台和网络纪录片内容供应商纷纷尝试转型,占领先机,很多平台压缩了体量较大的影视综板块,增加了效果突出且成本不高的纪实板块。2022年优酷以人文为突破口推出一系列展现中华文化和悠久文明的网络纪录片,而B站则举办了网络纪录片转向发布会,并接连推出21部纪录片。

最后,平台之间呈现出差异发展状态,"拼话题""拼流量"的竞争策略被逐步改写。经由品类调整和行业洽商,差异化的纪录片布局逐渐形成,而这种转型方式更加助力不同平台推出并深耕自己熟稔的纪实类型。腾讯视频在美食主题纪录片方面持续拓展,推出《风味人间4》《宵夜江湖2》;爱奇艺重视和影视综板块的联动,推出一批与其他网络文艺品类相挂接的纪实作品。在差异布局基础上的多元创新成为新的业务方向。

七、短视频:多元创新,稳中求进

2022年,短视频行业从爆发式增长进入高质量发展时代,在政策扶持、技术变革、平台创新中"稳中求进"。2022年,短视频用户数量增长速度持续放缓,截至2022年6月,我国短视频用户规模达9.62亿,较2021年12月增长了2805万,占网民整体的91.5%[1]。短视频作为新型视听媒介形态,进一步加速与社会各个领域的融合,持续赋能媒体深度融合,拓宽视听内容服务,不断满足受众的视听需求。

(一)平台赋能:助力媒体深度融合,提高主流价值传播力

作为热门的视听媒介形态,短视频凭借其社交性、开放性等功能特性以及强大的用户基础,成为推进媒体深度融合的重要助推力,在助力提升信息传播效能方面发挥重要作用。

---

[1] 中国互联网络信息中心.第50次《中国互联网络发展状况统计报告》[R/OL].(2022-08-31)[2023-01-21].https://www.cnnic.net.cn/n4/2022/0914/c88-10226.html.

1. 成为热点新闻传播新渠道

一方面,随着短视频与直播融合加速,短视频平台成为重大新闻事件直播的重要渠道。在2022年习近平总书记视察香港、神舟系列发射、俄乌战争等重大事件报道中,央视新闻等媒体通过视频号进行直播,引起了广泛关注。另一方面,短视频成为人们获取新闻的重要方式,主流媒体入驻短视频平台进行新闻传播成为常态,央视新闻、《人民日报》抖音平台的用户数都已破亿。

2. 助力主流媒体内容创新

在短视频平台的数据收集、分析等技术支持下,媒体可以深入了解用户特点和需求,一方面根据用户需求进行内容生产,另一方面更好地助力媒体内容创新。2022年开始,视频号与中央广播电视总台合作推出"竖屏春晚",2023年兔年"竖屏春晚"运用分屏技术为用户展现更多视角,通过8K超高清技术打造沉浸式的观看体验,进一步创新互动玩法,节目观看人数超过1.9亿,点赞量超3.79亿人次。[1]

3. 提高主流价值传播效能

针对媒体融合发展,习近平总书记明确提出"用主流价值导向驾驭'算法'"。近两年,短视频平台一方面用主流价值观优化算法推荐机制,另一方面在重大主题主线内容的宣传中,充分发挥短视频平台的功能和优势,不断提高主流价值的传播效能。在"短视频首屏首推"工程推动下,抖音、快手等短视频平台积极参与2022年北京冬奥会等重大主题主线内容的宣传,"习近平向全国人民致以新春祝福""习近平宣布北京冬奥会开幕"两条短视频分别登上快手总榜和抖音热榜第一名,第一阶段推介的45条短视频总播放量近7亿次。[2]

---

[1] 新京报.1.9亿人在视频号竖屏看春晚,"硬件+玩法"升级助力年味传递[EB/OL].(2023-01-24)[2023-01-26].https://baijiahao.baidu.com/s?id=1755888171942570212&wfr=spider&for=pc.

[2] 国家广电智库.【十年·变】网络视听行业走向繁荣发展[EB/OL].(2022-08-15)[2023-01-27].https://mp.weixin.qq.com/s/DXYGruMUPpgDfM7N2gsbhQ.

(二)内容生产:内容生态愈加丰富,开展长视频版权合作

短视频内容涉猎影视娱乐、生活美食、知识技能、传统文化等多个领域。随着内容生态趋向饱和,短视频平台持续挖掘垂直内容,创新内容形态,满足用户的多种需求。

1. 持续深耕垂类内容

深耕垂直领域是短视频内容生态创新的重要举措。2022年,短视频平台进一步挖掘垂类内容,以满足用户多样化的需求。抖音持续布局传统文化、科普知识、乡村振兴主题类内容,在传统文化类内容方面进一步聚焦传统民歌、民族舞、戏剧戏曲等细分领域,一方面赋能传统文化的创新性传播,另一方面满足用户更加细微的精神生活需求。

2. 探索内容新生态

随着短视频平台内容边界的拓展,其内容生态已经形成了"短视频+直播""短内容+长内容"的布局。一方面,微短剧成为内容创新的新窗口。以抖音平台为例,2022年6月推出"剧有引力计划",其微短剧题材丰富多元,涵盖都市、喜剧、魔幻、情感等多种类型,截至2022年年底,#抖音短剧#话题下的视频播放量超过300亿。另一方面,线上演唱会赢得广泛关注。2022年,新冠疫情推动线上演唱会的爆发式发展,视频号、抖音等平台纷纷推出演唱会直播,为用户带来高体验、强互动的音乐盛宴。同时,"短视频+直播"的内容创作模式不断更新,以刘畊宏健身直播为代表的优质内容创作者在2022年相继涌现,以在线健身的方式开创全民健身的新模式,成为2022年短视频与直播领域的现象级IP。

3. 长短视频开展内容版权合作

内容版权是近几年短视频与长视频平台纷争的焦点。2022年,长、短视频平台试图解决这一纷争,开始走向合作共生之路。2022年3月,抖音与搜狐视频达成版权合作,获得了搜狐视频全部自制内容的二次创作权;7月,抖音与爱奇艺达成合作,一同开展长视频内容的二次创作和营销推广等方面的探索。从

网络视听行业发展趋势来看,长、短视频平台的内容版权合作是大势所趋,关键在于如何在有效保证双方利益的前提下构建良好的视听内容生态,促进行业高质量可持续发展。

(三)盈利模式:探索多元变现方式,商业生态愈加成熟

短视频作为最具用户活跃度和黏合性的媒介平台,其变现方式更加多元化,营销带货能力持续提升。除了传统的广告营销,短视频领域逐渐形成"短视频+直播+电商"的模式,"短视频种草,直播间拔草"成为短视频变现的常规化操作。

1.打通多个链路助力电商购物

电商是短视频平台重要的变现方式,一方面通过功能升级满足用户多元化的购物需求;另一方面通过打通链路、多域协同,更好地助力商品销售。以抖音为例,早在2020年抖音就上线"商城"功能,2021年推出兴趣电商新理念,2022年将兴趣电商进一步升级为全域兴趣电商,打通短视频、直播、搜索、商城、店铺等多个领域,从而覆盖用户全场景体验,满足用户全链路购物需求。数据显示,截至2022年6月,通过短视频直播进行购物消费的用户占网购用户比例的49.7%[①]。2022年,突然爆火的东方甄选直播间可以看作短视频向电商转型布局的一个代表性产物,通过短视频平台,新东方以网络直播的方式实现了企业发展的转型升级,东方甄选成为直播电商领域的新贵,也使得董宇辉等新型带货主播成功出圈。

2.持续挖掘优质内容商业价值

除了电商经济,短视频不断挖掘优质内容的经济价值,探索内容付费新模式。以快手为例,自2020年开始尝试付费模式,当前其"付费内容广场"包括生活常识、职业技能、才艺学习等多个领域,内容覆盖面广泛、类型丰富垂直,能够

---

① 央广网.近一半网购用户使用短视频直播购物[EB/OL].(2022-11-24)[2023-01-27].http://tech.cnr.cn/techyw/kan/20221124/t20221124_526072638.shtml.

满足用户日常生活中的多元需求。数据显示,2022年,短视频用户对内容付费的接受程度较高,内容付费用户占比达67%,且付费金额向高额化发展①。目前短视频内容付费还处于探索阶段,未来能否像长视频平台那样成为其盈利的重要模式,关键在于其能否为用户提供更加优质的内容和完善的服务。

3.加强本地生活服务市场布局

近两年,短视频进一步深入本地生活服务市场,联动强势资源,创新业务范围,成为短视频行业拓宽商业版图的又一重要举措。在外部资源合作方面,2022年8月,抖音与饿了么进行合作,一同探索本地生活服务的新场景、新体验;而早在2021年12月,快手与美团已经完成了战略合作,发挥各自优势,进一步深耕本地生活市场。在平台功能拓展和服务升级方面,抖音本地专题已经覆盖附近美食、休闲娱乐、美发、住宿等多个领域,不断完善配送功能,实现团购和外卖服务;快手在同城专题下设本地生活板块,并推出团购服务,用户可借助美团小程序直接下单购买。本地生活服务市场发展潜力较大,短视频行业拥有庞大的用户基础,加之5G技术的普及、"视频化生存"时代的到来,短视频本地生活服务呈现出巨大的发展空间。

2022年中国网络视听年度案例研究,从"视听精品案例""平台创新案例""媒体融合案例""新技术新探索"四大维度入手,共精选了15项案例进行研究,通过综合分析、采访调研、田野调查等诸多方式,对每项案例进行了深入分析与细致阐释。本书试图通过案例的研究,一方面为网络视听行业的年度发展建立坐标式的标注,另一方面为行业的持续发展提供路径方法上的总结梳理,以期为行业发展注入新思维。

---

① 收视中国.短视频使用评价稳提升,用户变迁催生新机遇:CSM重磅发布2022年短视频用户价值研究报告[EB/OL].(2022-12-07)[2023-01-28].https://mp.weixin.qq.com/s/wQIRjYS1Yue5uqaY9yz_Cg.

视听精品案例

网络视听内容的跨界融合与创新表达
——以 2022—2023《中国网络视听年度盛典》为例

摘要： 在网络视听成为满足社会文化需求重要领域的当下,推出一台汇集网络视听年度佳作的盛典不仅具有成果展演的价值,更具有加强文化自信、坚守人民立场、引领创作思潮的重要现实意义。其展现了创作者们在主题选择、艺术表达、叙事内容、传播规律、机制创新五个方面的积极探索,为网络视听精品的创造性转化和创新性发展提供参考。本文以 2022—2023《中国网络视听年度盛典》(简称"盛典")为案例,结合深度访谈,对盛典的节目内容、篇章结构、策划思路进行梳理和分析。

关键词： 网络视听行业;高质量发展;跨界融合;文艺晚会

一、引言

党的二十大强调,要发展面向现代化、面向世界、面向未来的,民族的科学的大众的社会主义文化,要推进文化自信自强,铸就社会主义文化新辉煌。以习近平同志为核心的党中央高度重视宣传思想工作、文化强国建设和网络强国建设,提出了一系列具有深远性、开创性的重要思想,为做好新时代视听内容建设、大力繁荣社会主义文化提供了方向指引和根本遵循。

春节既是万家团圆的时刻,也是一年一度集中展现视听内容和文化精品的重要创作节点。围绕春节主题打造一台荟萃佳作的文艺盛典,集中展示本年度的视听创新成果,成为各大电视台、网络平台庆祝新春的保留节目。目前,我国春节主题的盛典晚会主要由中央广播电视总台牵头、地方广播电视台并举,表1为2023年春节主题晚会列表(按播出时间排序)。

表1 2023年春节主题盛典晚会

节目名称	播发平台
《中央广播电视总台2023网络春晚》	CCTV1、CCTV3
《多彩吉林迎吉祥——2023吉林卫视春节特别节目》	吉林卫视
《2023湖南卫视芒果TV春节联欢晚会》	湖南卫视
《日出东方迎春来——2023山东春节联欢晚会》	山东卫视
《2023卡酷动画春晚之拯救兔王星》	北京卡酷少儿
《卯足劲头弄春潮——2023河南春节晚会》	河南卫视
《2023年辽宁卫视春节联欢晚会》	辽宁卫视
《喜气洋洋合家欢——2023东西南北贺新春》	CCTV3
《2023年动漫大贺岁·福兔呈祥(上)》	CCTV14
《2023川渝春节联欢晚会》	四川卫视、重庆卫视
《最是一年春好处——2023安徽卫视春节联欢晚会》	安徽卫视
《天津市2023年迎新春文艺演出》	天津卫视
《2023年中央广播电视总台春节联欢晚会》	46个卫视频道
《2023年动漫大贺岁·福兔呈祥(下)》	CCTV14
《2023年北京广播电视台春节联欢晚会》	北京卫视
《春满东方兔年兔奋——2023东方卫视春节晚会》	东方卫视
《四海同春——2023全球华侨华人春节大联欢》	湖南卫视
《遇兔呈祥大湾区——2023广东卫视春节晚会》	广东卫视
《2023幸福合家欢——江苏卫视春节联欢晚会》	江苏卫视
《2023越剧春节联欢晚会》	浙江卫视
《百花迎春——中国文学艺术界2023春节大联欢》	河北卫视、河南卫视
《2023天津卫视相声春晚》	天津卫视
《春暖草原百花开——内蒙古自治区文学艺术界2023迎春联谊会》	内蒙古卫视
《小年团的就是那个圆Ⅱ——2023年第十三届中国农民春节联欢会》	湖北卫视
《2023新年启航夜》	湖北卫视
《花开河之北——2023河北省乐龄新春大联欢》	河北卫视

上述春节主题晚会涵盖了文化、戏曲、相声、民歌、少儿等多元节目形式,吸引了超过60%的电视观众,其中有6台收视率超过1%、11台收视率超过0.5%①。大多数晚会的表达方式、舞台设计、节目取材仍沿用传统的电视节目思路。然而,网络视听作为文化数字化发展的重要一环,随着互联网的深度普及和数字技术的不断发展,与社会、文化、经济等多个领域加速融合,其产业规模不断扩大,精品内容正成为主流价值传播的新阵地。在此背景下,推出具有网络文化特色、汇集网络视听优质内容的晚会具有重要的意义。从行业发展来看,优秀网络视听节目的展演成为网络视听高质量发展的内容标杆,以品质的迭代升级,倒逼低劣视听产品的自我迭代;从视听创作来看,这不仅是文艺节目的拼盘展演,更是技术与艺术的创新结合、传统与时尚的激烈碰撞、民族与青春的巧妙连接。

《中国网络视听年度盛典》由国家广播电视总局网络视听节目管理司指导、中国电视艺术委员会主办,联合爱奇艺、优酷、腾讯视频、芒果TV、抖音、快手、哔哩哔哩、咪咕等多家网络视听平台共同创作。自2022年起,盛典已连续举办两届,规模逐渐扩大,联合创作单位也由8家扩展为18家,其主题围绕"中国梦·我的梦""礼赞新时代 奋进新征程"等主线展开,突出"艺术+技术"特色,通过"一五一"结构,即"一个序幕+五大篇章+一个倡议"来呈现。

纵观两年的网络视听年度盛典,其不变的是始终关注"国家发展成就,聚焦人民美好生活"的主题。2022年,网络视听行业推出了一大批围绕"迎接宣传贯彻党的二十大"的精品节目。盛典近50个节目,即在这些节目基础上的创新演绎。主题涵盖新时代十年发展成就、英雄模范人物、百姓幸福生活等,给观众注入强大的精神力量。变化的是"观看体验的革新,艺术与技术深度融合"。2023年创作团队进一步创新扩展现实、虚拟现实等视觉技术的舞台呈现形式,通过穿越古今的对话、漫游寰宇的奇妙旅行,带来沉浸式的观看体验,使观众在视觉奇观之中感受到科技与艺术的融合之美和现实与虚拟交互的光彩。如果

---

① 中国视听大数据. CVB|2023年春节主题晚会收视数据亮点盘点[EB/OL]. (2023-02-02)[2023-06-14]. https://baijiahao.baidu.com/s?id=17567128137408242048wfr=spider&for=pc.

将盛典作为网络视听行业一年一度的交流盛会,那么主流媒体平台、长短视频平台、音频平台、垂直领域新媒体平台除了推荐特色鲜明的精彩内容外,也充分展现了"越屏跨界""深度融合""协同创新"等行业发展的趋势。可见,无论是在内容制作、艺术表达上,还是在创作机制上,盛典都具有重要的实践创新和学术研究价值。

因此,本文将通过内容分析法和深度访谈法,对盛典的节目内容、篇章结构、策划思路等多个层面进行分析,探寻其背后的创作理念、机制和创新路径。课题组主要研究问题如下:

(1)盛典与传统的春节主题电视晚会相比,其创作理念、思路和方式有什么不同?

(2)盛典如何做到思想性、艺术性与技术性的融合?

(3)从网络视听文艺的生产过程、创作机制、传播策略等角度来看,盛典具有哪些启示和借鉴意义?

二、案例分析

本文结合2022—2023《中国网络视听年度盛典》,从节目选材、机制创新、技术应用、审美表达、破圈传播五个方面出发,多维度探讨《中国网络视听年度盛典》的创新路径和借鉴意义。

(一)锚定主题黄金点:民族精神与青春声音的巧妙连接

党的二十大报告指出,文艺工作者应推出更多增强人民精神力量的优秀作品,这是繁荣发展文化事业和文化产业的关键路径。中华民族有着一脉相承的精神追求、精神特质、精神脉络,网络视听作品更应接续其民族精神,将青春活力注入厚重的文化产品中,使其焕发新生光彩。2021年,在庆祝中国共产党成立100周年之际,党史题材网络视听文艺作品不断涌现。2022年《中国网络视听年度盛典》专门开辟了名为"百年恰风华"的主题篇章,揭示了中国从站起来、富起来到强起来的发展道路和成功秘诀,反映民族精神的传承和时代的变迁。

跨时空的精神传承,敲打出时代回响。人民是历史的创造者,也是时代的创造者。高质量的艺术作品应传承民族精神、融入家国情怀,既从历史联通当下,回望年代深处的赤子心声,也要擘画新时代美好生活的图景。例如,节目《穿越时空的电台》讲述了电台主持人何炅和音乐家王莘的一场意外的跨时空对话,展现了家喻户晓的爱国歌曲《歌唱祖国》是如何诞生的,节目将舞台空间划分为左、右两部分,左侧采用了2021年芒果TV推出的电视节目《朋友请听好》的故事背景,展现了主持人何炅温馨、现代化的电台工作间;而舞台右侧,扮演《歌唱祖国》词曲作者王莘的郭晓东则戴着圆框眼镜,穿着深蓝色背心,手上拿着纸笔,置身于满地都是创作草稿的环境之中。本节目通过轻松亲切的方式,在感人至深的赤诚对谈中,展现了历史空间里的王莘澎湃的爱国之情,现代空间中的文艺工作者何炅也在接续其创作精神,传承"以人民为中心"的创作导向理念,让历久弥新的旋律敲击出时代的回响。

所谓"止于至善,方能臻于至美",向上向善的文艺是吹响时代的号角。2022年正逢香港回归25周年,芒果TV推出《披荆斩棘的哥哥们》《声生不息》两部重量级综艺节目,其中多个现象级歌舞舞台给观众留下了深刻印象。在2022年的《中国网络视听年度盛典》中,由陈小春、张智霖、林晓峰、梁汉文组成的"大湾区哥哥"组合与11位同样来自粤港澳大湾区的青年代表,共同演唱歌曲《我们都是追梦人》,以和鸣之声将奋斗精神和地域文化在集体记忆中紧密相连。由两地歌手合作、多首粤语金曲如《朋友》《万水千山总是情》《东方之珠》串联的《声生不息》,流淌着血脉相通的情感,印刻着和衷共济的岁月,通过乐曲里"光阴的故事"串联起代际相传的记忆,配合42人的交响弦乐团和12人的电乐团,在充满怀旧色彩和陆港温情的氛围中传达"以歌爱国"的主题。

(二) 焕新艺术表达:"技术+艺术"的东方美学与科技造境

美学家李泽厚认为,技术美学是美学的一个重要分支。对于技术美的欣赏不仅是对形式美的欣赏,而是能从中感受到巨大的社会前进力量和人类的目的性，看到善的形式力量和真的丰富内容，感受到二者的和谐统一，由此构成技术美的本质。在盛典中，沉浸式舞台置景和空间塑造构成了"善"的形式力量，前沿的晚会制作技术烘托出"真"的丰富内容，两者相辅相成展现出穿越时空的技术之美，也深刻映照了晚会的主题意涵。2022年，盛典以"中国梦·我的梦"为主题，在舞台置景中植入了充满未来感的飞船、机械臂、手机屏幕等元素，彰显了"一起向未来""追梦人"的题中之义。

2023年的盛典中，导演组继续将前沿视听技术成果融入艺术表达，进一步发挥网络视听"技术+艺术"的优势，将虚拟现实、增强现实等表现手法巧妙融入节目创排中，将艺术与技术创新贯穿节目制作全流程，这些视听新技术表达手段为观众带来了互动式、沉浸式的观赏体验。

虚拟现实技术赋能科技造境。当前，VR、AR等新技术已被广泛运用于视听节目创作中，为古典、现代、未来等多个时空的艺术表达提供了创意和穿越思维。当观众已对沉浸式技术十分熟悉甚至疲劳时，如何突破技术的表面炫技，真正为节目的创造力和想象力服务，将成为高质量文艺节目创作的关键切入点。在由热播电视剧《你是我的荣耀》主演迪丽热巴、杨洋出演的《烟火星辰》歌曲节目中，导演组采用了扩展现实技术（Extended Reality，XR），该技术通过3D、图像分析、追踪、实时渲染等处理方式，实现虚拟和现实无缝转换，让体验者在视觉上感受到漫步宇宙的精彩与浪漫。节目通过技术赋能艺术，展现技术美学造境之真，致敬时代洪流中的航天精神。此外，草根叙事节目《我们这十年》注重"虚实结合"，舞台嘉宾表演的同时，竖屏上同步播放着各行业、各领域、各地区的达人们向观众展示着自拍祝福、生活场景与实地表演场面。节目中"奥利给大叔"以第一人称视角游走在"画卷"中，其巨幅画卷缓缓张开的过程让观众置身于AR技术和地屏营造的"真实"场景，沉浸式体验喜乐祥和的节日氛围和网络草根不屈不挠的奋斗历程。

舞台装置技术焕活东方美学。在以往的编创观念中，新技术的运用往往着力于未来感、时尚感、科幻感的呈现，与传统文化、东方美学的艺术呈现存在一定距离。然而，在2022年的盛典中，节目《蜀绣》立足于"刺绣"这一非物质文化遗产的主题,融合了演唱与汉服舞蹈的表演形式,在舞台场景中将"穿针引线"的动态过程转换为具体的意象形态。双面环形屏幕、冰屏柱等技术呈现的虚拟影像《仕女图》中,不同朝代的古装女子在"苏醒—起舞—回归"的舞姿中透露出"举止闲雅,无尘俗态"的风韵,从而营造出一个空灵隽永、活泼灵动的舞台意境。刺绣的独特审美样式和服装、舞蹈共同打造和谐统一的美感,在审美层面传承中华民族的历史基因。此外,有关"安塞腰鼓"的非遗表演群体在技术还原的"黄土地"上的震撼演出,着力展现中华民族连绵不绝的文化传承和情感认同。

高难度的技术制作如何表现出恰到好处的美感和艺术性?当谈到技术的难点、突破点时,盛典总导演指出"创意才是最大的突破点":

"本次晚会《梦回敦煌》节目中伽瑶虚拟人的角色,为了展现全新的面貌,特别提前定制了全新服饰,配色以红色为主调,借鉴了唐代供养人画像中规模较大的一幅图画,即段文杰临摹的《都督夫人礼佛图》。裙身纹样则缀以大量的花朵元素,用莫高窟壁画上的叶形瓣纹营造出花团锦簇的氛围,蕴含着花开富贵、锦上添花、月圆花好等美好寓意。除了花朵,择取'迦陵频伽'的灵感,衣服上亦可见神鸟羽毛的图案。配饰更要特别一提,为了凸显兔年元素,伽瑶胸前的项链设计特意参考了莫高窟第407窟中'三兔共耳'图案,寓意'圣洁光明,和谐美满',一边代表了古人对于美满生活的寄托,一边承载着今人对光明未来的向往。项链的制作工序为唐代的镶嵌工艺,于细节处深度还原了其材质和质感。

"使用虚幻引擎工业化流程的高品质、多样化服饰材质专利技术,使伽瑶成功get'一秒钟变装'技能,身上的服装可跟随舞蹈动作和音乐节奏实时变换,最终在舞台上展示出三套颜色系统的18个配色。这是该项技术在虚拟人领域内的首次创新应用。同样为首次应用的,还有布料的物理模拟技术,这项技术可以避免出现布料穿插的bug,控制多层布料的流转速率和摆动幅度。伽瑶在现场裙摆飞扬,正是得益于此。"[①]

---

① 引自与盛典总导演的访谈。

(三) 扎实内容落点:书写以人民为中心的群像叙事

叙事范式的创始人沃尔特·费希尔(Walter Fisher)认为,"叙事是有序列的符号行为——文字和(或)事件——对依赖、创造和诠释它们的人有意义"。埃姆·格里芬(Em Griffin)进一步解释了叙事的含义,他认为叙事是植根于时空的沟通。就个性、动机和行为而言,它涵盖了人类生活中的各个方面。叙事也指使人们相信某种方法或按其行事的语言或非言语的努力。叙事会邀请听众根据他们自己的生活解读其意义,评估其价值。这一观察强调了故事的听众通过解读、评估故事对故事的构建发挥主观能动性[①]。在短视频时代,媒介技术的普惠性让每个普通人都成为网络视听内容的阅听人与讲述者。因此,在考量盛典内容的叙事和表达立场时,人民性和共创性不可忽视,"让每个普通人被看见"成为其内容叙事的核心。

网络红人牵头,激发情感共鸣。作为社交平台的重要文化符号,网络红人不仅具有巨大的流量,同时能凭借其个人故事唤起强烈的情感共鸣。他们对于个体故事的演绎往往蕴藏着群体的身份认同和时代命运的同频共振。例如,快手平台推荐的《我们这十年》用诗朗诵+情景表演的方式讲述中国好故事、唱响美好生活,献上了主旋律节目的"别样打开方式",也展现了"以人民为中心"的文艺节目创作主题。在多场景变换和光影变化中,表演嘉宾仿佛"人在画中游"。节目以网红达人"奥利给大叔"为主角,参差有致地串联起一系列网络达人的精彩才艺,体现出新时代普通人的梦想追寻、命运之变。"十年,有多长?三千多个日夜交替,十回从百花开到雪茫茫。"伴随着网络达人@朝阳冬泳怪鸽的激情演讲,舞台上的巨幅画卷同步徐徐展开,引领全网观众领略祖国锦绣河山。这位来自辽宁的中年大叔,深陷命运旋涡,却仍旧积极乐观,每日用"奥利给"为自己和网友加油鼓劲,火遍全网。节目内容涵盖了上一年度网络热点的回顾与凝练,加之奥利给大叔的风格化表达与新媒体号召力,引发全网观众的

---

① GRIFFIN E. A first look at communication theory[M]. New York: McGraw-Hill Humanities/Social Sciences/Languages, 2008.

集体记忆与情感共鸣。

草根达人携手,共书平凡故事。通过旁白的演讲内容,贯穿起安塞腰鼓非遗表演、说唱和少数民族舞蹈演绎、歌曲演奏等三大部分节目,展现普通人的十年奋斗历程,立体化、全方位地呈现各地区、各领域平凡人的多样生活,将展现新时代中国社会发展成就的好故事搬上舞台,共同书写中国式现代化的叙事长卷。例如,@安塞腰鼓三哥哥击打着非遗技艺安塞腰鼓,将家乡技艺与文化广泛传播到全国各地;@云南傈僳小伙——蔡总带来说唱和少数民族歌舞,唱出了富饶家乡的美丽模样;来自贵阳的4名盲人推拿师、1名外卖小哥组成的@折耳根乐队完成了不可思议的音乐演奏,展现盲人群体如同折耳根一样"倔强地拔节生长"的坚毅品格;相声小品《我的微短剧之旅》探讨了真正的微短剧是在保持快节奏的同时,拍出平凡人的生活;情景表演《一堂网课》展现声音助残,残障主播通过声音表达美、传递爱,自立自强,在声音世界里拥抱光明和希望;歌曲《说书人》体现了众多身处于民俗"江湖"之中的普通民众所拥有的内心豪情和民族气质。

节目创作从人民群众中来,到人民群众中去。守山大叔、小英夫妻等一批知名短视频创作者走入盛典,快递小哥、医学生和热爱生活的普通人不断在各个节目中出现,节目贴近群众、贴近生活,使得田间地头的火热生活跃然于屏幕之上。盛典通过高互动性、强参与度的短视频主题节目,展现网生一代喷涌而出的创造力与表达欲,也让聚光灯触达草根用户群体,使得盛典中展现的网络文化更为扎实、蓬勃、多元,也为新时代、新征程上的追梦画卷画上属于草根的生动注脚。

(四)布局破圈推广:实现全流程、全平台传播

2019年1月25日,在中共中央政治局第十二次集体学习会上,习近平总书记指出,全媒体不断发展,出现了全程媒体、全息媒体、全员媒体、全效媒体,信息无处不在、无所不及、无人不用,导致舆论生态、媒体格局、传播方式发生深刻变化。这也为网络视听优质内容的传播推广提供了重要指导,即只有秉持全程

推广、全员参与的传播思路才有可能打破圈层文化间的壁垒,实现大声量、强共鸣的传播效果。

贯穿式全程化传播,扩大受众覆盖面。盛典的传播推广贯穿其筹备期、预热期、播出期、升华期的全过程。筹备期,全网公布播出时间、拟邀请嘉宾;预热期,即盛典播出前,多家联合创作平台依托自身的优势资源进行推广,播出网络视听年度盛典宣传片,从舞美、节目、主题、概念四个角度预告盛典精彩的台前幕后;播出期,各平台集中优质资源扩大传播覆盖面、影响力;升华期,节目播出结束后一段时间,通过传播短视频切片的方式,在社交平台上延续长尾效应。可见,在整个传播推广期间,既借助了主流媒体的聚合力量,又有基于各自优势的个性化传播,一方面集中多方资源扩大盛典的影响力,另一方面根据各自平台特点、用户特点,开展有针对性的推广,最大化地扩展盛典的受众群体,实现贯穿节目策划、创作和播出等不同阶段的全程化传播。

矩阵式全平台传播,引发文化强共鸣。搭建矩阵化传播格局已成为常见的内容推广策略,然而,矩阵式布局不仅意味着多平台、多渠道的同步发声,同时应通盘考虑海内外资源的优势互补,让高质量网络视听内容中蕴含的中华优秀传统文化和中华民族伟大精神"走出去"。

以盛典中芒果TV的传播策略为例,节目播出前,以芒果TV为代表的平台方自主策划物料。盛典预热期间,独家策划高品质VR视频3条、新年预热视频3条、独家花絮超20条,春节期间不断为盛典播出预热倒计时。此外,主动贡献VR系列视频,联合视听中国及18家播出平台全网传播,单条最高点赞量超26万。同时,在芒果TV园区、长沙黄花机场、上海湘芒果大厦等处的近10块户外大屏曝光盛典主视觉、宣传片,并撬动站外App开机屏5000万曝光资源,为盛典强势引流。节目播出后,芒果TV独家沟通《中国日报》《环球时报》等10家媒体在Twitter、Meta、Instagram、YouTube等海外渠道共同传播舞台内容,香港大公网、《澳门日报》、《南方日报》等20家大湾区媒体发文,网友评论"格局出来了""值得复看"。

《声生不息》《万里长城》等具有家国情怀、民族精神、同胞温情的节目被重点推广,通过呈现金曲背后血脉相连的故事,引发海内外用户的情感共鸣。

(五)流程机制创新:两级导演制和内容协作制

相较于传统的20个节目左右体量的电视晚会,《中国网络视听年度盛典》的体量更为庞大,涵盖50个节目、18家合作单位。面对素材繁多的内容池和多平台交织的复杂合作,如何编创一台集技术、艺术、美感和思想于一体的晚会而非盲目追逐流量,如何真正展现高质量的网络视听产品而并非是内容的堆砌,如何协同多个视听平台共同完成内容的选择、调试、呈现和迭代,将是盛典核心导演组必须面对的问题。

文艺、技艺、影响力三位一体,奠定创作基调。盛典的主要目标是展现过去一年丰硕的文艺成果,凸显"技术+艺术"的特色,营造全民参与的热烈氛围,带给观众新奇的、沉浸式的、不同于一般电视晚会的视听体验。同时,通过充分研究青少年观众的喜好和需求,用90后、00后喜闻乐见的编排方式、节目内容、传播手段实现跨圈层的话题性传播,扩大节目的影响力。面对文艺、技艺、影响力三位一体的创作目标,核心导演组如何奠定创作的基准线至关重要。

在节目筛选方面坚持艺术性、整体性和创新性的原则,盛典相关负责人表示,"主办方和导演组在接到任务后的半个月时间里,和重点网络视听平台一起梳理了本年度具有社会影响力的网络视听节目、事件、人物,积累了丰富的创作素材。在此纲领和框架下,总导演团队对各平台报送的节目进行筛选,要求思想性兼顾艺术性、多样化兼顾整体性、传承中兼顾创新性。内容主题上,涵盖中华优秀传统文化、中华民族大家庭、新时代十年发展成就、英雄模范人物、百姓幸福生活等,聚焦民族自强、文化自信、乡村振兴等时代热点;节目形式上,包括歌舞、情景表演、创意秀、音乐剧、相声、武术、脱口秀,同时融入XR、AR等科技表现手段。从不同侧面用多种手法充分展现新时代网络视听行业向上发展的精神面貌"。

在制定好节目筛选的思想、审美和技术原则后,如何进一步推进节目的调适、排练和最终呈现,对于核心导演组和联合创作单位的合作方式、机制带来较大的考验。

上下协调,合力跑通两级导演制。盛典的创作流程是:由指导单位和主办单位确定年度主题,各网络视听平台上报节目方案,总导演团队提出节目总体方案、篇章结构、节目包装形式、舞美风格及样式等,根据年度主题对各平台节目方案进行筛选、包装、提升,并指导各平台导演组调整节目创意、组织排练等。总导演团队根据总体节目设计,统一完成舞美场景、灯光、录像、后期合成、包装等工作。

芒果 TV 团队导演徐邑晨谈道,"总导演团队按主办单位指导意见负责盛典节目的政治高度、艺术水准和创意、创新水平的整体把控,组织、筛选、指导各平台节目的创作和排练。最终汇聚北京,由总导演团队负责整体节目录制和后期包装制作。各平台导演和节目由各平台根据平台规模、节目数量和特点,自行组织责任分工"。

作为一次集体性文艺作品汇演,盛典是网络视听行业加强监管和繁荣发展并重的模式创新,是推动网络视听平台从竞争走向合作的有益探索。多平台协同创新机制的意义已经超出了一台晚会,成为行业正名、市场机制建立、主管部门管理方式创新的积极探索实践。

三、讨论与反思

基于对盛典五个维度的特征分析和辩证思考,本文认为,打造一场高质量文艺盛典应坚守"回应时代之问"的方向,依凭前沿数字技术的赋能力量,积极进行机制和流程再造的创新尝试。未来,网络视听内容制作和行业发展可以在以下三个方面进行持续探索。

(一)主题层面

引领内容创作的时代性、主动性、积极性。伴随网络视听行业不断发展,提高作品质量和创作精品已成为内在要求。然而,一些机构和创作者对时代主题的把握能力不强,加上主题创作作品口碑和市场表现不稳定,造成作品质量参差不齐的局面。两次盛典的成功举办带来的启示是,加强规划引领将助力创作者落实好"找准选题、讲好故事、拍出精品"的要求。在选题时,核心导演和统筹组应注重时效性,通过多种方式帮助创作者理解选题,真正发挥主题在引领创作方向方面的作用。同时,要充分推广既有的创作成果,总结成功经验,推动良性市场机制的形成。

(二)技术层面

提升品质,服务内容。5G+4K、8K+AR等新技术的发展不断赋能视听内容创作,但技术创新始终为内容创作服务,网络视听要始终坚持以内容建设为根本的理念,加大力气打造极致创意、沉浸感、年轻态、破圈效益的高品质网络视听内容。同时,技术不应成为各家平台间竞争的壁垒,而应成为开放、共享、协同创新的桥梁,通过打造数字制作技术的共享服务平台,将前沿技术作为创新创作和艺术表达的重要抓手,打磨精品,制造爆款,用有中国特色、国际视野、前沿技术的创意视听内容,共创兼具思想性、艺术性、技术性的文化盛宴。

(三)机制层面

强化合作,协同创新。盛典的成功举办展现了多平台的深度协作和全面联动,使得每个参与平台能够展示自家精品内容,助力推出受众喜爱的新作品和新人新秀。未来,基于既有的优质内容资源,持续发挥平台在行业中的凝聚力,进一步搭建连接政府、媒体、学界的桥梁,集中多方资源推出优质内容。这一合作机制也推动网络视听制作和播出机构在服务社会发展、满足大众需求方面找到共同着力点,避免出现内容、流量、资源的恶性竞争,促使平台将竞争的重点放在追求作品的社会效益和艺术质量上,进一步促进网络视听行业的高质量发展。

四、结语

　　本文从盛典的主题选择、艺术表达、叙事内容、传播规律、机制创新五个特色方面进行了分析,其成功经验对网络视听精品内容创作带来了一定的启示:其一,在创作理念上,许多文艺创作者将主旋律和青春化视作相悖的概念,找不到两相结合的支点,但盛典经验表明,青春化表达不是低俗、媚俗、恶俗,而是在尊重艺术创作规律的前提下扩大主流价值在青少年群体中的影响力;其二,在创作素材的选择上,网络文化曾被认为是非主流、不高级、低门槛、无下限的代名词,但盛典的高质量呈现表明以网络文化为核心的内容展演不是娱乐,不是迎合,而是引导,内容创作者应始终把弘扬主旋律、传播正能量作为履行社会责任的重要部分;其三,在创作机制上,多平台跨界合作、线上线下跨屏融合的成功经验表明,包括网络视听在内的一切视听创作都并非一家之言、一人之力,精品创作需要一个稳定、有序、健康的行业发展环境做支撑。网络视听相关政府机构对内容创作者的政策引导和大力扶持,也将持续为内容创作和行业发展注入新动能。未来,随着网络视听行业的快速发展,政策的扶持、技术的赋能、平台的联动等多重因素将助力网络视听成为主流价值的传播者、社会风尚的引领者、青年文化的塑造者。

(本案例由张辰负责撰写)

乡村振兴主题剧的价值引领与市场化建构
——以《幸福到万家》为例

摘要： 在全面推进乡村振兴的时代背景下，影视界涌现出一批反映当代乡村真实风貌，展现乡村振兴战略下我国新农村现代化建设进程与成果的优质视听作品。其中，《幸福到万家》作为2022年暑期档的黑马，在播发平台、制播模式、创作风格、人物塑造、表达方式上推陈出新，通过多屏联动实现网络视听作品的参与式互动，在制播模式上实现多元主体的角色转型，为乡村振兴题材视听作品开拓平衡经济效益与社会效益的新路径。作品本身聚焦现实，深耕新农村现代化中较少被提及的精神文明建设与法治建设，在女性形象的人物呈现与大美乡村的地域化表达上打造了相关题材类型剧的典范。

关键词： 乡村振兴；多屏联动；制播模式；现实题材

一、引言

2021年2月，全国脱贫攻坚总结表彰大会在京召开，经过党和全国各族人民的共同努力，我国脱贫攻坚取得全面胜利，开启从脱贫攻坚走向乡村振兴的新征程。2022年10月，党的二十大报告强调"全面推进乡村振兴。坚持农业农村优先发展，坚持城乡融合发展，畅通城乡要素流动。扎实推动乡村产业、人才、文化、生态、组织振兴"。乡村文化振兴被提升至重要地位。与此同时，响应时代号召的乡村振兴主题剧集大量涌现，其中不乏制作精良、影响力大、认可度高的优质作品。在反映乡村振兴政策时，还引发了对乡村发展道路的反思与探讨，成为新时代农村题材电视剧创作的新主题，如《幸福到万家》《三泉溪暖》《大山的女儿》《春风又绿江南岸》等。近年来，伴随着网络视听的发展，媒体融合不断深入，以乡村振兴为主题的剧集蓬勃发展，在选题、内容创作、营销等方面不断发力，涌现出不少叫好又叫座、社会价值与市场价值双赢的优质作品，如表1所示。

表1 2022年乡村振兴主题剧集播出概况

名称	首播时间	首播平台	在线播放平台
《乡村爱情14》	2022年1月24日	优酷视频	优酷视频
《三泉溪暖》	2022年5月25日	中央电视台综合频道	爱奇艺、乐视视频
《春风又绿江南岸》	2022年5月25日	浙江卫视、江苏卫视	腾讯视频、爱奇艺、优酷视频
《大山的女儿》	2022年6月26日	中央电视台综合频道	芒果TV
《幸福到万家》	2022年6月29日	东方卫视、北京卫视	优酷视频
《高山清渠》	2022年7月16日	中央电视台综合频道	央视网、芒果TV
《八月桂花开》	2022年9月22日	安徽卫视	爱奇艺、芒果TV
《那山那海》	2022年10月17日	中央电视台综合频道	爱奇艺、腾讯视频、优酷视频
《山河锦绣》	2022年11月15日	中央电视台综合频道	爱奇艺、腾讯视频、优酷视频、芒果TV
《县委大院》	2022年12月7日	中央电视台综合频道	腾讯视频、爱奇艺、咪咕视频

其中，《幸福到万家》基于现实主义的创作框架，不回避农村发展过程中存在的现实问题，注重展现农民精神生活。该剧改编自长篇小说《秋菊传奇》，讲述一个名叫何幸福的姑娘经历事业、婚姻、爱情与亲情等多重考验，在乡村不断成长的故事。该剧于东方卫视、北京卫视首播，优酷同步播出。自2022年6月29日播出以来，无论是在传统电视平台还是在网络播出平台，《幸福到万家》都取得了不俗的收视效果。网络播出平台方面，据灯塔专业版数据显示，截至2022年7月21日，全网正片播放市占率峰值达31.41%，连续22天登上电视剧全网正片播放市占日冠军[1]；开播三天，优酷站内热度已突破9000，五天破万，

---

[1] 牛梦笛，郑雪如.《幸福到万家》：乡村振兴剧的新样式[EB/OL]. (2022-07-26)[2022-09-26]. https://share.gmw.cn/news/2022-07-26/content_35908440.htm.

连续18天保持高位①;在抖音平台剧集IP总播放量超过200亿,主话题总播放量突破124亿②。传统电视平台方面,根据国家广电总局推出的中国视听大数据(CVB),《幸福到万家》东方卫视的CVB平均收视率是0.838,总共有4天单日收视率破1,在东方卫视2022年播出的剧中排第二名;北京卫视的CVB平均收视率是0.625,位列北京卫视电视剧2022年年度冠军。东方卫视总共四天单日收视率成功破1③。收视率出众的同时,微博话题"幸福到万家"频繁登上热搜,话题总阅读次数60.6亿,讨论次数1003万,微博话题"赵丽颖幸福到万家""幸福到万家预告"总阅读次数均破亿。播出期间出现的一次乌龙事件,引爆"你跟大勋咋样了""大勋 渣男""幸福到万家编剧道歉"等一系列微博话题。此外,该剧还获得了《中国日报》、《中国青年报》、人民网以及《光明日报》四大官媒力荐。

"中国网络视听年度案例研究"课题组认为,《幸福到万家》播出后在收视与口碑上都取得了较为亮眼的成绩,成为当前我国乡村振兴主题剧集领域的一个重要代表作品,同时是乡村振兴背景下多屏联动的一次重要实践。基于此,本文以乡村振兴剧《幸福到万家》为案例,从以下三个问题层面回应当前乡村振兴主题剧集热播的现象。同时,通过拆析以下问题,从较为宏观的层面为当前乡村振兴主题剧集持续精耕内容创作、深化价值引领、开拓传播路径提供一定的参考。

(1) 如何阐释以《幸福到万家》为代表的乡村振兴主题剧集的爆火现象?

(2)《幸福到万家》在题材选择、人物塑造、制播模式、营销宣传等方面有怎样的典型特征,在创作和传播上有何新的特点和变化?

(3) 在主旋律电视剧的创作和发展上,该案例提供了哪些借鉴和启示?

---

① 赵丽颖主演《幸福到万家》口碑爆棚,优酷热度破9000[EB/OL].(2022-07-02)[2022-11-12].https://baijiahao.baidu.com/s?id=1737156395820610126&wfr=spider&for=pc.

② 《幸福到万家》完美收官:全民热议"幸福路"[EB/OL].(2022-07-20)[2022-09-26].https://view.inews.qq.com/a/20220720A004Y200?refer=wx_hot&ft=0.

③ 《幸福到万家》CVB收视率出炉,双台联播收视年冠,单台年度TOP3[EB/OL].(2022-07-26)[2022-11-12].https://view.inews.qq.com/wxn/20220726A06Y3H00?.

二、案例分析

本文结合《幸福到万家》具体案例,从创作风格、人物塑造、表达方式、制播模式、播发平台五方面出发,多维度探讨乡村振兴主题剧集如何平衡价值引领与市场化建构。

(一) 选题:真实反映乡村精神文明建设

习近平总书记指出:"乡村振兴是包括产业振兴、人才振兴、文化振兴、生态振兴、组织振兴的全面振兴。"①随着时代发展与乡村振兴的不断深化,社会矛盾变化日益复杂。相关题材网络视听作品扎根基层,立足现实,展现出整体全面的乡村振兴图景和新农村现代化建设风貌,也反映了乡村振兴过程中的现实矛盾。《幸福到万家》里乡土社会中法治理念与传统宗族观念的矛盾、男性特权与女性自我独立的矛盾②,精准击中观众心弦,在社会范围内引起情感共鸣,实现了网络视听作品传递正向价值的目标。如果说传统农村题材电视剧更多关注经济层面的"脱贫致富",新近作品主要面向则转为对精神文明建设、法治建设、家风建设、"扶贫更扶智"、返乡创业、生态农业等主题的关注,紧跟时代步伐,反映了文化振兴、生态振兴、人才振兴的深刻主题。

1.聚焦乡村现实,反映矛盾冲突

传统农村题材电视剧往往存在过度美化、忽略乡村社会生活中存在的矛盾冲突的问题,同时带有泛娱乐化倾向,而乡村振兴主题剧集将"三农"工作的重点、难点带入观众视野,取材于普通人的生活,呈现出鲜明的人民性价值取向,真实反映农村存在的现实问题。《幸福到万家》坚持现实主义创作风格,以乡村

---

① 习近平同志《论"三农"工作》主要篇目介绍[EB/OL].(2022-06-07)[2022-09-26]. http://cpc.people.com.cn/n1/2022/0712/c64387-32472432.html.
② 胡祥.新时代农村题材电视剧如何做优做精[EB/OL].(2022-09-23)[2022-09-26]. http://www.ce.cn/culture/gd/202209/23/t20220923_38123534.shtml.

振兴、普通老百姓的幸福与奋斗为主题,将乡村现实生活的矛盾与变迁生动地展现出来,从而引领观众见证社会主义农村新风貌,同时直面、反思乡村社会生活中存在的矛盾与冲突。

扎根生活、充满乡土气是该作品最显著的特点。故事开始时就展现了传统农村婚礼,公公婆婆身穿红衣服,邻里乡亲脸上挂着朴实的笑容,还融入了红舞台、红气球、红地毯等元素,营造了热闹喜庆的氛围。除此之外,剧中还呈现摘辣椒、编草篮的生活场景,人物行走在平房小院、泥泞土路之中,烟火气息十足,引起很多农村观众的共鸣。但真实的农村生活并不完全是淳朴与岁月静好,作品没有回避乡村振兴进程中的矛盾冲突,采用了"矛盾、行动、阻碍、结局"式的叙述模式。全剧主要包括婚闹、征地、万传美顶替王秀玉上大学、水尾村孩子群体性铅中毒四大矛盾,人物在矛盾产生与解决中逐渐成长。以故事开篇的婚闹一事为例,村书记的儿子万传家在何幸福的婚礼上闹起了新娘的妹妹何幸运,借着民俗陋习耍流氓,何幸福用凳子砸了万传家的头,救出自己的妹妹,引出核心矛盾与主角行动。随后,主角行动出现阻碍,何幸福维护正义却受到旁人指责。最终,何幸福为打人行为登门道歉,但并未真正妥协,要为自己的妹妹讨个说法,这成为推动后续情节发展的重要力量,也树立了何幸福敢于与乡村陋习、父权、权贵抗争的人物形象。婚闹事件完整展现了矛盾产生、主角行动、行动阻碍、矛盾结局四个环节,每个环节都真实合理、情感饱满,环环相扣,引发观众共鸣。在第一集仅半小时的剧情里,完成从欢喜到沉重的转折,从婚闹风波揭示万家庄落后观念根深蒂固这一主要矛盾,将何幸福的勇敢、利落体现得淋漓尽致。

2.深耕精神层面,折射乡村新景

与以往反映农村经济建设与物质文明的电视剧不同,近年来,乡村振兴主题剧集深耕乡村精神生活层面,展现乡村新景,改变了观众对乡村的刻板印象。《幸福到万家》以女性成长为主线,聚焦加强乡村精神文明建设与法治建设的议题,用影像记录乡村人情与法治之间的矛盾与问题,同时呈现出较强的人文关怀。《幸福到万家》制片人曹平提到,"剧中的这些案例都是农村中真实存在过的。现在不少农村在经济层面实现了脱贫,但在精神文明和法治文明建设方面依然有缺失"①。剧中,何幸福在面临婚闹、征地、秀玉高考被顶替、水尾村孩子群体性铅中毒一系列风波时,总能坚持用法律保护村民的合法权益,不屈不挠、追求正义,展现了新时代的女性力量。随着剧情的发展,何幸福的法律意识在不断加强,乡村的法治建设也日趋完善。除了主人公何幸福之外,剧中的万书记虽一心为民、清正廉洁,但他家丑不可外扬、不能当被告的旧观念根深蒂固,在何幸福与万书记的一次次冲突中,也反映出乡村人情社会的传统价值观念与新时代民主法治观念的碰撞与交锋,最终万书记也明白了知法、懂法、守法的重要性。何幸福和万善堂之间从彼此对立到逐渐相互理解,体现的是农村法治建设的深化和法治意识的普及。《幸福到万家》在宣推过程中,联动中国政法大学教授方鹏、北京市文化娱乐法学会副会长李巍,全程跟随剧中热议事件为观众提供法律专业建议,产出7条视频,话题引发讨论,阅读量超2.2亿。

通过聚焦乡村法治建设、精神文明建设,《幸福到万家》折射出当代农村新景。《幸福到万家》原著小说的背景是在20世纪90年代,其中很多故事在现在已不成立,编剧从2016年开始对剧本进行处理,确保细节合理、真实可信。例如,故事开始的时间是2009年,秀玉高考成绩被冒名顶替一事已不太可能发生。因此,编剧将这段剧情改编为,秀玉得知自己10年前其实考上了大学,却被当年好友兼同村的万传美顶替。《幸福到万家》的剧情与1992年张艺谋执导、改编自陈源斌的小说《万家诉讼》的农村题材电影《秋菊打官司》有一定相似度,甚至被观众称为《秋菊打官司》的电视剧版。但是二者之间有所不同,影像风格方面,《秋菊打官司》较为沉重压抑,《幸福到万家》相对轻松向上;叙事方面,《秋菊打官司》是一个无言的结局,而《幸福到万家》为"大团圆"式结局,通过何幸福的努力,促进乡村文明法治的发展;人物塑造方面,何幸福与秋菊虽然都为农村妇女,但秋菊执着于为自己打官司,何幸福在打官司的道路上不断提升自身法律意识,同时帮助村民运用法律维护自身合理权益。《幸福到万家》

---

① 牛梦笛,郑雪如.《幸福到万家》:乡村振兴剧的新样式[EB/OL].(2022-07-26)[2022-09-26].https://share.gmw.cn/news/2022-07/26/content_35908440.htm.

从影像风格到叙事、人物塑造均有所创新,反映了当代农村新貌,折射出乡村法治建设的进步。

(二)人物:立体呈现新时代女性成长历程

《幸福到万家》是一部讲述女性成长励志故事的优秀剧集,这与传统农村题材电视剧的人物侧重有所不同。随着女性主体意识觉醒,女性社会地位与消费能力提升,以女性视角展开的影视作品在社会影响力与市场号召力上也随之改变。该剧突出人物个性特征,以个人成长、工作轨迹为线索,何幸福正直坚韧,凡事讲"理",求个"明白",绝不妥协,人物形象立体生动,具有较高的辨识度。

1.聚焦女性视角,人物鲜活立体

一方面,与传统农村题材电视剧不同,以《幸福到万家》为代表的一系列新时代乡村振兴主题剧赋予女性主体地位。在传统农村题材剧集中,受到父权社会的影响,女性往往作为被凝视的对象,处于边缘化、客体化的地位,缺乏独立意识和法治观念。20世纪80年代到90年代,农村题材电视剧常塑造苦难、传统的女性形象,具体呈现为传统伦理乡村中的牺牲品、"长舌妇""泼妇"等;而《幸福到万家》聚焦女性视角,女性角色在故事叙述中起到了不可或缺的作用,在父权制根深蒂固的农村,扮演不同角色的女性依然面临着各自的困境。剧中,何幸福的婆婆选择隐忍与顺从,以"上一辈没本事就得忍着,靠下一代登上高位再来给自己扬眉吐气"的观念劝自己的儿媳;何幸运被婚闹后向男友解释"什么都没有""就是闹着玩儿的习俗",没有及时为自己维权;万传家的媳妇以"虽然在家我没什么地位,但我是村书记的儿媳、总经理的夫人,走出去自然高人一等"作为自己行事的底层逻辑。正是看到了这些女性所面临的困境,何幸福选择与旧秩序对抗。同时何幸福、何幸运、王秀玉、亚妮等年轻一代的女性随着剧情的发展不断成长,敢闯敢干,勇敢追寻自己的幸福,展现出新时代的女性力量。

另一方面,新时代乡村振兴主题剧在人物塑造方面完成了从"先进典型"到"鲜活面孔"的转变。《幸福到万家》塑造的并非刻板化、脸谱化的农村女性,而是鲜活立体的新时代乡村女性,呈现了新时代乡村女性的精神品质。通过展现剧中女性追求、实现自我价值的过程,为全剧注入正能量。以往的农村题材剧集虽也有被重点刻画的女性角色,但存在人物刻板化、扁平化、主题表现趋同化的问题,以女性村干部为主,往往容易忽略农民群体在"三农"中的主体地位。在《幸福到万家》中,以主人公何幸福为例,她在剧中的形象是生动立体的,集农村女性、"敢姐人设"、打工母亲于一身。一方面,何幸福是务实的,她想要踏踏实实、和和美美地过日子;另一方面,她明辨是非,面对不公敢于抗争。同时,她能够包容人性的弱点,愿意给予其他人成长的机会,不会因为与婆家有观念上的冲突就直接搞对立。随着故事发展,她不断克服自身弱点,从婚闹风波中不能平白无故受人欺负,到维护家庭的利益,再到主动站出来维护公众的利益,观众在追剧的过程中见证了女主角的成长。此外,虽然自私但独立自主的何幸运、命运坎坷但有自己理想的王秀玉、性格大大咧咧但总能游刃有余处理家庭矛盾的婆婆林桂芝,都在观众头脑中留下了深刻印象。剧中刻画的每一位女性角色都是普通人,但具备独立、自主、聪明、勇敢等新时代女性的美好品质,该剧通过一个个鲜活的女性形象,讲好新时代乡村女性故事。

2.人物以小见大,反映宏大主题

讲好新时代乡村故事,不仅需要宏大叙事,还需要将宏大主题事件化、事件故事化、故事人物化、人物命运化。习近平总书记曾强调:"社会主义文艺,从本质上讲,就是人民的文艺。"文艺作品创作不能脱离人民,《幸福到万家》将宏大主题、社会背景融入每个人物的命运中,改变以往主旋律剧宏大叙事的语态,以小见大,通过一个个鲜活的人物反映社会主义乡村新风貌。同时,女性在社会变革中始终发挥重要作用,社会进步逐渐促进女性解放。马克思曾经说过:"每一个了解历史的人也都知道,没有妇女的酵素就不可能有伟大的社会变革。社会的进步可以用女性的社会地位来精确地衡量。"[①]该剧通过生动的女性形象刻

---

① 马克思,恩格斯.马克思恩格斯全集[M].中共中央马克思恩格斯列宁斯大林著作编译局,译.北京:人民出版社,1975:571.

画,展现农村新时代女性法治意识觉醒与提高、逐渐摆脱父权制束缚、城乡融合背景下反哺乡村生产力等社会现象。

第一,该剧通过主人公何幸福,展现了农村新时代女性法治意识的觉醒与提高。例如,在婚闹事件中,何幸福得知此事涉嫌违法,帮助妹妹搜集证据;在土地占用事件中,她向律师寻求法律援助,与万家集团打官司;在秀玉高考被顶替事件中,她第一时间找律师,关心家人权益。随着矛盾不断出现、升级,何幸福的法律意识也在不断觉醒、提高,这一人物的成长反映出乡村振兴背景下我国新农村法治建设的成果。第二,该剧展现了乡村女性努力摆脱父权制束缚,女性意识逐渐觉醒。剧中的万家庄是以男性为主导的村庄,村民深受父权制的影响,该剧以"婚闹"这一传统习俗开始,经历过分婚闹的何幸福数次与万书记争论,最终成功撤销村中的婚闹习俗,提倡移风易俗、文明乡风。何幸福对以万书记为代表的男权意识发起抗争,展现了乡村女性努力摆脱父权制束缚的精神风貌。第三,该剧与传统农村题材剧集不同,没有城乡二元对立,而是通过主人公何幸福的命运展现城乡融合的发展模式。剧中讲述了何幸福从农村进入城市,最终又回到农村,运用在城市学到的知识与经验反哺家乡发展,帮助家乡修路、带领村民发展旅游业、建立合作社等。

《幸福到万家》将乡村日常生活与乡村产业、人才、文化、生态、组织振兴相结合,人物塑造分为"气愤上头线"与"共情线",共同展现乡村精神文明建设,反映乡村风貌以及国家政策,辅助宏大叙事,让观众见证小人物在国家政策背景下的成长与命运。气愤上头线,即开播首周以塑造万传家卑鄙的人物形象为主,引发网络热议,给予其"万恶之源"的标签;播出中期以不思进取、窝囊、小心眼的王庆来为主;收官期以何幸运为主,引爆"无法和解白眼狼""张可盈(何幸运扮演者)沉浸式喊话退退退"等话题。共情线,即开播首周以何幸运为主,婚闹主角惹人心疼;中期以关涛为主,"白月光意难平""关涛看何幸福的眼神"等话题热议不断;后期以王秀玉为主,"高考顶替实惨主角""秀玉太惨了"等话题持续发酵。剧中女性角色串联起共情线,对剧情发展起到推波助澜的作用。因此,该剧一经播出,吸引了大量女性观众关注,新时代女性观众在剧中的女性角色身上找到自我认同感。百度指数七月数据显示,《幸福到万家》受众年龄分布主要集中于20~29岁以及30~39岁,共占电视剧总观看人数的75.48%。该剧集受众主要是女性,人数约占电视剧总观看人数的72.31%。

(三)取景:展现乡村生态文明建设

乡村振兴主题剧集是展示大美乡村面貌的主要窗口,视听作品中的乡村环境是主线剧情开展的空间背景。拍摄于安徽黄山,呈现徽派山水与西递村落的《幸福到万家》在作品中充分展现了大美乡村中村落、田野、房屋的真实景象。真实可感的取景场地与熟悉的乡情乡音拉近了与观众之间的距离,唤起城市对乡村的情感寄托与精神向往,进一步带动了当地文旅产业发展与乡村文化品牌的传播。

1.取景真实可感,展现大美乡村

"绿水青山就是金山银山"是习近平总书记的重要论断,党的十八大以来,我国大力推行生态文明建设,把"美丽中国"确立为生态文明建设的宏伟目标。2022年10月,党的二十大报告中提到"必须牢固树立和践行绿水青山就是金山银山的理念,站在人与自然和谐共生的高度谋划发展"①。《幸福到万家》拍摄创作历经五个月,取景地为古徽州地区(黄山市),包括歙县、黟县、休宁、屯溪等地的古村落。之所以选景黄山市,一方面,因为小说作者是安徽人,选择在黄山市拍摄能够更好地将作品还原到小说的意境中;另一方面,黄山具备绝佳的生态资源。黄山市是闻名中外的影视外景拍摄地,《邓小平登黄山》《卧虎藏龙》《菊豆》《三城记》等多部影视作品均取景于此。十年来,黄山市深入践行习近平生态文明思想,推进生态文明建设示范区工作,建设全国首个跨省流域生态补偿改革试点。《幸福到万家》第一集的第一个镜头是航拍的万家庄,山清水秀,风景秀美,这个镜头的取景地就是皖南绩溪的龙川村。该剧所呈现的自然

---

① 习近平.高举中国特色社会主义伟大旗帜 为全面建设社会主义现代化国家而团结奋斗——在中国共产党第二十次全国代表大会上的报告[EB/OL].(2022-10-25)[2022-11-12].http://www.gov.cn/xinwen/2022-10/25/content_5721685.htm.

风光展示了近年来我国乡村生态文明建设工作的重要成果,同时使作品具备较高的美学价值,地域化表达唤起观众对乡村的情感寄托与精神向往。

除了拍摄自然风光之外,该剧也展现了浓厚的风土人情,剧中展现了当地的医院、菜市场、乡村、城市文旅街区、高校等。随处可见"粉壁黛瓦马头墙,天井浮雕冬瓜梁"的典型徽派建筑,向观众完整展现了徽派建筑风格以及社会主义新农村风貌,如村支书万善堂家中砖雕、木雕、石雕等装饰,王庆来家"东瓶西镜"的布置等。《幸福到万家》的海报以白墙黛瓦的徽派建筑作为背景,甚至被观众称为"徽派建筑宣传片"。此外,剧中的万家集团是在休宁县昌辉汽车电器股份公司拍摄,前身为溪口农机厂,20世纪60年代仅是一家作坊式乡办企业,经过几十年的发展,成长为一家现代化的高新技术企业,逐步建立了海外分公司或代表处,目前公司资产总额约10亿元。剧中所出现的叙事主体在现实生活中真实可感,更加生动、直接地向观众展现近年来的乡村变迁,展现大美乡村的风土人情。

2.带动文旅发展,打造乡村品牌

《幸福到万家》结局为,主人公何幸福看到万家庄风景秀美,开办农家乐,带动村中的旅游业发展,村民看到后纷纷效仿,何幸福带领村民走上了致富道路。2021年12月,中央农村工作会议上,习近平总书记对做好"三农"工作作出重要指示,总书记的重要讲话为旅游助力乡村振兴提供了指导,旅游业成为乡村振兴的重要推动力量。近年来,随着媒体融合不断加深,线上线下融合发展,影视全产业链日益完善,影视与文旅双向奔赴、融合发展,"影视+文旅"带来产业新机遇,这是区别于传统农村题材剧的新特征。除此之外,乡村振兴战略强调"因地制宜",即针对不同的乡村状况开展工作。新时代乡村振兴主题剧各具特色,反映了乡村环境、工作的差异性与独特性,形成了具有中国特色的"中国式乡村剧"。以往的农村题材电视剧多聚焦于我国北方农村,尤其是东北农村,而新时代乡村振兴主题剧全面反映我国东、西、南、北各地乡村特色,如《山海情》中黄沙万里的闽宁镇、《江山如此多娇》中烟雨朦胧的碗米溪村、《花繁叶茂》中山清水秀的花茂村等,不同的地域特色决定了不同的影像风格,传递出独有的地域化表达与乡土情怀。《幸福到万家》则将徽派山水、建筑风格展现得淋漓尽致,该剧一经播出,徽派建筑风格以及绿水青山瞬间刷屏网络,该剧联动安徽文旅、组织超80位媒体达人在线打造地域热点,网友齐参与,一起打卡美丽乡村。

(四)制作:打造"制播共同体"

与属于市场化运作的一般影视剧不同,乡村振兴主题网络视听作品制播主体除了影视企业与播映平台外,还有当地政府有关部门参与其中,共同组成了乡村振兴题材视听作品的"制播共同体"。《幸福到万家》在策划环节体现了"制播共同体"在资源整合和价值传播上的双重考量,充分调动相关主体积极性,除了获得浙江文化艺术发展基金资助外,还得到了地方文化和旅游局的大力支持,并吸引多家影视企业、互联网公司深度合作。从播出反馈来看,这种新路径的探索,确实统筹了网上网下,形成相关主体间同频共振,以剧集为核心打造了"制播共同体"全局"一盘棋",如表2所示。

表2 《幸福到万家》乡村振兴视听作品制播主体

作品名称	摄制企业	政府支持	播放平台
《幸福到万家》	东阳春羽影视文化有限公司 北京时代光影文化传媒股份有限公司 东阳当代时光文化传媒有限公司 阿里巴巴(北京)软件服务有限公司 东阳市乐视花儿影视文化有限公司	浙江文化艺术发展基金资助项目	优酷视频 东方卫视 北京卫视

1.摄制主体守正创新

摄制主体首先是影视企业。影视剧摄制是典型的市场行为,需要企业进行投融资等系统运作。此外,影视企业也是激发创作活力,提升产品质量的核心主体。在乡村振兴题材视听作品的拍摄前期,影视企业需要依据用户调查调研大众需求,增强作品的人民性。尤其在拍摄乡村振兴题材影视作品中,需要调研当地风土人情与乡村振兴实践,才能够挖掘出体现人性光辉、走进人民生活、体现时代精神的现实题材作品。对于影视企业和摄制主体来说,只有充分调动影视企业的积极性、自主性,秉承工匠精神打磨细节而非应对拍摄任务,才能够完成优质视听作品。

据悉,编创团队在筹备《幸福到万家》时,为了更加贴近当代农村生活,深入基层开展调研,走进农村看变化、看发展,收集百姓生活的故事素材,力求反映出真实的农村生活面貌。《幸福到万家》在拍摄过程中坚持写实的创作风格,具体细节上十分考究。导演郑晓龙认为:"到了那个地方,就要符合那个地方的实际情况。真实感特别重要,就是特定时代里的环境与情感是不是一致,是不是真实。"①这种细节上的把握和现实生活情境的还原,使《幸福到万家》在一系列乡村振兴题材影视剧中实现了口碑和播放量的双丰收。

2.政府有关部门角色转换

以往乡村振兴主题剧集出于宣传扶贫成果、拉动当地文化与旅游产业等需要,多为政府宣传部门主导制播流程,为各环节把关。近年来影视企业在市场活力的刺激下掌握更多主动权,政府相关部门则更多在摄制乃至宣传中以出品方、顾问方、参演方与审核方等多种角色参与剧本创作与影视摄制,为作品提供相关支持与价值引领。乡村振兴主题剧集也在制作播出过程中逐步适应了市场化转向的新特征,在把握总体基调的基础上注重文化产品的经济效益,在艺术性与传播力上得到了充分提升。

《幸福到万家》取景于浙江省宁波市和安徽省黄山市,除了有关部门的专项资助外,还获得了取景地有关部门、宣传部门的大力支持。黄山市文化和旅游局在播放期间进行全媒体平台宣传,打造#幸福到万家里的徽州场景#和#安徽黄山最全文旅优惠来了#等5个微博话题,总阅读量达到1519万,并先后4次登上同城热搜②。实现了城市品牌塑造与乡村振兴主题剧集宣传的共振效应,引导观众关注身边真实可感的乡村风貌和乡村振兴带来的切实改变。

---

① 杨哲.《幸福到万家》:铺陈城乡发展的美好未来[J].中国广播影视,2022(13):38-41.
② 黄山市文化和旅游局.市文旅局"五抓"做好新媒体营销宣传[EB/OL].(2022-07-21)[2022-11-17].https://wlj.huangshan.gov.cn/zwgk/public/6615733/10752374.html.

3.播映平台数据赋能

播映平台是距离观众最近的一环,一方面与影视企业紧密合作、资源共享,实现影视作品制播的良性循环;另一方面通过与影视受众积极互动来提升播出影视作品的经济效益和社会效益。此外,播映也是把握"观众脉搏",进行播放量、点赞量、互动内容等数据反馈,从需求端入手反推供应端,从而实现"供给侧改革"的重要抓手,为不断优化乡村振兴题材视听作品产业生态作出重要贡献。

作为《幸福到万家》在网络平台的独播平台,优酷视频把握独播优势,在客户端交互界面、App下载首页等全平台进行推介宣传。并开放主角空降弹幕、App内社群交互等功能,增强用户黏性,引发用户讨论。《幸福到万家》于优酷首播不到一个小时,实时播放市场占有率便达到11.46%,创下了优酷预约量历史第一、优酷首部最快热度破万电视剧的纪录(图1)。优酷通过后台数据管理进行舆情监测,以平台实时讨论热度为参照,挖掘关键剧情节点作为宣传突破口,制定相应传播策略。对于乡村振兴题材视听作品的"制播共同体"来说,平台数据是正向激励与反馈,增进了相关主体对于市场和用户的了解,也促进了全行业对于相关题材和领域的重视,在制播模式与未来发展方向上为行业提供了新思路、新方式。

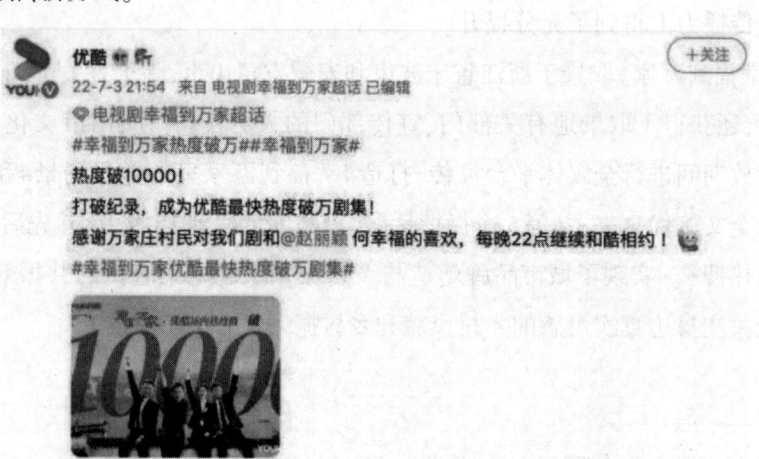

图1 《幸福到万家》首播后成为优酷首部最快热度破万电视剧

(五)播出:台网结合多屏联动

全媒体时代,"多屏共存、跨屏传播"将是电视剧新的生存方式。网络视频、移动视频等新媒体将和电视媒体一道,通过多屏联动和跨屏体验等方式,共同满足和制造电视剧受众的多元需求[1]。优质网络视听作品想要在受众群体、传播效果方面打开新天地,多窗口、多市场化是大势所趋。网络剧集面对不同市场流通渠道,如何回应用户反馈,充分发挥媒体矩阵传播优势,通过平台合力实现一加一大于二的效果,是网络视听作品需要思考的主要问题。

1.平台交互实现内容互补

"台网联动"无疑是大视频产业发展阶段的核心关键词。对于视频网站和传统电视台来说,视频网站所拥有的数据、渠道、运营、技术等优势,电视台所拥有的内容、品牌方面的深厚积淀,是两者之间协作的基础,也为台网联动模式带来了更加多元的创新和可能。以往乡村振兴主题剧集多由传统电视台播出,这与地方卫视长期以来坚持的规范化运营模式、经典权威的品牌形象以及凸显地域特色的选片风格有关[2]。网络平台前期主要以玄幻、爱情题材的小成本网剧为主,叙事节奏整体较快,缺乏题材厚重、底蕴深厚的接地气作品。《幸福到万家》播出平台多元,布局全面。在大屏端具有较高市场影响力和感召力的传统地方卫视,如北京卫视、东方卫视;网络播出平台则由优酷视频进行独播;在内容制作端上打破了电视平台和网络平台在投播阶段的既有倾向,使作品既满足传统电视台对于剧集题材、品质的严格把握,又在叙事节奏、主题风格上符合网络传播特征,极大改善了乡村振兴题材作品"叫好不叫座"、受众单一、辐射范围有限等问题。

在宣发端,《幸福到万家》利用台网联手、资源互补等优势,进一步扩大了剧集影响力。开播当日,东方卫视上线特别节目进行宣传,优酷同步线上播出剧

---

[1] 张红军.试论全媒体时代电视剧的跨屏传播[J].现代传播(中国传媒大学学报),2014,36(1):81-83.
[2] 闫玉刚,魏茜."TV+"时代地方台台网联动之路[J].中国广播电视学刊,2016(12):48-51.

集,使该剧打破了优酷开播首日台网剧观看人数纪录。播出阶段,地方卫视与网络视频平台协同宣推,在微博等社交平台上统一宣发路径,产生了叠加效应。从经济价值角度上来说,多屏联动的合作模式是从创意到投资到制作到推广再到营销的全链条合作,即联合投资、联合出品、联合制作、联合营销、联合宣推①,在这种模式中,"品牌内涵+曝光度"为视听作品经济价值提供了双重保障。

2.渠道共融打造多级传播网络

由于电视媒体的固有属性,大屏端具有相对固定的场域、周期特征明显、用户家庭属性较强等特征,这在展现家庭关系的乡村题材电视剧中极易形成观众情感投射,形成家庭讨论氛围,因而电视端一直是乡村题材视听作品的主流渠道。近年来随着移动端普及以及社交媒体发展,网络视频平台、社交媒体、短视频应用成为视听作品发力的新风口,短视频即时性、交互性、碎片化的表现形式重塑了用户的媒介使用习惯,此时多屏联动就成为适应媒介融合新形势的重要路径。电视媒体借由移动端打破单项传输的被动性,通过社交媒体的多级传播实现视听作品的推介、意见领袖引导营造网络话题,从"主流+碎片"的双向渠道拉近与观众之间的距离,增强观众的互动体验。

如果说播映平台是《幸福到万家》剧集推广"主阵地",那么抖音、微博、小红书、微信公众号等社交媒体则是用户下沉的"前哨"。剧方为此做出了诸多努力,如通过组织主演于抖音平台进行直播宣传;结合剧集普法立意,联动有关法律专家解读剧集热议事件,为观众提供专业建议,使得剧集提升社会价值和专业度保障的同时,引发更多法律行业垂类受众的关注。此外,《幸福到万家》结合社交媒体情绪传播特征,打造万传家"万恶之源"、王庆来"窝囊气人"等人物标签,设置"婚闹""冒名顶替高考"等群情激愤的共情事件,普适性情绪点激起观众的情绪抒发。该剧成为抖音2022年主话题播放量最快破百亿爆剧,站内剧集IP总播放量超200亿,主话题总播放量破119亿②。相关数据直观反映了

---

① 闫玉刚,魏茁."TV+"时代地方台台网联动之路[J].中国广播电视学刊,2016(12):48-51.
② 张聪.今晚,"普法到万家"的《幸福到万家》正式收官[EB/OL].(2022-07-20)[2022-09-26].https://baijiahao.baidu.com/s?id=1738882083443809402&wfr=spider&for=pc.

播放平台以外社交媒体对剧集热度和横向破圈产生的影响。多渠道、多角度地发散现实热议话题及打造共情事件,强代入感、共鸣感引发深度讨论,促进价值提升,形成了全网讨论场,社交媒体平台的参与式互动与影像文本的意义生产进一步提升了网络视频作品影响力。

三、讨论与反思

经过上文的梳理与分析发现,以《幸福到万家》为代表的新时代乡村振兴主题剧集在制播模式、营销传播、影像表达、人物塑造、创作风格等方面区别于传统农村题材剧,实现了社会价值与市场价值的双赢,成为乡村振兴主题剧集的典型。行业意义方面,该剧不仅为乡村振兴主题剧集的创作提供了借鉴价值,更在宣传、营销、播出等方面做出先行探索,同时暴露出当前乡村振兴主题剧集从创作到播出中存在的建设性问题。

(一)创作层面:注重精神文明,剧情扎根现实

与传统农村题材电视剧不同,聚焦乡村精神文明建设以及坚持现实主义创作风格,是近年来乡村振兴主题剧集在创作层面的亮点。剧本改编是《幸福到万家》创作中的主要困难,第一稿剧本是根据陈源斌小说《秋菊传奇》改编的,创作时间久远。为了反映国家近十几年乡村建设的情况,剧本将时间线后移,对剧情、人物、剧名都做了全方位的调整。剧本修改历时五年,甚至在拍摄期间还在进行调整。通过总结案例、汲取经验,该剧一方面具备新时代气质,关注点从物质文明建设转为精神文明建设,反映农村法治、人才、生态等方面的问题;另一方面,通过现实主义创作风格展现新时代社会主义农村社会变迁与新风貌,通过影像引导观众对乡村现实问题产生关注与思考。选题上,密切关注乡村社会的发展与矛盾,编剧依托大时代背景,将剧本合理化;人物塑造上,赋予农民在影视作品中的主体地位,突出女性角色的作用,打造立体而非扁平的角色人设,使人物鲜活生动;取景上,真实展现村庄的自然风光及浓厚的乡土人文气息。

(二)播发层面:整合多方资源,关注观众反馈

乡村振兴主题剧集在弘扬主旋律、响应国家乡村振兴政策的同时兼顾市场原则,在播发层面发力,整合多方资源,关注观众反馈,力求实现破圈传播。然而,乡村振兴主体剧集在播发上一直存在"酒香也怕巷子深"的问题,相较于都市、悬疑、古装、爱情、战争等电视剧题材,反映乡村振兴的电视剧对观众的吸引力较低。因此,乡村振兴主题剧集应在播发环节持续发力,一方面,在播发环节坚持多屏联动、台网联手、平台互补的大方向,播映平台着力推进数据赋能。电视剧《幸福到万家》在东方卫视、北京卫视播出的同时,在优酷视频进行独播。其中,优酷平台以"做共情、做下沉、做群像、做跨界"为主要营销策略,通过挖掘剧中的现实及情感议题,提前释放花絮与观众快速共情,通过提炼生活化细节、多渠道碎片化覆盖,让受众感受到剧情与自己生活的联系,通过主创与演员合力制造网络热议话题,通过行业垂类联动与营造全民追剧氛围实现跨界传播。另一方面,在播发环节尊重观众体验,注重观众反馈。播映平台根据播放量、点赞量、互动内容等用户数据,实施营销策略,不断引导话题,提升作品热度。

(三)路径层面:促进精品化创新,实现破圈传播

乡村建设一直是国家现代化的重要内容,作为反映现实的文艺作品,近年来,我国涌现出不少乡村振兴主题剧集,但在品质上参差不齐。部分影视作品空有乡村风貌,内容和情节与时代严重脱节,刻意放大城乡二元结构和家庭伦理矛盾,刻板塑造乡村人民形象,造成了相关题材作品在市场化过程中收视低迷、话题度低的困境,在以中青年群体为主要活跃用户的网络空间难以得到认同。

以《幸福到万家》为代表的精品化创新模式盘活了乡村振兴主题剧集的市场潜力,从行业的角度激发主旋律剧集同大众文化、精英文化乃至青年文化融合,在传播的过程中突破固有接受圈层,并使不同受众圈层之间积极互动。《幸福到万家》在尝试"破圈"的过程中,也面临着年轻化语态的转变和乡村题材作

品固有的时代厚重感之间的平衡与把握,如主角何幸福进城到律师事务所工作的情节被认为过于戏剧化和理想化,并不贴近现实生活;依照传统剧作模式设计的何幸福返乡,与王庆来修复感情的"大团圆结局"也难以引起青年观众共鸣。整体来看,乡村振兴主题剧集在致力于提升剧集质量和制作水准以外,还应该立足于体现乡村振兴带来的切实改变,与时俱进,响应时代的召唤,这样才能够引发观众共情,赢得青年观众主动的分享和推介。随着相关规定不断完善和市场、行业的进一步规范,乡村振兴题材剧集将会迎来更为广阔的前景,形成具有鲜明特色的艺术风格。

四、结语

当前,我国脱贫攻坚已取得全面胜利,开启乡村振兴新征程。为迎接党的二十大,2022年乡村振兴主题剧集迎来创作高峰。在此背景下,《幸福到万家》是贯彻以人民为中心的创作观和"找准主题、讲好故事、拍出精品"具体要求的生动典型实践。通过案例研究发现,《幸福到万家》紧扣时代主题,扎根现实生活,深入农民精神层面,深耕场景建构、人物塑造、情节设置、制播模式等方面,彰显了大美乡村风貌与乡村振兴建设,不断创新主旋律电视剧表现形式,实现收视与口碑齐飞、社会价值与市场价值的双赢。同时,《幸福到万家》给观众带来了乡村振兴主题剧的全新观看体验,引发相关话题讨论与社会思考。《幸福到万家》还为制播主体提供了思路借鉴,如何不断激发市场活力,加强行业引导,实现"叫好又叫座",成为业界关注的新问题。因此,乡村振兴主题剧如何进一步推进精品化创新,如何在播出过程中持续收割收视率与好口碑,从而为乡村振兴主题剧的发展提供创新方案,将成为后续研究和实践的方向。

(本案例由陈飞扬、赵雨泉负责撰写)

守正与创新：主旋律节目的年轻态破局密码
——以《这十年·追光者》为例

摘要：聚焦迎接和宣传党的二十大的主流题材节目创作集中涌现，是2022年网络视听内容生产与传播领域的一大热点现象。"这十年"主题系列节目打破主旋律内容与市场的隔阂、与"Z世代"年轻人间的壁垒，在政治方向、舆论导向、价值取向、审美趣向上为主流题材节目创作提供了范本。纪实访谈节目《这十年·追光者》以年轻态表达破题，在叙事话语、表现手法上做出了革新与突破，在政策规制与市场化创作间探索出平衡之道，着力实现精神性、思想性、艺术性与观赏性的统一，对主旋律题材网络视听节目生产与重大主题宣传具有启迪与借鉴意义。

关键词：主旋律；这十年；追光者；主流题材节目；年轻态

一、引言

2022年，党的二十大胜利召开，围绕迎接和宣传党的二十大，各广播电视机构和网络视听平台统筹网上网下，深化融合传播，推出了一系列充分展现新时代党和国家事业取得的历史性成就的精品节目，进一步发挥主流媒体宣传主力军、主阵地作用。这一批精品主流节目的涌现，也成为2022年网络视听内容生产与传播领域的一大热点现象。其中，"这十年"主题系列节目在主流价值宣传、创新性和影响力上表现颇为突出，成为党的二十大主题创作热潮中的品牌节目。该项目自2021年就被列入国家广播电视总局网络视听节目精品创作传播工程扶持项目,并于2022年下半年推进创作。《这十年》微纪录片、《这十年·追光者》纪实访谈节目、《这十年·追光之夜》主题晚会等系列节目,以微纪录片、综艺、晚会等多种形态,从多元视角勾勒党和国家十年间的伟大变革,捕捉十年间的感人瞬间,以小切口、小故事折射大时代、大背景。"这十年"主题系列节目一经播出,便在主流观众尤其是年轻群体中获得积极反响,节目打破了主旋律内容与市场的隔阂、与"Z世代"年轻人间的壁垒,其"破圈"也印证着创新型精品主旋律节目的吸引力与永恒的"内容为王"定律。党的二十大开幕前,党的二十大新闻中心官方微信公众号发文推荐"这十年"主题系列网络视听节目,称其"以普通中国人精彩、鲜活的奋斗故事,生动展现十年伟大成就,深刻阐释成功密码和思想光辉,以正能量赢得了大流量"。

"这十年"主题系列节目中,不同品类作品都体现出浓郁的类型特征和表达倾向。微纪录片《这十年》以人物系列短纪录片为形式,将宏观立意与微观叙事相结合,展示党的十八大以来十年间个体的奋斗历程,对家国情怀与个体命运进行影像化书写;纪实访谈节目《这十年·追光者》以访谈形式结合记录语态,从不同维度展现这十年的奋斗之志、创造之力、发展之果,突出对"正年轻"的时代之光的发掘与传承;主题晚会《这十年·追光之夜》则承接《这十年·追光者》对追光故事的关注和表达,以多元文艺样式表现追光瞬间。晚会在播出的24小时间即收获全网热搜超40个,相关话题阅读量近2亿,话题讨论量超100万,累计播放量超3000万,其播出让"这十年"主题系列节目的热度在主阵地、主战场、最前沿上蔓延开来;而芒果TV继续举办"这十年最感动的瞬同"征集活动,邀请网民分享十年间的感动故事,以及在观看"这十年"主题系列节目中为之动容的人物故事,进一步延长"这十年"主题系列节目的长尾效应。这一主题系列节目的创作,体现出对主旋律创作规律的传承与革新,其内部不同类型创作又体现出共性与个性的统一,三档节目主题上集中鲜明,内容上互相支撑,共同呈现了新时代中国的历史自信和历史主动。

整体来看,"这十年"主题系列节目在政治方向、舆论导向、价值取向、审美趣向上为主流题材节目创作提供了范本。其中,《这十年·追光者》作为网络视听节目市场中占据十足分量的访谈类节目代表,其创作理念与传播话语更具行业启示和借鉴意义。节目将国家站位与百姓视角相结合,融合个体生命体验表达与宏大历史叙事,同时以时下流行的年轻化、时尚化影像风格和表达语态破题,迸发出磅礴的精神能量。芒果 TV 所擅长的青春化表达、互联网传播方式都在这档节目中充分体现,《这十年·追光者》也成功入选国家广播电视总局评选的"2022 年度优秀网络视听作品"和"2022 年度广播电视创新创优节目"。

节目背后主旋律、正能量与大流量的融合兼顾法则,是网络视听领域创作实践者和研究者共同关注的焦点。因此,"2022 中国网络视听年度案例研究"将《这十年·追光者》作为主题节目的代表,由此切入对重大主题节目创作实践与热点现象的探讨。本文试图从以下几个问题入手,以《这十年·追光者》为例,对其内容生产与传播的特征和亮点展开分析,力求为主旋律网络视听节目生产与创新实践带来一定的启迪与思考。

(1)《这十年·追光者》作为纪实访谈节目的典型案例,采用了怎样的叙事策略?节目的传播话语、叙事视角、表现形式等对主流题材节目生产有着怎样的示范性价值?

(2)主旋律节目如何进行年轻态、创新性表达?主旋律价值与市场效应如何兼得?

(3)节目出品方和播出平台芒果 TV、湖南卫视在节目创制方式、机制和流程创新、人才队伍建设等方面有何独到经验?为行业带来怎样的启示?重大主题创作呈现出何种趋势?

二、案例分析

本文结合《这十年·追光者》的创作特色,从叙事空间、叙事时间、叙事视角、传播语态等维度分析节目创新要素,探讨其对主流题材节目创作的突破和启示意义。

(一) 叙事空间:舞台、故事与情感空间的并置

《这十年·追光者》注重叙事空间的营造,时空体空间的建构有助于人物塑造及对受众情感想象的激活,为打造沉浸式体验提供可能。节目充分调动影像空间的表意功能,通过舞台空间与虚拟故事空间的融合、演播室访谈节目空间叙事的拓展,构建出观众认同的文本共情空间与情感空间。

1.以时空体空间绘制追光图景,建构集体性记忆

纪实访谈节目呈现的叙事空间,再现了加布里尔·佐伦所言的时空体空间,即时空体空间是时间与空间相交错的结构。时空体空间承担着组织情节的基本作用。苏联著名文艺理论家巴赫金曾言:"在文学中的艺术时空体里,时间浓缩、凝聚,变成艺术上可见的东西;空间则趋向紧张,被卷入时间、情节、历史的运动之中。时间的标志要展现在空间里,而空间则要通过时间来理解和衡量。"在《这十年·追光者》中,时间元素串联起叙事逻辑线索,空间元素支撑场景构建。通过时空体空间的打造,节目勾勒出特有的叙事场域,描摹出一幅立体生动的时代奋斗者"十年追光图鉴"。

循着叙述文本,《这十年·追光者》以谈话、讲述等样式呈现人物历时性的故事和所属空间。在节目建构的时空体空间里,主持人、追光探寻员带领观众走进追光者的叙述文本中,感受他们曾经历过的故事,这一时空体空间超越了时间和空间的限制,尽管不处于事件发生的空间,观众也能通过追光者对过往发生的故事的描述,与他们的情感和情绪共振;而节目也通过共时空间叙事,将追光者的谈话文本与对应的形象画面结合,让观众对追光者的印象更为立体,形成更具沉浸式的共时性观感。

空间叙事也是建构集体性记忆、唤醒文化共同体价值认同感的重要途径,节目通过地志空间的复合与延伸,赋予宏大主题以具象化展示和通俗化阐释,达到情与景的融合,让观众在景观空间的叙事中更加深刻感受普通中国人的奋斗历程,加深人们对这十年中国社会发展和变迁的集体记忆。

2.沉浸式场景再造,突破访谈节目空间叙事局限

舞台空间是节目呈现背景、支撑议题、激发情感、提升意境的重要手段,其背后蕴藏着流动的故事空间。舞台空间为叙事提供服务,甚至承担着串联节目的重任。《这十年·追光者》的舞台设计巧妙观照了时间与空间的互动关系,将节目的"时间"主线融入舞美,舞台被设计成"一棵在十年的时光河流中向光生长、枝繁叶茂的参天大树",创造了一个"时间"形象化的、与节目气质相称的符号性意象空间。

节目每期都围绕特定主题,邀请追光者在大树下分享自己的故事,而大树也在光影变化中见证着中国发展的日新月异。《这十年·追光者》营造的这一舞台空间,不同于传统访谈节目二人或多人对谈的单调简约、封闭式场景,强化了叙事空间的场景化和氛围感。叙述者描述的事件、细节,往往有着与故事特征相对应、能唤起情感震动的场景化设计,使得节目的叙事空间更具生活和情感温度。

节目所搭建的"大树下的聚会"空间,意在凸显轻松愉快的访谈叙事氛围。每期节目的舞台空间,配合主题更迭营造更具真实感和叙事张力的情景,成为节目中空间叙事赋能情感互动的又一层体现,如《青春的选择》中,故事围绕教育工作者的奉献展开,节目组把乡村教室的课桌椅搬上舞台,在布置成教室的大树下,众人畅聊大山深处的摇滚音乐梦与大漠边陲的无私奉献,让观众更真切地感受到以顾亚为代表的乡村教师成就孩子梦想的平凡与伟大。将追光者生活和工作场景平移至舞台,加以艺术加工,节目构建出了场景化、沉浸式的访谈叙事空间。这样的故事空间的再造,对于帮助叙述者和观众更好地进入情境、展开回忆和互动起到重要作用,更利于形成情感上的共鸣。

同时,节目突破访谈节目空间叙事的局限,拓展舞台访谈空间之外的叙述空间。节目地志空间的丰富,也延伸了叙事脉络,增强了叙事的生动性。节目塑造了包含演播室在内的多重空间,突破棚内访谈节目空间叙事的桎梏,扩展至生活真实场景,以多样化形式全面展示了各行业发展面貌,而访谈空间与外拍纪实空间,也形成了跨越过去、现在和未来,融汇历史与当代空间、真实与虚构空间的对话场。多空间故事的相互切换,更便于推进叙事,让观众与访谈、纪实文本联系起来。《这十年·追光者》打通多重空间连通的甬道,激活了多个主体之间的对话。节目通过对塞罕坝百万亩人工林海的空间叙事,生动传递了三代塞罕坝人接续守护背后牢记使命、艰苦创业、绿色发展的塞罕坝精神;以从近海走向深蓝的中国海军不断扩展的航迹,带领观众了解在亚丁湾、索马里海域行驶的中国名片——中国海军护航编队,见证中国强军梦。

(二)叙事时间:十年长跨度叙事的时间变形与重组

无论是影视作品,还是电视节目,叙述者都无法像"等时现实主义"一样,将现实世界中无限的故事时间完整叙述出来,而是需要使用叙事技巧、视听手段对时间进行省略、复原以及适当情境下的膨胀。

《这十年·追光者》的一大叙事难点在于以有限的话语时间讲述党的十八大以来十年间各领域发生的大事,叙事时序的选择、叙事时距的设置以及对时间的变形,均对创作者形成考验。节目没有依照十年来大事件发生的线性时间序列,而是以时间为经,在流动的时空影像中选取了十年进程中的高光点,打破时间界限,将故事时间重组,借助文本符号进行叙事,使观众更亲近节目所讲述的新时代奋斗者故事,串联起一场场围绕不同主题的时代追光之旅。

1.跳脱线性叙事束缚,重组故事时间

叙事时间,作为经叙述者进行主观再创造后的变形了的时间,"并不是真正的时间,而是空间化了的时间"①。叙事性内容对故事时间的处理是自由且丰富的,而为了使叙事更具吸引力、更契合主题表达的需要,叙述者往往通过对时间的控制和时序关系的调节,达成不同的叙事效果和审美体验。纪实访谈节目的叙事时间较虚构类节目而言通常更显单一,大多遵循自然顺序和线性时间叙

---

① 赵毅衡.当说者被说的时候:比较叙述学导论[M].北京:中国人民大学出版社,1998:91.

事,但通过叙事元素的排列组合、时间的重组和变形,形成更为多变的叙事节奏和更为丰富的内容。

《这十年·追光者》在对十年大事件的复现过程中,通过视听影像的创新表达,突破自然的时间规则,重新构建起过去、现在与未来交错的叙事时间,实现了对切片历史的记录与融合。节目中对被叙述主体经历事件等元素和故事结构的再编排较为常见,通过重构被叙述主体的故事时间,使得节目更能唤起观众对故事的期待,持续吸引观众注意力,弥补线性叙事的不足。

第一期节目对宁夏回族自治区闽宁镇副镇长李辉钦援宁故事的讲述,便打破了访谈节目常用的历时性叙事,如沿着人物成长路线、职业发展路线等设计议题结构;而是从李镇长的短视频作品和直播带货工作切入,借闽宁镇居民赵鸿和农民之口,引出李镇长因与当地百姓建立深厚感情、担心招商项目落地不稳定,主动延期一年挂职时间的故事。借助现场讲述、短片穿插及多重创造性话语表达,节目对李辉钦的故事时间进行排列组合,跳脱线性时间约束,由表及里地展现了李镇长与闽宁百姓"双向奔赴的感情"及村里的年轻人为乡村振兴作出的贡献。节目又引入"历史叙述"视角,梳理脱贫攻坚与乡村振兴的精神脉络,构筑历史与当下对话的奇妙语境。

2.以时间为支点推动结构创新,浓缩十年变革与成就

热拉尔·热奈特新叙事话语理论提出,衡量节目时距主要囊括了"概述""场景""省略""停顿"四个要素,它能够帮助纪实访谈节目通过调节叙事时间与故事时间的关系,把控叙事节奏。时间的延展和省略在《这十年·追光者》中都得到充分运用。为了完成绵延十年时间的长跨度叙事,节目既要将中国在各个领域取得的成就、经历的代表性事件浓缩在并不充裕的演述时间里,又要对选取和提炼的典型故事进行延长,使得述本时间大于底本时间。

语言上的表述是访谈节目中叙事时间省略或膨胀最为便捷有效的方式,通过主持人对故事细节的挖掘和访谈对象对事件的充分叙述,形成更为细腻又无赘繁之感的精巧叙事,也体现了节目在叙事时间和节奏上的美学特征。为弥补十年跨度在叙事中的缺失,节目通过解说、讲述、短片、TED演讲等多样化形式

补足从过去、现在到未来的故事时间。节目对过去、现在和将来时态的处理与切换也更为灵动,以现场语态的表达将过去时的故事转化为现在时的体验,甚至产生延宕效果。观众倾听的虽然是过去十年间嘉宾身上发生的重大事件,但节目借助视听影像优势,将嘉宾的回忆处理成观众能感同身受的具象化的现在时事件,传递出一种穿越时空的力量。对叙事时间的自由运用和创新编排,让观众对这些承载主流价值的追光故事产生崭新的认知,带来焕然一新的审美享受。

晚会《这十年·追光之夜》的创作同样体现出时间运用上的巧思。《这十年·追光之夜》的叙事结构建构依托于时间,以时间为轴,以"追光"为主题,将中国非凡的十年浓缩在追光的 24 小时中,从中国人一天的奋斗群像折射中国社会这十年经历的历史性变革。这台晚会虽然不同于同系列访谈节目、纪录片等其他叙事性作品,但创新叙事话语叠加多种艺术表现形式,巧妙切入脱贫攻坚、乡村振兴、生态文明建设、科技创新、强军爱国、大湾区发展、大国工程等重大主题,实现了晚会表现形式与主题表达互动关系上的新突破。

而晚会对时间元素的表达,不仅体现在结构上,还与舞台空间形成有机呼应。以"同心圆"概念为标志的舞台,由五层圆弧形舞美结构、一个圆形主屏、多层次升降地屏、三个数控圆形灯圈构成,既有圆满、美好之意,又紧扣致敬这十年国家飞速发展和每一个追光者的立意,与文艺表达和叙事话语相辅相成。"同心圆"里呈现的时光表盘,以声光电的视觉表达展现着追光者的 24 小时。时间概念与场景符号共同诠释着"时光的缝隙里镌刻着每一个奋斗者的足迹"的晚会主题。"时光之钟"不断流转,舞台上的节目配合着表盘时针转动轮番上演,主创为每个时间点都设计了与之相契合的主题节目。从清晨六点,万物苏醒,跨时空歌舞表演将乡村振兴蓬勃发展展现于屏幕之上;到中午十二点,饭香四溢,情景演绎致敬植物学家的无私奉献;再到晚上六点,奋斗之光映照下,大国工匠生动地讲述这十年中国力量创造的奇迹。晚会以时段化的切割,浓缩了那些闪亮的追光记忆。

(三)叙事视角:多维视点灵活编织激荡情感共鸣

"事件无论何时被描述,总是要从一定的'视觉'范围内描述出来。要挑选一个观察点,即看事情的一定方式、一定角度,无论所涉及的是'真实'的历史事实,还是虚构的事件。"①对纪实访谈节目来说,故事和话题的选择、叙述故事角度的确立,都在很大程度上决定了节目的叙事面貌和对观众的情感传递。无论是虚构类剧情内容,还是真实性节目,都须通过具有指引性的特定人物的设置,形成观众接受信息的视角,叙事视点造就了受众的期待视野。

《这十年·追光者》作为叙事话语创新空间相对有限的访谈节目,其叙事策略的创新主要集中于叙事视点的差异化与多样化设置。主持人、追光者、观众等多元主体与电视语言联动,共同展现出节目所要叙述的大事件和典型故事的立体面貌。

1.多层叙述丰富叙事视角,呈现引发共鸣的表达

以党的十八大以来中国的十年巨变为主线的《这十年·追光者》,在主题上选择了这十年间交出亮眼成绩单的各个领域,包括脱贫攻坚、乡村振兴、生态文明建设、粤港澳大湾区发展、农业科技、文物保护、文化自信、基层党建、强军、航天、深潜等,涉及社会、科技、民生、文化、教育、生态等多元主题,视野开阔。而这些主题也是主旋律节目近几年的选题热点,多个话题均在相关节目中有所涉及,选择怎样的故事和切口反映特定领域的时代变化,以及选择怎样的主体和视角把故事叙述出来,便成为节目的叙事要点和形成差异化的关键。

叙述者的选择,关系着叙事视角和访谈风格的确立。电视谈话节目往往有着统一的叙述者,通常以画面可见的话语主体为主。主持人和嘉宾分别作为话题的引导者、叙事进程的掌控者以及对所述故事有着绝对权威的当事人,对节目访谈效果起到近乎决定性的作用。作为主持人个性化风格对节目效果和特色影响最大的节目类型,访谈类节目中的主持人及其背后的制作方更具备"隐

---

① 巴尔.叙述学:叙事理论导论[M].谭君强,译.北京:中国社会科学出版社,1995:113-114.

含作者"的特征,在节目叙事中扮演着相较于其他类型节目更重的角色。《这十年·追光者》在设置固定主持人、奠定叙事风格基调的基础上,每期又增设了一位追光探寻员,由影视演员、歌手、主持人、脱口秀演员等年轻艺人担任,他们的加入为节目叙事增添了新的维度和视野。

多元叙述者的加入,为节目形成多元叙述层次、在不同层次间呈现出微妙的距离感提供了可能。叙述分层,在《这十年·追光者》中体现为更具真实感、情感共鸣价值的表达。第一层次作者的叙述,即制作方、导演组通过对叙述对象、叙述内容和叙述话语的选择和设计,实现叙事目的,体现作者意图。在节目中,这一层次的叙述通常是处于隐身状态的,建立在前期对访谈对象的采访和相关领域的充分调研的基础之上,而显性的叙述也包含主持人和追光探寻员、访谈对象及现场观众不同层次的叙述。

主持人何炅是湖南卫视、芒果 TV 主流题材节目最知名的主持人,他将亲切、真诚、风趣、活泼的主持特质有机融入节目中,不着痕迹地控制着叙事局面和节奏,尽可能地推动叙事按照预设轨道行进,"让故事说话"。同时,节目创新性加入的追光探寻员,既丰富了节目外层隐含叙述的层次感和生动性,也体现出节目浓郁的年轻态话语特征。这些以当代普通年轻观众视角融入叙事的艺人,与主持人、追光者代表形成了更能与观众产生共鸣的话语交锋融合场,也给谈话场的建构和流动带来更多可能性。节目组对追光探寻员的选择与主题高度相关,如邀请热爱攀岩、敢于冒险的韩东君科普测量珠峰的意义;文淇作为国产动漫《那年那兔那些事儿》的忠实粉丝,现场向主创提问,挖掘爱国动漫背后的故事。"追光探寻员"们引领着观众从第三方青春视角感受和思考这些追光故事。

2.叙事视角适时转换,支撑追光者形象立体化塑造

节目中担当更多叙事功能的叙述者,当属以第一人称直接现场讲述的追光者代表。他们作为故事主角与叙事者,所进行的可感知的自我叙述往往是节目真实性和感染力达到极致的存在。他们的叙事视角遵从内聚焦叙事,在节目营造的特定情境中,追光者代表以第一人称的口吻,唤醒记忆深处的故事,调取其

中有意思、有意义的片段,向观众娓娓道来,这种内聚焦叙事更显真挚和动人。而访谈对象也须在主持人适时的引导下,逐步打开内心世界的闸门,将故事细节和亲身体验过程中的酸甜苦辣和盘托出。

节目中的追光者代表多在与主持人、追光探寻员的交互下开启角色叙述,鲜活的人物形象也在这一过程中得到塑造。在新疆且末县城的支教老师李桂枝,在主持人何炅的提问下,坦承也曾想过离开"这个被世人遗忘的角落",并回忆起其他老师离开时学生遥望其背影提出"有一天是不是也会走"的疑问,她和同行老师向眼神充满期待的学生做出"不会离开"的许诺的情景,而后这批支教老师用了一个又一个三年时光兑现了当时的承诺。追光者代表将自我在乡村教育的坚守故事叙述得稀松平常、言语轻快,却令主持人、追光探寻员和观众都为之动容。

此外,《这十年·追光者》常用多视角叙事对事件原貌进行更为立体、全面的还原,弥补了单一视角叙事的局限,这也体现出节目对生活本身多元性和复杂性规律的遵循。节目通常邀请经历同一事件的多个追光者代表,从各自主观视角还原事件过程、分享心得与体验,虽然他们的讲述并未形成极具反差的叙事效果,但不同追光者代表的体验型叙述,彼此形成有益补充,更助于观众对他们的追光故事形成完整而深刻的认知。节目也通过VCR、信件等形式适时转换叙事视角,如从外部视角聚焦叙事主体,以延展叙事话语线索,刻画更为丰满的人物。援宁干部李辉钦与当地百姓的"山海情"故事就并非由本人完成叙事,而是通过闽宁镇百姓录制的视频和闽宁镇居民赵鸿的讲述,揭开李镇长与百姓相处的更多故事,并传递出"双向奔赴"的真挚情感。节目中类似这样的外聚焦视角叙事还有很多,如通过采访与追光者代表有关的周边人物,以及运用空镜头等镜头语言,从不同侧面和细节塑造人物,展现出追光者的多元面向,帮助观众更深层次理解人物特性与精神。

(四)传播语态:主旋律节目的年轻态表达创新

宏大主题的年轻态、创新性表达,成为近年来主流题材节目较为突出的创作路径和趋向,而如何在叙事视角、表现形式、现实观照、情感共鸣等方面真正抓住大众需求最大公约数的基础上,更有效贴合年轻观众,使得节目蕴含的人文情怀和文化价值能引发年轻用户的共振与反思,是众多新节目都在努力的方向。

《这十年·追光者》能引发年轻群体关注并在壮大主流声音方面取得一定成绩,与节目文艺生产语态、叙事话语方式、融合传播语态等方面的年轻化探索不无关系。节目生产明显表现出以青春为基调、以年轻态为抓手的特色,从文本中能看出创作者与宏大主题节目"严肃""刻板""枯燥"的负面刻板标签对抗所做的努力,通过转变语态、亲近年轻观众,精准击中并扩大主流题材用户圈层,在巩固壮大主流思想舆论方面取得积极成效。

1.教育与娱乐语态的糅合,故事性与价值引导并重

虽定位为纪实访谈节目,《这十年·追光者》却并未将传播语态和表达形式囿于传统电视访谈节目的桎梏,而是将多种融合电视生产规律与互联网思维的语态熔于一炉,并充分考量年轻观众的欣赏口味与审美追求,做出了宏大主题的融合化、青春化的积极探索。节目中和了典型主流节目的宣传教化语态、更具活力和可看性的故事语态,并借鉴当前文艺节目广为流行的交互语态、娱乐语态,在主流价值观的传播过程中引入当代流行娱乐元素和多元化趣味表现手段,使得节目集精神性、思想性、艺术性和观赏性于一身。

《这十年·追光者》将故事性与价值引导作为相辅相成的特色亮点,以围绕追光者真实奋斗故事的叙事为表、他们所承载的时代之光和青春正能量为里,两重语态共同实现了引领观众通过追光者的个人经历感悟个体命运与时代变迁关系,以及传达小人物大情怀的厚重主题与深刻意涵;而适时加入的颇具"网感"的年轻化元素则成为点缀,一定程度上消解着宏大命题的沉重感与距离感,在更具时尚感和平民化的趣味表达与情感编织中,传递奋斗之美、青春之美与人性之美。

第六期节目《种花赤子心》从策划到制作都体现出浓郁的青春态特征。节目围绕《那年那兔那些事儿》的故事展开,讲述爱国动漫背后的创作故事,

并延伸至各行各业的"追光兔"。节目延续了漫画对"兔子"拟人化的处理和幽默诙谐的基调,生动地演绎了中国与其他国家之间的关系及逐渐崛起的历程,用潮流"梗"讲述历史,也让年轻观众更为真切地感受到先辈们的伟大与不易。

"从讲故事的语态和手法上,(节目)都用青春的视角和手法来做故事的设计和现场的呈现。"制片人王琴表示。《这十年·追光者》力图打破主流价值引导的范式,调整姿态,将更多年轻人喜闻乐见的表现手法作为节目形态和传播语态创新的着力点,以便与用户更为亲密和有效地对话。节目引入了多种在互联网上颇受欢迎的潮流元素,作为支撑人物塑造、营造年轻氛围、调节叙事节奏的利器。例如,节目中的短片大多别出心裁,打破传统纪实 VCR 样态,快节奏的镜头切换、饱满的信息量、紧跟热点的视频内容、潮流感十足的语言、趣味性综艺花字、与背景音乐的精准"卡点"等,构成了节目风格多变、自带妙"梗"的短片,在短时间内捕捉了年轻观众的注意力。

此外,节目中追光者的第一人称叙事由多重表现形式实现,TED 演讲等新颖表达也能迅速集聚用户目光,自我阐述和情感叙事更具感染力。在节目氛围感营造上,从第一期起便竭力跳出沉闷、庄重的主流叙事氛围,通过设置大树下的聚会场景,打造独属于年轻人的轻松、活泼的气氛。《村里的年轻人》邀请到来自各地的乡村振兴年轻力量,打造了一场特色合拢宴,追光者带着自己家乡的特色菜品,一同打开一段尘封十年的闪光记忆。他们的推介方式十分贴合时下互联网潮流,不仅用 Rap 的形式唱出各自家乡十年来的变化,还现场展开了一场直播带货 PK 赛,边唱歌边宣传当地特色产品,这样强娱乐语态和互动属性的环节设计与氛围打造,更能引起年轻观众的共鸣,使其在和谐愉快的氛围中经历一场不平凡的普通人带来的精神洗礼。

2.找好"代言人",以青春视角聚焦传承故事

《这十年·追光者》与年轻观众的共振法则,也体现在嘉宾人选方面。找好年轻群体的"代言人",抓住人群的共鸣点,让观众感受到节目邀请的嘉宾如同自己身边熟悉的朋友,所呈现的内容、谈论的话题与自己的日常生活、行为习惯

有颇高契合度,这样也更能自然接受和认可节目所要传达的价值观。明星嘉宾作为追光探寻员的加入,本身就是新传播语态下主体转向的一种表征。明星与观众一同走进嘉宾的追光人生,并发挥他们的共情能力和幽默、表演等长项,便是节目视角与话语突破的一种体现。

节目除了以追光探寻员映射第三方年轻视角与观点,在追光者代表的人物与故事上也颇为强调青春属性,每期呈现的大都是特定领域下年轻奋斗者的聚会。一方面,节目希望在相对固定且有限的宏大主题创作空间内,通过讲述媒体鲜少关注的追光故事,呈现出差异化和新鲜感;另一方面,也体现出多个领域和行业的传承精神,年轻一代的奋斗者接过前辈的接力棒砥砺而行,成就了诸多具有青春底色和传承基因的鲜活故事。王琴认为:"每个领域每个行业最顶端的榜样人物,观众们已经很熟悉了,很难再讲出新的故事。就如做菜,要常做常新一样,我们也要一直给观众新鲜感,最终确定聚焦各行各业领域榜样人物身后的年轻人。如果说榜样是一道光,那榜样身后的年轻人,就是追光者。"

节目更多强化了传承链条层面的叙事,凸显年轻态。《村里的年轻人》这期节目里,重庆巫山县下庄村的故事既表现了老一代毛相林书记的当代"愚公"形象,更塑造了为修建天路努力甚至牺牲的父辈及在他们的感召下返乡建设的年轻人群像。塞罕坝的故事是近几年媒体争相报道的热点,而《这十年·追光者》在《塞罕坝绿色传奇》这期节目里聚焦的不只是观众耳熟能详的开拓者征服荒原的故事,更是三代人传承绿色发展理念、牢记使命与担当的不断接力和奉献坚守,"在与世隔绝的林场里能够坚持下来的年轻人,他们是什么样的,他们的内心是什么样,工作和生活是怎样的状态,这其实是大家想知道的",导演组希望将追光历程更多聚焦在年轻群体身上,而不是仅仅停留在老一辈的"高光时刻"。不论是塞罕坝精神,还是其他追光精神,都能在节目的新理念下焕发出新的时代光彩。

3.突出"网感"特质,二度创作和分发延长传播链条

在传播层面,《这十年·追光者》巧妙利用互动元素和融合传播所长,用户

思维主导下延展出的社交语态、融合年轻态和主流价值的电视文本,拓展了节目传播的效果链。节目基于成片和未播出拍摄素材切分并二次加工形成的视频片段,进一步强化了年轻态叙事和"网感",更易于触达年轻用户,观众通过轻松有趣、强律动性的短视频逐步走进追光者的人生。

在短视频平台、社交平台等新媒体的二次创作和传播,已成为主流电视节目在融媒体时代扩大影响力和传播力的重要手段。《这十年·追光者》出品方和网民自发制作的年轻态短视频,结合时代热点和流行话题,形成了长尾效应,也进一步提升了节目对"Z世代"的吸引力。第二期《经天纬地的青春》节目中,全国测绘专业的大学生轮番上台,用一句话表明理想,"燃"动全场,这一片段的"快剪"短视频在网络平台取得不俗的传播效果。此外,周深演唱的主题曲《向光而行》也引发众多网友翻唱,视频博主使用其作为背景音乐,配合祖国大好河山画面剪辑而成的"燃"向视频也获得广泛转发。

三、讨论与反思

《这十年·追光者》能够成为2022年网络视听领域主流题材节目中的佼佼者并非偶然,其内容创作理念和制作手法为行业同类型创作提供了新范本,而"主旋律赢得大流量",也留给业界和学界更多思考,如政治场域主导下的主流题材节目如何平衡多重外部要素、实现内容与形式的再创新,重大主题创作的组织机制、生产机制和人才队伍建设与其他节目类型的异同点,以及宣推传播上的经验与突破等,或将给未来网络视听节目生产带来一定启发和影响。

(一)找寻政策规制与市场化创作间的平衡之道,为主旋律节目生产机制创新探索新路

以《这十年·追光者》为代表的主流题材节目,是电视内容生产中较为典型的政治场与媒介场的互动成果。政策规制对网络视频产业格局与内容创制力量的形塑近年来愈加突出。多元化规制手段影响着视听内容的生产与传播,专

项资金扶持项目评选、权威奖项评奖制度等传递出主管部门鼓励的创作方向，制作与播出机构更应承担起"把关人"的角色使命，对内容生产全流程进行把控。在多元话语博弈过程中，主流题材节目生产易陷入"戴着镣铐跳舞"、多方利益难以调和的困境，既无法在主流市场获得较好反响，又容易在价值引导上发生偏移。

《这十年·追光者》的创制方式和流程与其他主流节目既有共通点也有差异性。节目受政策因素深度影响，由国家广播电视总局网络视听司特别指导，从策划到制作的全流程，都获得了主管部门的指导与支持。节目创制过程中，芒果TV和导演组"每日一调度、每日一通气、每日一汇总、每日一报告"。据制片人王琴透露，整季节目的模式和结构，以及每期节目的主题确立、人物和故事选择，都在主创团队前期充足的资料收集和深度调研后，经向广电总局领导汇报后确定。主管部门也为节目立意和面貌完善提供了诸多宝贵意见，其中就包括要在表达形态和叙事话语上有所创新，突破大众对主旋律节目的刻板印象。节目在各主题下挖掘出更为年轻的新鲜面孔和生动的奋斗故事，也是在主管部门的建议和指导下实现的。此外，节目组做了更为细致和全面的人物资料搜寻和采访工作，舍弃了一些虽典型但为大众所熟知的人物案例，在遵循节目自身创作规律、市场法则与教育功能等维度上尽可能地达到平衡，从而实现节目较为理想的引领年轻观众的效果。

主旋律节目进行年轻态、创新性表达，在市场与政策的博弈下实现平衡虽非易事，但政治与经济场之于内容生产的角力并非无解。守正创新作为创作的不二法宝，仍在持续对主流节目生产形成指导与深刻影响。以小切口关切大主题，以时代性、前沿性、创新性表达解构严肃无趣的说教式价值引导，将创作的生活化与陌生化巧妙结合，打通内容与观众之间的意义通道，同样能在价值传递和提供强观赏性内容上实现双赢，"有意思且有意义"仍将是此类节目创作所追求的目标。

（二）以深耕主流题材节目的人才队伍作强有力支撑，实现对创作经验的继承与突破

《这十年·追光者》能成为主流题材节目中较为突出的佳作、"喜迎二十大主题宣传的精彩华章之一"，与主创力量在相关领域的长期积累、深耕创新分不开关系。

担纲节目制作的王琴工作室是湖南广电颇为资深的王牌制作团队之一，多年来在主流题材节目、晚会领域扎根。操刀过的两届"四海同春"全球华侨华人春晚、六届中国金鹰电视艺术节颁奖晚会、湖南省纪念毛泽东诞辰120周年文艺晚会、纪念五四运动100周年文艺晚会、2021湖南卫视"我将青春献给你"五四晚会、2021—2022湖南卫视跨年晚会、湖南卫视小年夜春晚等都体现出浓郁的青春态、创新性与品质感，厚重情怀与创新表达相得益彰。家风观察类节目《儿行千里》也将访谈、纪实等元素与寓教于乐的理念巧妙融合。这些过往节目制作经验成为《这十年·追光者》创作能兼顾主流话语与大众需求的基础。节目既遵循"小水滴折射大时代"、以真诚和创新引发共情的内容创作规律，又在内容结构编排和表现形式设计上融入新意。

节目组并未过度依赖过往成熟的制作经验，制作团队为这档具有特殊时代意义的节目做了充分的准备，"编导们买了很多书，收集很多资料，大家分头看，每个人都要学习，既要进行理论学习，也要多方面了解这十年来中国发展的大事小情。（节目组）花了大量的时间进行策划和研究，（思考）在同类型的节目中怎么脱颖而出，我们讲的故事怎么激发年轻观众的共鸣。我也不停鼓励年轻的导演们用最真诚的态度，踏踏实实去研究，把大家那些有想法的火花用在节目的呈现上"。王琴介绍，负责各个主题的导演间形成了一种特殊的合作和竞争机制，彼此扶持的同时又有一定程度的"内卷"。各负责导演都希望将自己主题和行业的故事做到更好，每期节目都花费了十足精力在内容创新和精致打磨上。这也成为多期节目在环节、形式、情绪、气氛方面实现突破、呈现惊喜的原因所在。

第一期节目开篇就打破主旋律的沉重氛围和刻板语态,在场景营造和表达语态上实现明显的转向,质朴、自然又不失欢乐,嘉宾将年轻追光者昂扬向上的姿态和开朗风趣的个性充分展现。节目在一些饱含情感的故事讲述中规避了刻意煽情,呈现出多样情绪交织的欢聚场面。王琴表示:"希望情感的维度是多样化的,这样50分钟的节目,观众就不会觉得累。"后续节目中,制作团队也都敢于向前迈出一步,尝试用更活泼、灵动的形式反映宏大主题,大胆使用年轻观众喜爱的语态和元素,使得节目整体面貌更为年轻态。

团队本身年龄构成也偏年轻化,他们较强的文化自信、人文素养和创新能力也为节目创作赋能。王琴在调研中提及:"生在这个时代,能够为这个时代而歌,这本身就是一件很幸福的事情,能把节目做好,做到年轻人爱看,那更是一个了不起的事情。用节目记录和书写这个时代,为时代而发声,这可能是我们做的最有价值的事情。"深入扎根主流节目创制,形成人才力量优势和独有内容特色,持续对时代有所观察和思考,并敢于突破创新,是《这十年·追光者》成功背后王琴工作室给出的启示。

(三)发挥融合打法优势,形成矩阵效应,为主旋律内容融媒体传播提供新解法

从传播端来看,《这十年·追光者》作为芒果TV、湖南卫视推出的"这十年"主题系列节目矩阵的重要组成部分,其背后体现出矩阵效应和融合力量。湖南广电作为省级广电媒体中融合发展探索的排头兵,在探索广电媒体转型升级、扩大主流价值影响力方面取得了可喜成绩,推出过众多现象级宣传产品。打造自主可控的新型传播平台、双平台驱动的芒果模式,也成为广电业界学习借鉴的标杆。《这十年·追光者》的创制,体现出湖南卫视、芒果TV在内容生产与传播上的深度融合。湖南卫视王琴工作室主要承担制作任务,芒果TV与湖南卫视在播出和运营上联动,全面打通双平台资源和传播渠道的生产运营机制,给节目适应新媒介环境、精准触达年轻用户提供便利。

同时,为迎接党的二十大胜利召开,湖南广电提前策划,芒果TV、湖南卫视

打造的"这十年"三部曲,组成精品主流视听节目矩阵,共同奏响主流价值强音,实现多类型覆盖与多触点介入,破解了主旋律内容传播形式单一、风格单调、偏离大众需求的难题。"这十年"三部曲包括由50多位鲜活的人物自述个人奋斗故事的微纪录片《这十年》、以青春视角展现新时代各行业年轻追光者闪光时刻的纪实访谈节目《这十年·追光者》,以及艺术化再现追光者们奋斗逐梦历程的主题晚会《这十年·追光之夜》。"三部曲"虽独立制作,但彼此间形成巧妙联系,特别节目《这十年·追光之夜》将前两部曲的部分人物融入节目,进行全新艺术表达,将各行各业的追光者投身新时代的逐梦历程浓缩在几分钟的表演中,从追光百态书写中国故事。

"这十年"三部曲从不同视角入手,以差异化表现形态共同呈现十年来个体生命与新时代和谐交融、携手奋进的美好画卷。芒果TV、湖南卫视的联动宣传也充分发挥矩阵效应,形成层次感、递进感,多角度、全方位、立体化联动,完成对祖国这十年沧桑巨变的记录、还原与献礼。节目在芒果TV、优酷、腾讯、爱奇艺、哔哩哔哩等头部主流视听平台同步上线更新、矩阵式相继推出,是近年来主旋律节目中少有的,规模庞大、极具互联网特色的宣推。

四、结语

聚焦重大主题宣传的创作,将成为广播电视和网络视听领域持续推进的重点工作,而受多方外部场域干预下创作空间相对局限的影响,主流题材节目的生产与创新易陷入僵局,表现出较为明显的路径依赖,创作思路和风格固化,表现手法老套且单调,有"高原"缺"高峰"的现象难以突破。近年来,围绕党的二十大召开、北京冬奥会、建党百年等主题、主线的网络视听节目,偶有亮眼之作。其大多表现为承载鲜明的时代气象和厚重的精神价值,守正创新,视角独到,形式新颖,从小切口观照大主题,而表达形式和手法又往往不囿于传统,敢于转变语态、拥抱年轻群体审美,启用更具潮流感的制作理念与方式。《这十年·追光者》及主题系列节目在组织形式、创制流程等方面有着一定特殊性,广电总局组织推动并深度介入,双平台深度融合筑牢主阵地,深耕主题创作的制作力量领衔操刀、全情投入,精品创作的诞生存在偶然性,更有必然性。当然,必须正视的是,"这十年"主题系列节目及其他主流题材网络视听创作,仍然存在叙事相似度高、突破性不足、融合传播力仍有待提升等局限和问题。未来多个重大宣传节点,仍将成为文艺节目创作者的角力场,内容生产与主流价值共栖、时代精神共振已成共识,如何进一步探索内容和形式的创新,更巧妙地实现思想性、艺术性与观赏性的统一,还将成为主流题材节目创作持续发力的方向。

(本案例由姜宇佳负责撰写)

吹响网络电影高质量发展的集结号
——以《特级英雄黄继光》为例

摘要: 网络电影的快速发展使之成为我国网络文艺的重要组成力量,在经历了野蛮生长阶段后,在规范化治理保证有序竞争的前提下,网络电影正在走向高质量发展的新阶段。《特级英雄黄继光》作为一部商业价值与艺术口碑双高的主旋律网络电影,走出了一条英雄的"平凡化"、细节的"宏大感"、史料的"网感化"的成功之道,成为高质量网络电影的典型之作。该片的出现,代表着中国主旋律网络电影的创作进入新阶段,在某种程度上代表着网络电影高质量发展的新动向。分析这一案例,能够从网络电影创作"为什么"、网络电影创作"是什么"和网络电影高质量创作"怎么办"的角度,为中国网络电影的高质量发展带来有益的参考和思考。

关键词: 网络电影;主旋律网络电影;高质量发展;《特级英雄黄继光》

一、引言

网络电影,又称网络大电影,是指片长超过60分钟,制作水准专业精良、故事结构完整的纯网发行电影。网络电影主要通过付费、会员服务的方式来收回成本。

网络电影伴随着中国互联网行业的蓬勃发展,成为网络文艺的组成力量,尤其是在经历了野蛮生长阶段后,在规范化治理保证有序竞争的前提下,网络电影的发展进一步步入正轨。网络电影逐渐摆脱了恶搞、娱乐、低质等标签,走向了正规化、成熟化和艺术化的道路。尤其是近年来推出的主旋律网络电影，标志着网络电影逐渐形成较为成熟且独具特色的传媒艺术形态，也标志着网络电影正在走向高质量发展的新阶段。2022年10月推出的《特级英雄黄继光》，因在主题立意、故事讲述和艺术呈现上的独特性，在取得市场成功的同时，获得主流媒体和大众媒体的一致好评，成为主旋律网络电影的一个经典案例，为主旋律网络电影的高质量发展提供了重要参照。

2011年以来，伴随着互联网技术的发展和平台建设的推进，网络电影迅速崛起，深刻影响了电影的制作、传播和发行等各个环节。2011年，网络电影在我国初露端倪；2014年3月，爱奇艺在首届网络大电影高峰论坛上首次提出了"网络大电影"的概念，并为它匹配了相应的商业模式。自此，网络电影的概念逐渐由业界走向大众。

《2016中国网络视听发展研究报告》显示，截至2016年12月，中国网络视频用户规模已达5.14亿，用户使用率为72.4%，成为第一大休闲娱乐类互联网应用。随着网络视听市场的急速膨胀，网络电影迎来了雨后春笋般的快速发展。由于其制作周期短、投资回收快、观看方式便捷、题材灵活广泛，网络电影经历了一段时间的"野蛮生长"。出于版权转化和拍摄周期的考虑，网络电影的IP往往来自网络小说，拍摄团队的构成良莠不齐。在资金不断跟进投入的同时，经验的缺失与监管的空白也导致了网络电影发展的无序。尤其是较低的专业门槛和较为混乱的评价机制，导致网络电影一度成为"粗制滥造"的代名词。

网络视听的发展带来了监管的进一步完善，标志着网络电影走向正轨。《关于进一步加强网络剧、微电影等网络视听节目管理的通知》《关于进一步完善网络剧、微电影等网络视听节目管理的补充通知》等管理措施先后颁布。2016年年底，国家新闻出版广电总局宣布今后在微信、微博等社交网站传播影视内容、视频节目同样纳入监管，且需要取得"信息网络传播视听节目许可证"。2017年2月，因片方不具备"广播电视节目制作经营许可证"以及许可证在广电总局的"网络剧、微电影等网络视听节目信息备案系统"中查询不到，腾讯视频、爱奇艺集中下架了一批网络电影。2018年12月，《国家广播电视总局办公厅关于网络视听节目信息备案系统升级的通知》正式印发,系统升级后增加"重点网络影视剧信息备案系统"模块。2019年2月15日起,超过100万元的网络电影在制作前,由制作机构登录"重点网络影视剧信息备案系统"登记;网络电影拍摄制作完成后,制作机构将节目拟播出平台、实际投资、演员片酬等相关信息在备案系统中登记,同时将节目成片报送所在地省级广电行政部门;中央直属单位广播电视节目制作经营机构将节目成片报送总局。投资超过500万元的网络剧或者投资超过100万元的网络电影等所有视听节目都需要进行备案。中国网络视听节目服务协会也发布《网络视听节目内容审核通则》,提出网络视听节目必须坚持先审后播的原则。系列措施的出台,遏制了网络电影增长有余但管理不足的态势,一些"蹭IP""打暴力、色情擦边球"的思路不再有效。

2022年6月1日,国家广电总局正式对网络剧片发放行政许可,包括网络剧、网络微短剧、网络电影、网络动画片等在内的国产重点网络剧片在上线播出时,应使用统一标识,将发行许可证号固定于节目片头的显著位置展示。网络电影《金山上的树叶》则成为第一个获得许可证的网络电影。

近年来,网络发行越来越成为平台自制电影首选的发行模式,尤其是2019年以来线下观影受到新冠疫情影响的同时,全国居民使用手机、电脑上网的时间有了大幅度的提升。以2020年为例,原本预计在春节档发行的电影《囧妈》舍弃院线上映、直接网上发行,引起行业的一片哗然。然而,这并非孤例,电影《肥龙过江》也转移到视频网站提前进行付费点播。院线电影转战网络发行,客观上带来了网络电影内容格局的变化,现实主义题材的作品也越来越多地出现在网络电影之中。

2019年借献礼建国70周年的契机,一批主旋律网络电影先后上线。《毛驴上树》获得《人民日报》等主流媒体的肯定,无独有偶,《大地震》也取得了超千万的分账成绩。2020年,主旋律与现实主义题材网络电影占比9%,《奇袭·地道战》《中国飞侠》等先后上线。2021年,《浴血无名川》《幸存者1937》《绝地狙杀》《雷霆行动》《排爆手》等陆续上线。主旋律网络电影除了主题选择的正能量外,还收获了非常可观的收看成绩。这些主旋律网络电影的推出,代表着通过正规化管理和主流化引导,网络电影正在走向规范化、高质量发展的路径。如何平衡好网络电影的艺术性、思想性与市场价值,成为网络电影高质量发展亟待解决的一个重要命题。

2022年10月1日,由国家广播电视总局网络视听司、北京市广播电视局指导的网络电影《特级英雄黄继光》在各大网络平台播映,成为国庆档期的惊喜——影片上映33天,分账收益就已超千万。同时,该片以8.1分的豆瓣高评分,获得豆瓣网络电影年度口碑冠军。可以说,《特级英雄黄继光》成为高质量主旋律网络电影的代表。

主旋律题材与网络电影如何能够更好地结合?网络电影的高质量发展需要从哪些方面入手推动?经典的革命故事如何在网络新媒体时代形成对年轻观众更强的吸引力?本文将以《特级英雄黄继光》为例,探寻主旋律网络电影高质量发展的路径。

二、案例分析

2022年8月,北京市广播电视局为该片发放首批"网络剧片发行许可证";9月27日下午,该片首映礼在北京举行。《特级英雄黄继光》是一部由周润泽执导,刘家祎、洪洋、武强、刘思博、刘一江、牛北壬、李田野主演,李晓川特别出演,刘之冰、迟蓬友情出演的网络电影,于2022年10月1日在全网上线。

该片从抗美援朝特级英雄黄继光的视角切入,讲述了黄继光及战友们冒着枪林弹雨为前线建立通信,为了守住阵地加入残酷战斗,最终"以身躯堵枪眼"壮烈牺牲的故事。《特级英雄黄继光》以历史资料为参照,将故事放置在黄继光参军、训练、受伤、牺牲的背景中。在拍摄过程中,主创团队查阅了大量的史料,深挖黄继光身上有血有肉的一面,获得年轻观众的共鸣。

相比起院线电影,网络电影在投资规模和制作体量上相对有限,因此并不容易表现宏大的战争场面。《特级英雄黄继光》作为一部主旋律网络电影,走出了一条英雄的"平凡化"、细节的"宏大感"、史料的"网感化"的成功之道。在故事的设计、人物的选择和视听呈现上,将网络电影"小而美"的特点与战争题材主旋律故事的大场面、大情感进行了较好的整合,整体呈现出以小见大的艺术特色,颇具代表性。

(一)用"平凡化"视角演绎伟大英雄故事

《特级英雄黄继光》的主角是中国人民家喻户晓的英雄人物,其英雄事迹被写进教科书,也被多次搬上银幕,这对于本片来说,在创作上是不小的挑战。艺术创作即对表现对象进行"陌生化"的过程,这也就决定了越是熟悉的选题,创新的难度越大。《特级英雄黄继光》在创作的过程中,依照史实创新性地引入了大量在黄继光成长过程中的"平凡"人物,将特级英雄放在普通人成长的平视的视角内,带领观众一起见证黄继光是如何从一个瘦小的农民的孩子成长为顶天立地的特级英雄。

在影片中,英雄母亲邓芳芝这一角色的加入无疑是这一版黄继光故事的一大亮点。对于黄继光的成长,影片并没有进行流水账式的平铺直叙,而是通过黄继光与母亲的关系来进行铺陈。当黄继光回家告诉母亲自己要去参军时,母亲先是愣了一下,继而苍老的脸上露出了一丝笑容,喃喃地重复道"参军光荣、参军光荣"。在参军打仗的过程中,黄继光给母亲写的信成为串联他成长过程、揭示其心理活动的重要元素。在黄继光牺牲之前回忆起母亲时,母亲哭着抚摸着孩子的脸颊,说出了朴实无华而又感人至深的话语:"儿啊,疼不疼啊!"这成为整个影片最为动人的情节,也将影片的情绪推向了最高潮。这样的处理既克制又充满情绪张力,胜过大肆渲染的英雄主义口号和商业化包装的爱国情绪,充满了母亲对儿子最深沉的爱,意味悠长,令人感动。

这样的叙事逻辑的选择,是主创团队大量翻阅史料之后做出的精心安排。通过查阅大量史料,创作团队得知10岁出头的黄继光就遭遇父亲去世的变故,被迫到地主家打工抵债。在苦难中挣扎的母亲告诉他,长大后一定要为穷苦人翻身尽心出力。创作上,抓住了"黄继光与母亲关系"的小切口,展现了他从一名普通战士成长为特级英雄的过程。

《特级英雄黄继光》通过展现英雄身边人物的不同关系,将对于英雄故事的讲述放置在平凡人生的视角之下,重新挖掘光环之下的黄继光作为一个有血有肉的"人"的成长经历。一方面,故事用这样的方式说明了人民英雄的产生绝不是个人主义的偶然,而是整个革命时代的感召、是党和人民共同孕育的结果;另一方面,平凡化的故事也让英雄黄继光走出了"革命偶像"的光环,变成一个有血有肉的青年人,对于当今年轻一代更具感知度、感召力,也让青年观众能够更好地体会黄继光所代表的深沉的爱国之情和民族大义。导演周润泽在谈到创作历程时,这样说道:"更难的,是让(黄继光)这个名字从'黄继光堵枪眼'这过于熟悉的文字概念中走出来,重新变成一个可以置信的人。"

(二)用细节化的方式烘托战争场面的宏大感

网络电影的投资体量决定了其不可能像院线商业大片那样以大投资来展示战争的宏大场面。如何用较为精准的场面来还原战争的宏大场景?导演和主创团队选择通过精读史实资料,以精准而具有典型性的细节来概括展示战争的残酷,传递出战争的宏大感。

首先,是以典型的战场细节来构建战争的宏大感。《特级英雄黄继光》的开场就用一个人在森林里躲避敌人轰炸的场景,将观众带入上甘岭战役的场景之中。在电影中,虽然没有院线大片那样的飞机大炮排山倒海的巨大阵势,却也通过近景、特写的切换构建出战场上惊心动魄的战斗场面。尽管没有人山人海的战斗场景,却又利用有限的人物之间的巧妙配合,准确描摹出战争中人民军队穿插配合、紧密合作的战斗状态。影片巧妙地将大部分的文戏浓缩在防空洞这一经典场景里,既节约了成本又突出了战争特色。历史和创作之间、表达和审查之间、商业和艺术之间、宏大构思和渺小预算之间,创作者为实现平衡所作的努力可见一斑。

其次,是运用黄继光通讯员身份串联起战争场景。在《特级英雄黄继光》中,黄继光的通讯员身份被着重强调,创作团队抓住黄继光作为一个通讯员参与战斗的这一历史细节,串联起多个战斗场景。在很多人的认知中,战斗英雄黄继光自然是战斗员。但事实上,他是随营参谋长来到六连。因为六连伤亡很大,几个爆破手都在冲击途中伤亡,在能够参加攻击的战士仅剩几个人的情况下,他自告奋勇冲了上去。对这一部分史实,影片进行了艺术的还原,而其中涉及的阵地、时间、地点,都和史实相对应。

最后,以上甘岭战役的时间细节浓缩黄继光成长的一生。《特级英雄黄继光》的故事主要由"现实时空"和"回忆时空"两个线索穿插展开,这就让影片得以在较为有限的篇幅里增加叙事容量和情节密度,力求通过黄继光的英勇事迹展示他从一个青年农民成长为革命英雄的一生。影片选择用倒叙和插叙的方式将黄继光的成长历程浓缩在上甘岭战役打响的几天时间内。影片在开头就明确交代了故事的时间是上甘岭战役打响的前夜。以战斗打响的几天为主要叙事时间,影片穿插讲述了黄继光入伍、成长的整个过程。影片运用充满紧张感的镜头呈现了上甘岭战役的激烈,又通过回忆等方式穿插讲述了黄继光从入伍到牺牲的成长过程中心理和情感的变化,增强了情节的密度与情感的浓度。

(三)用真实性的史料打造革命军事电影独特的"网感化"体验

《特级英雄黄继光》的一个重要的特点是特别注重对于史料的梳理和呈现,这在影片严谨的历史信息和丰富的军事细节中可见一斑。作为一部革命历史题材主旋律网络电影,大量的历史真实资料的引入,让影片呈现出极强的严谨性和历史感,充满了对革命历史的敬畏,有评论认为影片的步兵作战场景,有着目前国内战争片罕见的真实度。然而,这种历史资料的运用并非简单的史料堆叠,而是与叙事相融合,同时融入了网络传播中常见的"圈层化"等网感思维进行呈现,极具表现张力。

《特级英雄黄继光》始终把历史真实资料作为影片拍摄的主要参照。其中最典型的例子,就是黄继光扮演者的选择。与以往图像中展示的圆脸魁梧的形象不同,《特级英雄黄继光》中的黄继光较为清瘦。其实在历史资料中,黄继光的身材本身就并不高大魁梧,甚至因为身高不够还差点被征兵人员拒收。然而就是这样一个并不高大的人物,却做出了伟大的壮举。为了符合史实,剧组选择了刘家祎扮演黄继光。当时他刚上大学,比黄继光牺牲时的二十一岁还要小。虽然一开始选他的时候,也有反对的声音,觉得他太年轻,但当他剃掉头发,穿上军装,对镜头投来那稚嫩清澈但又坚定的眼神时,所有人仿佛都看到了他身上有黄继光的那种精气神。在接受本文作者采访时,主创团队评价说:"他是年轻,但是他用天赋和态度扛起了这部电影,刘家祎的演绎对得起黄继光。"

又比如1952年10月19日的反攻,黄继光是跟着参谋长作为二梯队在后方,一开始并没有参与六连进攻,影片就如实地表现他在后方看着战友们牺牲的场景。在老电影《上甘岭》中出现了女兵,很多表现上甘岭战役的影片以此为参照也加入了女兵,但事实上上甘岭战役中并没有女兵,《特级英雄黄继光》秉持严谨的历史观,没有加入女兵角色。在战斗中黄继光与战友冲锋的过程是根据老兵回忆录进行还原的,导演周润泽说:"我们希望把真实情况尽量地展现出来,告诉大家堵枪眼之前究竟发生了什么,才会使黄继光做出这样一种壮举。"拍摄过程中,为还原战争场面,主创团队先后到东北、山东实地考察,最后在河南一个山区找到一个合适的取景地。他们还邀请了军事指导专家对演员进行培训,对任何军事动作都抱着严谨态度,围绕战斗中的阵地、战壕、暗堡,一遍遍推演战斗过程,让演员切身体会志愿军战士是怎样生活、战斗的。军事指导刘文阳的加入,大幅度提升了该片在军事和战争史方面信息的精准度。影片对于军械信息的把控十分精准。大到每一个武器的型号、小到曳光弹的射速,导演和军事指导以及道具老师们都会认真地去讨论、核实。在影片中,战士在战斗中出现武器卡壳的情况、手榴弹柄上刻着的"祖国相信你"的字样等,无一不体现出主创团队对历史细节的精准把握。

"网感"是指符合"网生代"受众审美趣味和消费习惯的表达方式。在这之中,"圈层化"是新媒体传播的一个重要特征。"圈层化"是指网络传播中,传播者与受众基于兴趣和需求等特定因素选择圈层,并在传播过程中产生连接与互动的情况。

《特级英雄黄继光》对于武器进行了格外的强调。在美军炮兵阵地上,美军火炮型号和所在阵地都用字幕标注,这在以往的战争题材影片中很少见。通过这样的方式,创作团队一方面提升了影片的真实性,另一方面通过对军事信息的大量展示,实现网络电影在"军迷"圈层的传播。

《特级英雄黄继光》对于武器型号、军旅生活等细节的精准还原既有利于提升影片的真实性,也考虑到了军迷圈层传播的需求。军迷这一特殊观众群体对军事题材的影片充满热情,对细节方面有着较高的要求。通过聘请军事指导刘文阳对电影进行专业指导,确保细节的准确还原,有助于吸引军迷观众关注,提升影片的"网感",从而提升影片的影响力。同时,对于军事信息的精准呈现,有利于实现主流战争题材网络电影的破圈。在网络电影领域,口碑和观众评价对于作品的传播与成功非常关键。因此,在制作过程中,主创团队高度重视军事细节的处理,以满足军迷观众的需求,从而提升电影的关注度和受欢迎程度。对细节的还原不仅有利于军迷观众的认可,也有助于普通观众更好地理解和接纳军事题材,为他们带来更为丰富的观影体验。导演周润泽这样评价《特级英雄黄继光》的呈现:"因此最终我们捧出来的电影,不能是狂轰滥炸的爆米花,也不能是浓眉大眼的样板戏。得是我们经过潜心研究之后,在狭窄的创作缝隙中尽力还原的一种真实。冷静的,克制的,不怼在你鼻子下面的真实。"①

三、讨论与反思

《特级英雄黄继光》的成功之所以具有典型性,不仅仅是因为它在呈现上的创新与成功,更是因为它代表着网络电影发展的一个引人注目的趋势,那就是主旋律题材网络电影正在走向成熟,这也标志着网络电影进入了高质量发展的新阶段。

(一)作为高质量网络电影的典型之作

"高质量发展"的概念源自经济领域,它回应了党中央对我国将进入"新发

---

① 做出豆瓣7.8高分的"黄继光",导演却说:"一开始,我是拒绝的……"[EB/OL].(2022-11-07)[2023-01-21].https://www.1905.com/news/20221107/1601814.shtml.

展阶段"的重大战略判断。党的十九届五中全会审议通过的《中共中央关于制定国民经济和社会发展第十四个五年规划和二〇三五年远景目标的建议》提出,"把新发展理念贯穿发展全过程和各领域,构建新发展格局,切实转变发展方式,推动质量变革、效率变革、动力变革,实现更高质量、更有效率、更加公平、更可持续、更为安全的发展"①。

  影视的高质量发展兼顾了经济和文化的转型需要,这是由中国社会主要矛盾变化的时代命题所决定的。中国社会科学院副院长、学部委员高培勇指出,社会主要矛盾的变化同经济发展阶段变化彼此相通,推动高质量发展契合经济发展规律,是中国特色社会主义进入新时代、中国经济发展进入新阶段的客观必然。党的二十大代表、保利文化北京保利剧院管理有限公司副总经理徐坚指出,"时代主体的变更是中国文化转型的主要动力",而"影视的高质量发展"恰好勾连起二者。因此,影视的高质量发展既是中国经济转型的时代要求,也是文化转型的必由路径。

  一是文化价值与经济价值兼顾的创作效果。从票房成绩来看,根据猫眼资料,《特级英雄黄继光》累计分账1011.6万元,总观影人数达到291万人,对于该题材网络电影来说,这已经是一个不错的成绩;从观众口碑来看,该片在豆瓣网上的评分达8.0分,甚至超过了不少院线主旋律电影的评分;从行业评价来看,《特级英雄黄继光》得到了专业人士和相关单位的认可。在本片的首映式上,国家广播电视总局网络视听节目管理司副司长张晨晓在致辞中表示:"这部网络电影既是对70年前这位中国英雄模范人物的追忆,也让我们跨越时空,重温伟大抗美援朝的历史荣光。"

  二是特色鲜明的网络电影创作理念。《特级英雄黄继光》在创作上始终秉持着网络电影创新创作的艺术自觉。在谈到网络电影应该独立发展还是作为院线电影的孵化器时,主创团队指出,网络电影应该是可以独立发展的,现在不只是影视公司,各方面的力量也都在推动网络电影创作的不断完善。这表明,

---

① 中共中央关于制定国民经济和社会发展第十四个五年规划和二〇三五年远景目标的建议[EB/OL].(2020-11-03)[2023-01-21]. https://china.huanqiu.com/article/40YCxsksSz2.

主创团队在艺术创作上特别注重网络电影的发展规律,尤其是战争历史题材主旋律网络电影的特色规律。相比院线大制作,网络电影的票房天花板低,而战争题材拍摄成本高,过审周期长,其难度相对更高。为此,主创巧妙地运用互联网传播的独特性,用大量的史实素材,对战争题材的宏大叙事进行了细节化和微观化的处理,呈现出网络电影的独特视角和表达。

三是独辟蹊径的主旋律创新表达。《特级英雄黄继光》作为一部主旋律网络电影,将网络电影的特征与主旋律相结合,创新主旋律电影的表达方式。影片首次加入黄继光参军入伍前的情节,通过描绘他的家庭背景和参军背景传递抗美援朝战争与"保家卫国"之间的情感联结。同时,影片借"家书"刻画英雄心中亲情之柔软,而家书中"不立功不下战场"的誓言则展现出中国人民反抗帝国主义强权的精气神,以多重视角勾勒出鲜活的英雄形象。

(二)初心、定位、特色——网络电影高质量创作启示

梳理和提炼《特级英雄黄继光》的成功经验能够为未来的网络电影,尤其是主旋律网络电影的高质量发展提供有益的启示与思考。这些启示和思考不仅仅是技术层面的,更是关乎如何认识网络电影、如何认识网络电影艺术特征的独特性以及如何理解网络电影的社会及文化价值的根本性问题。总的来说,《特级英雄黄继光》的创作启示体现在创作初心理念、艺术定位和特色挖掘等方面。

1.初心:网络电影创作"为什么"

《特级英雄黄继光》的创作从选题确立伊始,就明确了其"新主流"网络电影的定位。如何讲好这样一个主旋律故事,对于网络电影创作者来说并非易事。

以往网络电影大多改编自网络小说,以玄幻、盗墓、悬疑以及二次元等网生主题为主,较为强调影片的娱乐性,而主旋律网络电影的创作面对的是严肃的现实题材故事,承担着弘扬民族精神、传递家国情怀的社会责任。因此,以何种态度和理念进行创作,决定了作品的呈现效果与最终质量。

《特级英雄黄继光》在选题立意上秉持"守正创新"的原则,这为该作品的成功提供了不竭动力。概括来说,也就是创作团队首先在思想上和理念上明确了"为什么创作"的问题。

创作团队在访谈中曾提到,在选题时就做了几个方面的考虑,首先就是深刻认识主旋律创作的重要意义。新的时代需要新的表达,影片有必要探索新的网络电影形式来讲述黄继光的事迹,让更多观众尤其是年轻观众了解其中的重要意义,弘扬爱国主义精神,激发观众的民族自豪感和责任感。

这种创作理念与以往网络电影单纯市场化的创作有着明显的区别,这也带来了网络电影本质属性的升格与艺术化创作的可能。在传统文化中,儒家思想就认为艺术需要有兴观群怨的功用,而对于电影来说,文化宣传与思想引领一直是中国特色电影事业发展一以贯之的重要功能。网络电影作为一种娱乐属性、商业属性较强的新兴电影形态,要想走向艺术化的成熟道路,必然要在根本属性上进行深层次的思考。《特级英雄黄继光》的创作,体现出强烈的电影艺术创作自觉、社会文化引领自觉和服务家国精神引领的社会责任自觉,也就是以服务家国、服务人民的初心,将网络电影与院线电影放置在同样的社会功能视域下,引领同类影片的创作。

2.定位:网络电影创作"是什么"

对于网络电影来说,如何平衡好市场价值与社会价值是亟待破解的问题。仅仅追求经济利益,迎合以追逐利益为导向的资本逻辑,网络电影就很容易出现野蛮生长阶段的低俗化倾向。对此,主创团队特别强调网络电影的社会责任与影响力。在访谈中,主创团队指出,电影作为一种影响力极大的艺术形式,其社会责任不容忽视。选择主旋律电影这一题材,有助于引导社会风气,为社会传递正能量。

《特级英雄黄继光》作为一部网络电影,并没有因此而降低创作质量的标准,而是力求以精益求精的态度来完善和丰富经典革命故事的表达。这一点集中体现在对于史料的整理和对于细节的把控与展示上。对于这段历史来说,七十年前的史料混杂了真实记录、混乱回忆、宣传材料、文学创作,光是"黄继光堵枪眼"的过程,导演就整理出11个版本的叙述,各有不同。也采访了大量老兵,去四川寻找到黄继光的战友,了解他们的行军方式以及攻占山头的真实情况。包括对于军事细节的把握和呈现,让观众看到剧组的用心与诚意。

网络电影作为一种新型的电影艺术形式,其艺术的规律和表达特征尚待完善。以往的网络电影创作,遵循的大多为商业规律,满足的是市场化的需求,与其说是具有相应的艺术特征,不如说是市场化文化产品的一般性提炼。其中的怪力乱神、擦边球、故弄玄虚、剧情陈旧等问题,在古往今来的供通俗文化消费的艺术产品中时常出现。因此,如何定位网络电影,如何发掘网络电影艺术特征,是网络电影高质量发展的重要课题。

对于这一点,主创针对网络电影的现状,进行了思考,将主旋律与网络电影这一题材进行了准确把握和定位。在访谈中,主创指出,网络电影的制作趋势将会分成两个方面:一方面,内容需要具备一定的娱乐性和励志性,以满足观众对于快乐和启示的需求;另一方面,加入一些思想内涵和鼓舞人心的元素,以便更容易被观众接受。

3.特色:网络电影高质量创作"怎么办"

《特级英雄黄继光》的案例让我们看到了网络电影高质量创作的希望,提供了方法论上的有益突破,即回应了网络电影高质量创作"怎么办"的问题。

一是形成发展合力。网络电影的发展不仅仅是制作方和平台的事情,更是管理部门、创作者、受众等多方面合力的结果。《特级英雄黄继光》的成功,国家广电总局不仅仅是管理者,更是引领者与指导者。同样作为网络电影的独立发行方,广电总局也在一步步优化。只有改变管理思维,将指令式、口号式指导转变成多方合力的协同组织和引导,才能真正促进网络电影整体的高质量发展。

二是尊重商业规律。网络电影的发展具有非常强的商业化属性,甚至强于普通的院线电影。因此,如何在创作中平衡好商业逻辑与艺术逻辑,需要创作者立意高远的同时懂得网络电影独特的创作和发展逻辑。只有将商业规律和艺术规律相结合,才能创作出更加优质的主旋律网络电影。对此,该片主创谈道:"主旋律网络电影主流应该是商业主旋律网络电影,我们要做商业主旋律才能社会效益、经济效益双丰收。每部网络电影都应该是把最主流、最积极、最广阔的时代价值和社会共识附着于作品之上的特定表达。主旋律创作要从价值的河流出发,聚焦普遍真实,寻找典型浪花,再通过浪花的折射滴水见江河。在兼顾社会价值的同时放大经济价值。"

三是张扬艺术特征。也就是以艺术创新的创作冲动观照作品创作。对于网络电影来说,通过讲述黄继光为国捐躯这样一个严肃的英雄题材故事,可以拓展网络电影的叙事宽度,改变以往网络电影以刺激、娱乐为主的创作模式和认知,拓展网络电影的创作可能。"小而美"是网络电影的一个重要特色,《特级英雄黄继光》的经验告诉我们,要平衡好多方关系,首先要以小人物为切入点,讲述小人物、大时代,时代成就人物的故事,增加观众代入感,唤醒切身的经历和生活变化,见微知著、以小见大。其次在尊重客观现实的基础上,融入更多的元素,使整体效果严肃而不失活泼,可以直接进入宏大叙事,进行全景式铺陈,描绘影响历史走向的各个画面;可以从历史的瞬间出发,在紧张和悬疑中完成历史的转折;也可以从历史的全貌入手,全景式讲述描绘各个细节。无论何种形式,都要发挥镜头的魅力,避免以主题来遮蔽叙事,以口号覆盖文本。

四是尊重观众评价。网络电影的高质量发展,其本质是服务新时代中国文化强国建设,服务人民美好生活。网络电影的发展未来,必然由以人民为主体的市场规律所决定。在过去一段时间里,不少网络电影以谋取金融利益为发展方向,用粗制滥造的内容糊弄观众,必然会为观众唾弃。《特级英雄黄继光》用真实的案例证明了只要在创作中将观众放在第一位,用心用情,观众一定会看见;只要以严肃的艺术态度服务观众,主旋律电影照样可以吸引人、感动人,更说明爱国主义价值永远不过时。

四、结语

《中国网络电影行业发展态势研究与投资战略调研报告(2023—2029年)》显示,2019—2021年在线上影片正片有效播放量持续下降的背景下,我国网络电影逆势上升,网络电影正片有效播放量由86亿人次增长至112亿人次,在线上影片中的占比由14.3%增长至24.8%,这代表着我国网络电影的产业发展格局正在产生着巨大的变化。网络电影的市场规模的扩大,表明中国网络电影不仅仅是院线电影的补充,而是正走在具备网生特色的发展道路上。这也将带来网络电影内容生产格局的变化,提质升格的高质量发展是必由之路。

2023年2月10日,广电总局电视剧司网络电影高质量发展调研指出,推动网络电影实现高质量发展,"一是要坚持以人民为中心,尊重和遵循艺术规律,坚持思想性、艺术性、社会反映、市场认可相统一;二是要开拓选题视野,突破现有题材狭窄、类型雷同的局限困境,积极投身反映中国精神、弘扬浩然正气的现实和历史题材精品创作;三是要深化思想内涵,坚持以社会主义核心价值观为引领,传承和弘扬中华优秀传统文化,传播现代文明理念;四是要坚持百花齐放,大力推动题材、体裁、内容、形式等创新,形成精品迭出、丰富多彩的生动局面"。这些表述为网络电影的高质量发展提供了参照标准。《特级英雄黄继光》的创作所透露出的以人民为中心的创作意识、深刻的爱国主义内涵、开阔的创作视野和守正创新的题材创新方法,无疑让其成为网络电影高质量发展的典型案例,成为新时代网络电影尤其是主旋律网络电影的代表之作。当然,在肯定成绩的同时,我们必须看到,《特级英雄黄继光》在制作上仍然存在着许多不够成熟的地方,尤其是在网络电影制作的小成本与高质量之间如何实现平衡的问题亟待解决。因此,中国网络电影高质量发展尚处于起步阶段,需要各方面的共同努力。

(本案例由杨宾负责撰写)

节目高质量发展何以兼顾"降本"和"增效"
——以《快乐再出发》为例

摘要： 随着视听行业呈现高质量发展的趋势，节目创作如何实现降本增效成为创新发展的关键。2022年暑期档，一档低成本、高质量的户外旅行音乐真人秀《快乐再出发》成功破圈。节目没有流量明星阵容，没有高额的预算，却能通过优质内容的输出，获得良好的传播效果，收获了高口碑和高流量。《快乐再出发》以基于真实叙事和熟人关系的内容耕耘、怀旧视角和互动视角的情感联结以及IP衍生和多屏融合的联动效应，完成了轻体量节目的成功突围，开创了一种和标准综艺的节目模式截然不同的新模式，为视听行业高质量发展提供了新解法。

关键词：《快乐再出发》；综艺节目；轻体量；降本增效

一、引言

党的二十大报告明确指出，"高质量发展是全面建设社会主义现代化国家的首要任务"。在我国整体经济高质量发展的背景下，传媒产业正处于高质量发展转型的历史进程中，通过深耕内容生产创新以及媒体深度融合，推动构建媒体发展新格局。面对短视频、直播等新媒介的冲击以及复杂多变的新冠疫情形势的影响，2022年中国综艺领域整体表现下滑，季播综艺上线总数较去年相比有所缩减。大环境下行导致招商难度增大，综艺市场出现了广告数量减少、项目折戟、零赞助裸播等现象，以"高投入搏高回报"的大体量综艺市场开始出现疲软之势。各大平台都纷纷开始实行"降本增效"，让成本分配更加合理。腾讯视频在2022年4月的"早春业务分享会"上提出要在合理可控的成本下，以内容驱动增长，探索良性内容生产模式。爱奇艺也随后表示要建立合理化的价格体系，让内容生产更加理性，将节省的成本投入内容生产中。优酷继续贯彻"三要三不要"策略，强调"降本"是手段、"增效"是目的，提倡去粗取精，提升效率。芒果TV推出"大芒·轻综艺"的发展计划，聚焦短平快的节目内容，探索轻体量节目的发展路径，开拓视听节目领域的新赛道布局。在品牌客户谨慎决策、平台实行降本增效的行业大背景下，轻体量综艺作品顺应了发展趋势，坚持内容制胜的原则，在电视和网络视听节目高质量发展中闯出了一条路。

其中，综艺《快乐再出发》可以被称作降本增效的经典案例。《快乐再出发》是一档户外旅行音乐真人秀节目，由2007届快乐男声全国13强中的陈楚生、苏醒、陆虎、张远、王栎鑫、王铮亮六人担任常驻嘉宾，在芒果TV和东南卫视播出。在成本方面，节目预算只有百万级别，筹备时间仅有一个月，唯一的冠名商——五谷道场无法覆盖节目的全部制作成本。由于预算限制，节目在场景、道具、团队配置等方面的选择都有一定局限性。但是，作为一个预算只有B级的轻体量节目，《快乐再出发》收获了S级的高流量和高口碑。2022年7月5日开播后，《快乐再出发》首播24小时累计播放量已突破千万。云合数据报告显示，2022年第三季度《快乐再出发》在芒果TV的正片有效播放量达1.2亿，市场占有率为3.5%，如表1所示。截至2022年年底，已有25万余人在豆瓣平台打出了平均分值9.6的高分，《快乐再出发》成为目前豆瓣上评分最高的国产综艺，如表2所示。《快乐再出发》完成了轻体量节目的成功突围，开创了一种和标准综艺的节目模式截然不同的新模式，让综艺市场看到了除流量明星和大制作以外的其他可能，对今后综艺高质量发展有着重要意义。

表1 2022 Q3电视综艺有效播放数据

综艺名称	正片有效播放	市占率	上线日期	播放平台
快乐再出发	1.2亿	3.5%	2022/7/5	芒果TV

（数据来源于云合数据①）

---

① 2023 Q3综艺网播表现及用户分析报告[R/OL].(2022-10-17)[2023-03-04]. https://www.enlight-ent.cn/reports.html.

表 2　2022 年上新综艺豆瓣评分 TOP5

名称	豆瓣评分	评分人数
快乐再出发	9.6	259 140
快乐再出发 2	9.5	47 468
乐队的海边	9.2	9 924
闪亮的日子	9.2	9 108
名侦探学院 6	9.1	5 982

(数据来源于云合数据①)

作为一个预算只有百万级别的轻体量综艺,《快乐再出发》一无流量明星阵容,二无高额的节目预算,三无刻意塑造的人设和固定的剧本设计。在不到一个月的筹备时间和七天的录制时间中,《快乐再出发》把握内容和情感优势,用真实平凡的力量打动观众,引发观众的情感共鸣。节目在播出后,以黑马的姿态成功出圈,获得了超高口碑和几何式增长的传播效果,在综艺领域构成了一个独特的文化现象。本文认为《快乐再出发》的成功突围是 2022 年视听领域的一个突出现象,是平台降本增效大背景下综艺节目的一次创新尝试。基于此,以综艺《快乐再出发》为案例,从以下三个问题深入分析轻体量视听节目破圈突围的成功经验,探索高质量发展趋势下视听节目提质、降本、增效的有效路径。

(1)和"流量明星+大制作"的大体量综艺相比,《快乐再出发》如何以小成本制作脱颖而出?

(2)《快乐再出发》在创作手法、叙事特征、生产模式等方面有怎样的特殊之处?

(3)在行业实施降本增效策略的背景下,综艺领域正在探索与用户需求更契合的内容新业态,《快乐再出发》的成功有何借鉴意义?对行业发展有何启示?

当前学界在本文涉及的小成本轻体量节目、怀旧型综艺、衍生综艺等多个

---

① 2022 年综艺网播表现及用户分析报告 [R/OL]. (2023 - 02 - 07) [2023 - 03 - 04]. https://www.enlightent.cn/reports.html.

领域都有或多或少的涉猎。在对轻体量节目的研究中,学者一方面基于国家广电总局提出的"小成本、大情怀、正能量"的要求,分析广播电视创新创优工作的发展方向;另一方面结合具体实例,分析小成本、轻体量节目的特点和创新发展思路。此外,学者对原生态真人秀、怀旧元素、衍生综艺等概念的剖析,以及结合综艺实例的具体分析,都为本研究的开展提供了必要的概念界定和基础帮助,有一定参考价值。

二、案例分析

在以媒介融合发展为主流趋势的新时代,《快乐再出发》注重优质内容的输出,以真实叙事丰富内容生态,以情感共鸣满足受众需求,以多元传播方式延长节目价值,为视听节目领域的降本增效和高质量发展提供更多可能性。

(一) 内容为王,重塑艺人真实形象

和高成本视听节目不同,轻体量节目主要靠优质内容的输出来吸引流量。在注意力稀缺的时代,内容为王才是节目破圈的关键。《快乐再出发》的嘉宾选择和节目内容制作都非常巧妙,在节目中聚集有才华、有灵魂的人,用最真挚的感情和平凡真实的力量打动观众。从更深层面上,节目以真实和感性为内容载体,传达积极价值观,推动节目高质量发展。

1.真诚为本,原生态折射真实生活

"真人"的"原生态"是真人秀的生命线。[①] 原生态的综艺具备很强的真实性,通过减少前期预设和剧情设定,以原生态的方式实现对真实生活的折射。在近几年剧情式综艺和套路化剧本占据市场的背景下,《快乐再出发》以其突出的真实性内容吸引受众,实现了良好的传播效果。节目综合利用场景设置、细节呈现、人物主体的真实表达等多种方式,全面呈现真实的人物形象和情感

---

① 聂欣如.说说真人秀的"真"与"秀"[J].中国电视,2016(6):50-56.

表达。

场景设置和细节呈现构成了节目的外在真实。在外在真实的构建过程中，《快乐再出发》采用了真实场景的设置，从而增强节目的代入感。节目组将拍摄地选在了浙江省宁波市象山县，以真实的海边渔民的生活环境作为节目的叙事环境，实现了降低节目成本和营造真实环境的双重功效。节目通过构建场景画面、融入文化元素、对话当地居民等多种方式，在保证低成本的前提下，从多角度实现景观的原生态呈现，增强节目真实性。比如，海边的场景为嘉宾们提供了出海打鱼、在海边搭帐篷、露天音乐会等多种选择。真实场景的设置不仅仅塑造了节目叙事的客观空间，还能增强节目代入感和沉浸感，以最原始的生活细节触动受众。

节目主体"真实性自我"的呈现构成了节目的内在真实。内在真实是表象背后的更深层次的本质，在综艺节目领域往往体现为节目主体特征和情感表达。《快乐再出发》的节目主体具有鲜活的生命力和立体感，节目摒弃了固定单一的角色定位，综合体现了主体人物的多方面特征。人的多面性构成了真实感，但套路化的剧本往往会掩盖嘉宾本身的特点，给嘉宾足够的自由度才能呈现更真实的人物形象。此外，去偶像化的节目叙事模式为受众呈现了更加立体的人物形象。节目不再局限于对偶像人物正面形象的塑造，而是综合呈现人物的优缺点，展现了嘉宾褪去艺人光环后普通人的一面，增加观众的共鸣和认同感。

《快乐再出发》的真实性还源于其内在真实和外在真实的冲突和统一。综艺节目经常通过冲突元素的建构来营造紧张感和刺激性，以剪辑的方式制造嘉宾间的冲突，而《快乐再出发》则通过呈现人物和环境的冲突，以一种非虚构的方式营造节目的真实感。节目没有刻意地剪辑冲突，而是顺其自然地表现艺人在面对突发的真实情况的真实反应。比如，艺人们在物资匮乏的情况下如何逃离荒岛，在突发大雨的情况下如何搭好帐篷。通过呈现嘉宾和环境的冲突，来实现真实性的表达。此外，环境和人物因素的统一构成了节目模式的真实性。和其他综艺不同，《快乐再出发》节目设计感不强，没有太规整的游戏和节目程序,节目拍摄有意识地减少对跟镜导演的依赖,从而赋予节目真实且自由的独特风格。《快乐再出发》独特的真实性特征是由真实环境和真实人物之间的冲突和统一共同构成的。

2. 人物为核,根据艺人属性设计节目

人物是综艺节目的核心,人物关系更是真人秀创新乃至推进机制的核心。[①]在降本增效和综艺节目嘉宾片酬管控的行业背景下,片酬价格逐渐纳入节目生产方和投资方的考量之中,流量明星的 IP 价值正在逐渐回归理性。优化片酬分配机制,实现高性价比发展逐渐成为综艺领域积极探索的新趋势。《快乐再出发》不依靠高片酬流量明星,通过深入挖掘艺人的天然属性设定节目框架,通过展现人物主体的原生关系吸引受众关注,提供了综艺模式的新样本。

《快乐再出发》共邀请了六位常驻嘉宾和两位飞行嘉宾,八位嘉宾都来自2007年《快乐男声》选秀节目,他们具有以下几个特点:首先,作为在选秀节目蓬勃发展时期成功出圈的选秀艺人,他们是由数百万名观众通过短信投票的方式选出的佼佼者。虽然随着时间推移,他们已逐渐消失在公众视野中,但是仍有强大的国民基础,这为价值再发掘和再组合积累了优势。其次,他们是真正有才华、有灵魂的人。在工作领域,他们有超强的业务能力和对音乐纯粹的热爱。在性格方面,他们没有偶像包袱,具有较强的综艺感。最后,嘉宾之间有着长达十五年的真挚友谊,在从顶峰到低谷的职业生涯中相互陪伴,相互帮助。这种熟人社交模式奠定了坚实的观众基础。《快乐再出发》的成功破圈和嘉宾的性格特色以及人物关系是分不开的。

一方面,节目在创作过程中充分考虑到人物主体之间的原生关系。对于一部成功的真人秀来说,人物主体之间的关系至关重要。如今,以小博大的熟人社交综艺正在成为综艺市场探索的新模式。《快乐再出发》背靠节目嘉宾十五年的友谊,以原生朋友关系为切入点,合理设置场景激发嘉宾间的化学反应。节目不会对嘉宾的交流话题设限,但为他们提供了老友回忆交流的空间场景。

---

① 李泓荔.悬浮综艺的破局尝试:《云上的小店》管窥[J].中国广播电视学刊,2022(9):115-118.

比如,节目中设置了海边夜话的环节,嘉宾们可以在酒后畅所欲言,共同追忆过去的时光。这种熟人社交的模式创造了新的内容生态,朋友之间的相处模式可以推进节目叙事,在轻松自然的交流中实现热点话题的生成。

另一方面,节目巧妙地将主体人物的元素多样性融合在节目框架中,综合融入嘉宾的特长。在注意力稀缺的当今,单一元素的呈现往往不能满足受众的全部需求。《快乐再出发》的成功破圈在一定程度上来源于综合融入节目嘉宾身上的诸多特性,实现音乐创作、谈话、推理、旅行等多元素的碰撞。比如,为呈现音乐属性,节目组为嘉宾提供充分的时间和空间进行音乐创作,为举办海边演唱会搭建舞台。为激发谈话属性,节目组设计海边帐篷旁畅聊夜话环节,给嘉宾营造空间和氛围,追忆往昔。

3. 价值传达,引发社会反思

在深耕内容方面,视听节目的高质量发展不仅要靠真实叙事和人物关系,更需要通过主流价值观的传达,打造健康的社会生态。《快乐再出发》的高口碑和高评分不仅仅反映了节目内容的高质量,还代表着节目与社会主流情感需求的高度契合。节目价值观的表达逻辑,来源于对当下社会情绪和价值观的清晰洞察和精准匹配。在当下的快节奏生活中,职场人士的工作竞争和生活压力呈现上升趋势,焦虑情绪和心理压力增加,"反内卷"和"躺平"问题引发社会的广泛讨论。在这样的社会背景下,节目积极传播主流价值观,将核心观念聚焦于对"快乐"的深层内涵的探寻。节目通过对嘉宾日常生活的真实记录,借人物主体的过往经历和人生感悟,传达悦纳自我、感恩生活的人生态度,从而引发受众的深度思考和社会反思,实现节目的高质量发展。

(二)情感连接,构筑节目和观众间的情感桥梁

高成本视听节目的优势在于明星流量和大制作,通过高流量嘉宾阵容、先进技术、精美场景、精致道具来满足受众的视听需求。很多高成本综艺都追求明星效应,将大量资本投放在话题热度的炒作和高流量明星的出场费上,而小成本节目的一大优势则是情感共鸣,可以通过怀旧、共情等方式满足受众的精

神需求,实现社会价值的情感表达,从而推动节目高质量发展。

1.怀旧视角,引发自然情感共鸣

怀旧是个体对过去的一种向往,是现代人自我安慰和自我救赎的一种手段,寻找自我认同的普遍途径。① 近几年综艺领域流行主打怀旧元素的综艺并不少见,不同类别的综艺通过游戏设计、艺人竞演等多种方式表达怀旧情结,而《快乐再出发》则采用了一种较为独特的方式引入怀旧视角,弱化节目设计感和人物冲突,突出来自艺人本身的怀旧情愫。② 从创作层面来看,《快乐再出发》使用了"老人+新模式"的怀旧型综艺模式,巧妙且适度地运用怀旧的表现形式,将怀旧情怀自然而然地融入节目叙事中。节目不用情怀作卖点,避免过度消费情怀,却能在不经意间唤醒观众对初代选秀的回忆,自然而然地引发情感共鸣。

在综艺中引入怀旧元素可以增强受众和节目之间的情感交流。一方面,怀旧可以召唤受众的时代记忆,引发受众在内心深处的情感共振。《快乐再出发》的怀旧元素是"参与者和观看者的情感叠加",通过2007年《快乐男声》的故事勾起观众的时代回忆,从而建立更深刻的情感连接。另一方面,怀旧因素可以唤起观众的情感共鸣,增强观众的归属感。如今的现代人身处都市丛林,以高速发展和碎片化生活为代表的现代世界会带给人一种精神上的焦虑感和抛离感,让人陷入自我认同危机。在这种情况下,人们往往希望能在精神方面寻找慰藉,而个体或集体追溯可以帮助个体重新找回认同感,消除现代社会迅速发展所带来的不适感。③ 怀旧元素可以帮助人们追溯过去,增强与社会的联系,从而更好地进行身份建构。《快乐再出发》以人物主体为纽带重构初代选秀时期观众的集体记忆,建立起节目和受众之间的情感认同。

但要注意的是,使用怀旧视角引发情感共鸣需要注意把握尺度和深度。在尺度方面,节目设置中不应当过度消费情怀。怀旧元素可以满足受众的文化需

---

① 张一.从社会学角度看我国综艺节目的"怀旧情结"[J].当代电视,2015(8):95-96.
② 十五年后,观众再一次选择了他们[EB/OL].(2022-08-11).http://www.xinhuanet.com/ent/20220811/4775dda0a4fe4f488d9f9da6b3393135/c.html.
③ 郝文琦.怀旧社会学视角下我国综艺节目的意义生产研究[J].中国电视,2020(4):59-62.

求,但是过度贩卖情怀则会引发受众的审美疲劳,使得节目失去核心竞争力。《快乐再出发》的导演认为情怀可能是对艺人的一种消耗。导演也在有计划地减少对艺人的过度消费,如在第五期中的海边夜聊环节,嘉宾们围坐在一起追忆《快乐男声》比赛时发生的故事。导演组没有将这一部分当作贩卖情怀的卖点,反而把这部分内容单独放到了加更版中,从垂直领域向节目粉丝精准投放,形成细分式的传播。在深度方面,怀旧元素的运用需要在价值层面进行深耕。单纯地调动情怀并不能引发理想中的传播效果,因为以一种单纯简单的方式呈现怀旧因素,往往只能从表面上唤起受众的回忆。若要引发受众更深层次的情感共鸣,需要深入挖掘情怀背后的故事,在价值观的输出层面向社会现实和大众生活靠拢。《快乐再出发》的嘉宾们在讲述过往经历和人生感悟时,不仅是借助怀旧手段建构集体记忆,更向受众传达了积极的价值观念,展现出明星艺人不完美但又不懈奋斗的一面,折射出注视者自身的际遇,增进节目和受众之间的情感关联。

2. 互动视角,受众参与节目价值共创

技术的发展打破了节目与受众之间单线程的传播方式,通过生产权力的分化加深了节目与观众之间的联结。① 在当今综艺节目的创作传播过程中,普通大众能够以粉丝和观众的身份参与视听节目的生产传播,并在过程中产生一定影响。《快乐再出发》采用受众参与式生产模式,由受众、艺人、节目组等多元主体共同参与节目价值创造。将受众纳入价值共创这一举措,符合媒体以受众为中心的传播观念,扩大了内容生产边界。价值共创突破了媒介原有的封闭运作模式,开放组织边界,通过利益相关的主体间不同层次的互动形成共生关系。② 受众参与节目生产的综艺模式实现了双赢,一方面为节目增强用户黏性,另一方面为受众带来沉浸式体验,增强了其自我身份认同感。

这样的"参与性文化"在综艺节目中的应用并非首例,如选秀类节目中受众

---

① 何源堃.文化询唤、跨文本消费与互动传播:网络综艺节目再生产机制研究[J].当代电视,2022(4):108-112.
② 严三九.融合生态、价值共创与深度赋能:未来媒体发展的核心逻辑[J].新闻与传播研究,2019,26(6):5-15,126.

的选择决定了节目的走向。但《快乐再出发》的独特性在于节目组和受众之间建立了密不可分的独特关系。作为一个在"大众的呼声"中诞生的节目,节目组充分尊重受众的自主选择,重视观众感情的培养,在一些关键问题上广泛征求受众意见并将其纳入考量,而受众对节目低成本的性质有了充分了解,对节目的内容生产和营销宣发怀有很强的责任感。在参与节目创作的过程中,受众会产生一种"共创节目"的感受,认为自己在节目的内容、营销和宣发等各个环节发挥了重要作用,因而增强了和节目之间的情感连接,节目用户黏性也随之增强。

首先,在内容共创方面,受众可以通过为节目内容生产献计献策,影响娱乐内容生产的相关决策。《快乐再出发》在节目的初步规划、生产制作和后期复盘中都非常重视观众意愿,和观众保持良好沟通,给观众"共创节目"的情感体验。节目是在众多网友的共同呼吁下立项的,节目组洞察受众的精神需求,关注到"再就业男团"IP价值观和受众之间的情感共鸣,确定了节目生产在受众传播层面的可行性。节目内容共创是一个双向的过程。一方面,受众曾借助网络媒介参与节目的规划,在微博上为节目的名字和形式出谋划策。另一方面,节目也重视呈现受众参与的过程和结果反馈,节目的先导片保留了嘉宾现场翻看网友提出的综艺名字的片段。

其次,在营销共创方面,节目组和受众共同完成了节目的招商任务。在得知节目的启动资金不足时,粉丝自发地在微博话题下推进节目的招商进展,"0713团综有招商才能推进"这一话题被推上微博热搜。此外,为支持节目独家冠名品牌五谷道场,粉丝们纷纷去淘宝店铺下单,并在商品评价区表示感谢。

最后,在宣发共创方面,受众也参与到节目宣发环节中。在宣发期间,节目高度关注受众的反馈,并及时做出调整,如节目起初定位是主要面向粉丝,所以在先导片首播之时,画面中并未标明嘉宾的身份。但随着节目的受众圈层不断扩大,其他圈层的受众在社交平台上表示对嘉宾不熟悉,容易出现混淆。经受众的反馈后,节目在较短的时间内补全了视频中的"人物条",在画面中清晰地呈现嘉宾的身份信息。此外,受众也会参与到娱乐内容的二次加工和传播过程中。节目粉丝在B站、微博等平台发布综艺的二次创作视频,扩大节目的影响力,共同完成节目的宣发共创。

英国传播学家丹尼斯·麦奎尔认为,受众并不是消极被动的接受者,相反,他们是积极的参与者,甚至可以说是整个信息传播活动最活跃的决定性因素。受众在节目内容生产、营销宣发等环节的参与达成了双赢的结果,既为受众带来沉浸式体验,又为节目内容生产引入用户思维。

(三)多元传播,增加节目附加值

传媒行业正在向高质量发展转型,以媒体融合推动发展已是大势所趋。在综艺节目生产中,《快乐再出发》等轻体量综艺以衍生模式和媒体融合为切入点,推动多元传播,顺应媒体融合的高质量发展趋势。

1. 综艺衍生,打造多元 IP 矩阵

衍生综艺的广义概念是指由母体综艺节目延伸出的,与母体综艺节目有相当内容关联的新综艺节目。[①] 近年,衍生综艺经历了不同发展阶段,从开始的幕后花絮的呈现形式,到为母体综艺进行铺垫和宣推,再到现在脱离母体综艺素材的新创造成为常态。在降本增效的背景下,发展衍生综艺也是延长节目价值的有效做法,可以增强用户黏性,延伸原生 IP 效应,为综艺节目开发后续价值。

衍生综艺的概念由来已久,而《快乐再出发》的特别之处在于它实现了以低成本独立综艺出圈的衍生综艺开发,其诞生背景源于一个复杂的衍生 IP 链条。《快乐再出发》是综艺《欢迎来到蘑菇屋》的衍生节目,而《欢迎来到蘑菇屋》又是关注度较高的慢综艺节目《向往的生活》的衍生节目,这其实是芒果 TV 打造节目矩阵的常规做法。《欢迎来到蘑菇屋》是其母体综艺《向往的生活》的试水和铺垫,起到了为母体综艺预热,配合母体综艺宣推的作用;而《快乐再出发》则是在母体综艺《欢迎来到蘑菇屋》引发关注后,平台方看到节目带来的流量和热度,创办的衍生综艺。《欢迎来到蘑菇屋》以极低的制作成本收获了不俗的传播效果,为《快乐再出发》的出圈奠定了一定的粉丝基础。这一系列衍生综艺的生

[①] 刘俊.衍生综艺:界定、价值与媒介变迁[J].中国电视,2021(9):27-32.

产开发模式打造出"母体综艺—衍生综艺IP链条",实现双品牌发展。

此外,芒果TV首创了综艺节目"正片播前+播后衍生"的综艺矩阵。除了和《欢迎来到蘑菇屋》相关的播前综艺外,芒果TV还推出了播后衍生综艺,持续发挥节目的长尾效应。在《快乐再出发》完结的两个多月后,点淘联合芒果TV推出了其衍生综艺《快乐回来啦》,延续节目热度。《快乐回来啦》将六位嘉宾带回母体综艺《快乐再出发》的拍摄地浙江象山,亲身体验当地特色产业并参与好物直播全过程。在衍生节目创作中,逻辑基点和人物塑造是两大关键性要素。对脱离于正片素材重新录制的衍生节目而言,正确延伸正片的逻辑和人物形象是至关重要的。[①]《快乐回来啦》延续了之前的叙事逻辑和主体人物形象,将观众带回其母体综艺的叙事逻辑中。作为一个深度内容定制的衍生节目,该综艺在豆瓣平台开分8.8分,虽然只有短短三集,却获得广泛的好评。这表明以《快乐再出发》中的六位常驻嘉宾组成的"再就业男团"已经成为一个综艺IP,可以创造更大的价值。

衍生节目的出现形成了综艺节目由点到面的传播生态,《快乐再出发》的成功与此也有密不可分的关系。在双品牌发展过程中,母体综艺与衍生综艺为彼此提供了良好的受众基础,利用节目本身的长尾效应助力彼此的发展,传播效果其实是1+1>2的。

2. 媒体融合,台网联动提高宣传效果

传播方式在很大程度上决定了传播效果。基于媒体融合的传播逻辑,《快乐再出发》综合使用电视平台、网络视频平台和社交媒体平台等多个传播平台,同步进行对节目内容的传播,将超级宣推和精准到达相结合。根据传播平台的不同特征,设定不同的传播话语体系,强化媒介特色,书写适宜于该文化场的特别故事。[②]

一方面,节目通过网台联动进行综合宣推,满足多终端用户的观看需求,实

---

① 刘睿,高沛雯.衍生网络综艺节目初探[J].当代电视,2020(7):83-87.
② 胡岑岑,周小普.台网融合背景下综艺节目的跨媒介传播:问题与路径[J].中国广播电视学刊,2022(2):51-56.

现影响力和受众群的进一步扩大。《快乐再出发》在芒果TV和东南卫视同步播出,以台网联动的形式将内容价值的影响力发挥到最大。电视平台和网络平台的合作与联动是一种互惠互利的行为,有助于开辟双向共赢的新格局。从电视台角度来说,其公信力优势可以扩大综艺的影响力,拓展内容分发的渠道。东南卫视作为福建省的卫星卫视频道,其省台的影响力有助于帮助网络平台扩大传播范围,拉动电视端受众观看节目。《快乐再出发》的综合宣推也是一个以网络综艺反哺卫视的经典案例。网络综艺年轻化的话语体系可以扩大电视端受众的范围,促进电视端的发展。台网融合是电视平台和网络平台取长补短的有效路径。对于台网联动的综艺项目,节目设置过程中需要最大限度地平衡电视观众与网络用户之间的审美喜好差异,满足电视端受众和网络端受众之间的不同需求,从而实现最好的传播效果。

另一方面,节目借助新媒体平台进行精准传播,以"小屏大屏协同"的方式实现用户沉淀。综艺在B站、抖音和微博等多个新媒体平台上进行宣传,借助社交媒体制造话题,带动节目流量。节目制作方和艺人团队在多个新媒体平台进行多样态的宣推,充分挖掘视频素材。节目官微发布碎片化的节目剪辑和幕后花絮,嘉宾苏醒在个人微博上发布"老歌手的日常"短视频,导演在知乎平台上分享节目制作过程中的细节,实现了节目立体化的传播。

三、讨论与反思

在长视频领域降本增效的当今,轻体量综艺《快乐再出发》成功地完成了一次低成本的创新,证明了没有高流量明星和高制作成本的轻体量综艺也可以通过内容取胜。《快乐再出发》作为轻体量节目成功出圈的个案,对综艺领域的发展具有重要启示。

(一) 明确轻体量节目的特征和优势

轻体量节目是相对于高成本节目而言的,两者的根本差别在于预算和成本上的差异,而这一本质差别为两种节目带来了不同的优势和劣势,进而影响到节目制作和传播模式。

其一,高流量优势和深耕内容。基于充足的资金支持,高成本综艺会邀请"顶流明星",通过明星艺人的流量带动节目的话题度,形成了以明星流量带动综艺创造商业利润的模式。明星的高流量属性为节目出圈奠定了基础,但也造成了一些问题:价格战导致的高成本为平台带来了巨大压力;过度专注明星流量使综艺市场内容的同质化和泡沫化问题加剧。对轻体量综艺来说,艺人带来的流量基础不足,但可以深耕内容,将劣势转化为优势。以内容为王,注重优质内容的输出。

其二,精美制作和情感共鸣。高成本节目往往通过大制作来吸引受众,凭借高科技技术手段、丰富齐全的制作人员团队、精美的场景布置等多元素提升受众的观感,而轻体量综艺的节目预算不足以支撑其靠技术和场面设置来吸引受众,其制胜秘诀在于建立和观众之间的情感连接。在控制成本的同时,通过嘉宾安排和内容设计,巧妙带动观众情绪,从而达到扩大传播影响力的效果。

其三,矛盾和爆点的制造方式。高成本节目往往习惯于通过人物矛盾制造爆点,基于流量嘉宾之间的冲突设置热点话题,实现在社交平台上的裂变式传播;而轻体量节目可以通过突出人物主体和环境之间的矛盾,从另一个角度提高节目的话题度。

(二) 节目高质量发展的深层逻辑

在以媒介融合发展为主流趋势的新时代,《快乐再出发》通过真实叙事来丰富内容生态,以多元传播模式延长节目价值,其成功经验为视听节目领域的降本增效和高质量发展提供更多可能性。笔者认为,视听节目得以高质量发展的深层内核在于其在社会层面产生的外延价值,即节目在打造社会生态中发挥的积极作用。文化底蕴和价值观是节目品质和发展质量的根本支撑。高质量节目应当引导正确的价值取向,承担应有的社会责任。《快乐再出发》成功破圈的深层逻辑,在于其以真实叙事、情感互动、多元传播为核心的节目特色,以及以社会生态构建为核心的深层内涵。

在内容生产方面，节目抓住社会痛点与需求，实现主流价值观的创新性表达。受众在观看视听节目之时，往往会倾向于潜移默化地接受节目传达的思想观念与情感倾向。因此，节目价值观的表达逻辑成为高质量发展过程中的关键因素。《快乐再出发》摒弃了传统的价值观灌输模式，以真实和感性为内容载体，在潜移默化中实现主流价值观和积极人生观的传达。在高质量发展过程中，视听节目应当抓住社会痛点与需求，重视价值观导向和社会责任，以显性或隐性的表达方式，积极传递主流价值观，传达正能量和积极的生活态度。

在情感连接方面，节目通过激发受众的情感共鸣，实现社会价值的情感表达。视听节目的自然属性决定了它是一个适合与观众实现情感交互的内容载体，而《快乐再出发》的怀旧元素和嘉宾特点进一步拉近了节目和受众之间的情感关联。节目的主体人物具有普通人的属性，其人生经历贴近受众的生活，从而更容易折射出受众自身的际遇。嘉宾的真实感和同理心产生了弱化明星艺人身份的效果，推动节目与受众之间建立更深刻的情感共鸣，而情感共鸣往往更容易带动价值认同，将视觉表象转化为心理意向，从而构建节目的社会功能和社会价值。当受众产生情感共鸣时，往往倾向于认可嘉宾的价值观，从而实现社会价值的情感表达。比如，节目嘉宾以隐性的表达方式，在潜移默化中传达了一种豁达通透的人生观和价值观，即在低谷时坚定梦想的力量，在落魄时怀抱对生活的热爱。这种价值观的大众化传递，凸显了节目高质量发展中的社会价值。

此外，《快乐再出发》的社会价值在影视行业和文旅行业也有所体现。一方面，轻体量节目的成功出圈有助于推动影视行业回归本源，对行业的高质量发展有引导和促进作用。在当今的视听节目领域，高成本节目往往选择曝光率高、流量大的明星，从而保证节目的话题性和关注度，而以《快乐再出发》为代表的轻体量节目深入挖掘嘉宾属性，让受众关注到演员的光环和标签以外的其他因素，从而推动影视行业的内容生产从流量化向内容化转变。另一方面，节目还可以带动拍摄地区的经济发展和旅游业发展。自节目第一季播出后，拍摄地象山县7—8月主要景区游客接待量同比增长78.09%。基于第一季的经验，节目第二季进一步关注扶贫助农话题，推动地区文旅事业的高质量发展，发挥视听节目的社会价值。

在目前的行业领域,一些节目以纯娱乐或者浅娱乐作为基本定位,通过艺人流量和冲突设置来吸引流量。冲突性的剧本设置和话题设定可以短暂地带动节目流量,但难以唤起受众的情感共鸣,进而影响受众在深度思考和讨论环节的主动性和参与度。在视听节目高质量发展的道路上,节目需要深化内容生态的表达逻辑,而轻体量节目的制作逻辑与社会生态的构建逻辑较为契合。一方面,节目须承担视听节目的社会责任,做到兼顾娱乐性的呈现和价值观的表达。另一方面,节目可以做到不依托明星流量和冲突性剧本设定,在合理可控的成本下,通过内容和情感带动节目的话题度和关注度,引发广泛的情感共鸣和大众性思考,在潜移默化中实现社会价值的传递。

四、结语

《快乐再出发》的成功是一个将合理可控的成本和优秀有趣的内容结合在一起的优秀综艺范例。与制作成本高、明星阵容强大的高成本节目不同,《快乐再出发》以小博大,成功完成了一次低成本的试水,在当今众多"制式化"的综艺中显得与众不同。做到了在有限的预算条件下,深耕内容,基于怀旧视角建立情感连接,基于衍生模式实现联动效应。

在视听行业控制成本的当今,《快乐再出发》凭借真实叙事、情感互动、多元传播等创新设定成功出圈,为综艺高质量发展提供借鉴意义。在更深层面上,节目把握真实的叙事风格,传递生活正能量,以更深层次的情感共鸣实现社会价值的传递。节目成功构建了以综艺节目主题为中心的社会生态,发挥节目在社会层面的外延价值,驱动节目内容生态高质量发展。

(本案例由纪嘉欣负责撰写)

平台创新案例

自主学习视频社区的实践及其阐释
——以哔哩哔哩知识区为例

摘要： 当前，打造泛知识平台逐步成为互联网各内容平台的战略发展方向，在线自主学习逐渐成为当前网络用户获取知识的重要途径。聚合知识生产、知识产消、知识管理为一体，形成连贯式知识内容运行创新模式的 B 站知识区，已然成为当前网络平台知识内容建设领域的范例。研究发现，知识资源在以 B 站知识区为代表的 PUGC 学习视频社区、创作者和学习者间充分涌流，并以多重途径吸引用户参与产消，丰富内容资源，促进知识商业转化。B 站知识区的勃兴从知识扩容和平台建设两方面为互联网内容企业的信息传播与知识转型提供了积极参考。

关键词： 视频社区；自主学习；B 站；内容生产系统

一、引言

自 2019 年起，打造泛知识平台逐步成为互联网各内容平台的战略发展方向，在线自主学习逐渐成为当前网络用户获取知识的重要途径。例如，快手推出主打知识内容的"快手新知播"IP，拓展垂类知识直播空间；抖音上线"学习频道"，泛知识短视频以更为精细的分类和更为凸显的面貌呈现；爱奇艺推出旗下教育软件"爱奇艺知识"，搭建知识内容课程矩阵；微信视频号上线"知无不谈"知识专栏，以不间断知识直播专栏抢占流量高地；百度推出好看视频"轻知计划"，邀请百位名家、万名行家入驻，扩大泛知识内容占比……更不必说传统文字内容平台,如知乎、豆瓣、得到,都在近年不约而同地对知识内容的生产传播发力,并在运营、创作、功能设计等方面加以扶持。互联网内容平台的发展使得泛知识创作者逐渐崭露头角,知识内容大量涌现,打破了以原有课堂教学和在线视频教学为主的传统知识传递模式,发展出新的教育与用户自主学习生态。对于行业来说,知识类视频方兴未艾,是当前内容市场可探索的重要增量。如何进一步扩张知识生产者数量、提高视频知识质量、留存和扩充知识视频市场、促进知识内容经济转化等,成为行业蓝海亟待探索的重要方向。

其中,哔哩哔哩视频网站(下文简称"B站")中知识视频内容的快速发展值得关注。2020年6月5日,B站在原有分区的基础上将科技区整合重组为新一级分区知识区。2022年1月,在B站举行的百大UP主[1]评选活动中,科技知识类UP主在"百大名单"中的数量远超此前,达到第13位。[2] 2021年6月,B站董事长陈睿表示,泛知识类内容在B站的播放次数已占据全站视频总播放量的45%,同时,2020到2021年,B站上升最快的五个内容品类分别为社科人文、情感、动物圈、美食和科普,其中以科普内容的播放量增长最快,高达1994%。在观看人次上,这一增长趋势则显得更为明显。2019年,B站泛知识学习类内容的观看用户数首次突破5000万,到2020年上升至7855万,而这个数据在2021年,则快速增长至1.98亿。[3] 至此,在B站,知识类视频不论是头部内容数量还是总量,都已呈现出不可逆的扩张与引领趋势。

B站作为以动画、漫画、游戏(ACG[4])为主要内容起家,逐步延伸至游戏、科技、音乐、美食、美妆、生活和知识等多圈层的综合性视频社区,其目标用户群体也在这个过程中同步增长,而与其余分区建立不同,知识区的快速成长,不仅带

---

[1] UP主即Uploader,指在视频网站、论坛等站点上传、发布音、视频文件的人。
[2] 卡思数据.从百大UP榜,看2022年B站内容创作趋势[EB/OL]. (2022-01-26)[2022-10-05]. https://new.qq.com/rain/a/20220126A0759P00.
[3] 财视传媒.B站12周年陈睿演讲:B站35岁及以下用户占比超过86%[EB/OL]. (2021-06-27)[2022-10-05]. https://finance.sina.com.cn/chanjing/cyxw/2021-06-27/doc-ikqciyzk2090691.shtml;哔哩哔哩投资者关系.哔哩哔哩2021环境、社会及管制报告[EB/OL]. (2022-05-31)[2022-10-05]. https://ir.bilibili.com/zh-hans/esg.
[4] ACG即Animation、Comics与Games的首字母缩写,泛指动画、漫画、游戏。

动着平台用户与消费的增加,更使得 B 站从原属定位的"Z 世代休闲娱乐区"延伸发展至"众所周知,B 站是一个学习网站",这一转变引人注目,其知识生产逻辑和平台建设的方法论同样值得深究。笔者认为,B 站知识区的转型与快速发展是当前国内网络视频领域的突出现象,也是全网知识视频内容快速崛起背景下的一次平台实践,基于此,本文将以 B 站知识区为案例,从以下三个方面回应当前网络平台中的大范围知识视频观看现象。同时,通过拆析以下问题,方能从较为宏观的层面为当前线上知识视频社区建设与知识生产范式提供全新的参考路径。

(1)如何阐释当前 B 站知识区的大规模线上自主学习现象?

(2)B 站知识区在平台知识生产、产消、管理上有怎样的特征?知识内容的运行模式是怎样的?

(3)知识视频社区的未来发展呈现出怎样的趋势?从互联网内容行业发展的角度,该案例提供了怎样的参考,又暴露出何种隐忧?

当前学界对伴随互联网发展新出现的知识形态,如知识内容付费、知识问答直播、在线教育等都有或多或少的涉猎,研究已经有一定基础,取得了一系列成果。关于在线知识的生产与传播的研究,主要集中于以下几个方面:一是关注知识的呈现平台和"互联网+"背景之下的远程教育;二是强调知识权力的变迁,关注知识于网络平台上的共享与传播;三是关注知识在互联网媒介中的生产模式带来的影响,及数字人文相关内容。有关自主学习平台的研究则多集中于大规模在线公开课(慕课)平台,并在自主学习平台环境下的学习策略、不同形式慕课对自主学习能力的要求、在线环境下促进自主学习的途径等方面都有了丰硕的研究成果。

如曾祥敏等以定性方法探究知识类短视频的关键组成要素,提出该类视频获得较好传播效果的微观组合。[①] 李永宁等通过对知识类短视频的数据爬取,

---

[①] 刘思琦,曾祥敏.知识类短视频关键构成要素及传播逻辑研究:基于 B 站知识类短视频的定性比较分析(QCA)[J].新闻界,2022(2):30-39,48.

刻画了社交短视频平台下的知识传播现状,认为传播效果更加取决于视频内容质量。① 以上研究对于展开本案例考察提供了必要的参考、界定、启发意义。

本文将以B站知识区为研究对象,对其知识内容逻辑、文本呈现方式、自主学习系统等展开分析,力求为当前网络平台知识内容建设与发展提供一定学理上的思考。

二、案例分析

本文结合B站知识区的具体实际,从知识生产、知识产消、知识管理和线上学习系统四方面出发,以多方视角探讨在线视频社区作为自主学习途径的一种新型实践可能。

(一)知识生产:从去中心化到再中心化

生发于互联网的视频平台继承了互联网去中心化的内容逻辑,此时的去中心化主要指向用户主体的多元需求,而正是在去中心化的内容逻辑基础上,以B站知识区为代表的知识类网络视频社区则贡献了新的再中心化实践方式:知识生产的专业化,包括专业生产主体的凸显,以及影像制作上的专业倾向。

1. 多元叙事主体,破壁内容生产

B站知识区形成了以专业用户内容生产(Professional User Generated Content,简称PUGC)为核心,多元群体广泛参与的核心内容生产群。与文字、绘画、摄影等以独立生产为主要方式的媒介产品相比,PUGC视频生产则在大体上兼具了作者性和专业影像生产的双重特征,"'专业化模块'以不同形式介入生产流程"②,因而,影像创作专业团队辅助拍摄成为知识类视频的主流选择之一。但单就作者性凸显的叙事核心——UP主本人而言,主要分为用户专业生

---

① 李永宁,吴晔,杨濮宇,等.内容为王:社交短视频平台的知识传播机制研究[J].新闻与写作,2019(6):23-32.
② 田元.智识的协商:PUGC视频社区知识类作者的内容生产[J].新闻界,2021(2):75-84.

产者和入驻专家学者两类。

一类知识生产主体是用户专业内容生产者。这类视频作者来源多样,既有已有一定粉丝积累、转型视频生产的传统文字大V,如"小约翰可汗""半佛仙人""马督工"等UP主;也有具备各领域专业知识的大学生、各行各业的职场人士,代表UP主如"老师好我叫何同学""毕导""天真的和感伤的小说家"等,不同作者有着鲜明的风格,他们以知识内容、个人形象、视频风格等彰显个人的强主体性。例如,正在清华就读的博士生毕啸天,他创办的账号"毕导"擅长于挖掘生活中的冷知识,推出的"麻将概率论""耳机线拓扑学""肛体力学"等视频以硬核科学论证探索生活中的小切面,这些特点使其出圈。又如,以硬核知识讲解各国军事、近代史的小约翰可汗,将目光主要投射于"被全世界遗忘"的广大亚非拉第三世界国家上,以"奇葩小国"系列视频吸引用户注意,其独特的造梗能力令其视频增色不少。

另一类知识生产主体是公共知识领域已具有一定知名度的专家学者或教授,他们或受邀或主动入驻B站平台,成为视频内容的生产者。这类UP主的代表人物如汪品先、刘家麒、褚君浩三位中科院院士、中国政法大学教授罗翔、北京大学教授戴锦华、复旦大学教授梁永安、日本科幻作家田中芳树等,目前人数已超过300人①。他们的作品多以知识科普、问答互动、经验分享等为主,在讲述中不乏出现潮流文化的口头语。对于知名的专家学者和教授来说,走下讲台、以视频化的形式出现,同样是一次"破壁"过程,借由生活化的展现,他们将以更为丰富的面貌凸显自我,获得用户的观看与喜爱。对于用户来说,专家学者成为吸引用户点击的招牌,"院士入驻B站"则成为平台事件营销的组成部分,"看到热搜上的'院士进B站',我就想点进去看一下",而专家学者的社会头衔也为知识产出的准确性做出了基于内容生产主体的保障,如"院士我不敢质疑"。此外,B站还引入千余家高校和近万家学院入驻B站,成立专属B站账号,B站也因此与社会知识群体展开充分联动,一同助力平台内容建设。

---

① 哔哩哔哩创作中心.《2021 B站创作者生态报告》来了[EB/OL].(2021-12-11)[2022-10-05].https://mp.weixin.qq.com/s/mtpxsJuW7cWzNgryLA-_JQ.

生产主体的多元化链接的是视频社区中知识内容的多元化。在针对B站知识区用户的访谈中,有多位不同职业、年龄的被访者提及,关注某位特定UP主,原因正是视频中知识内容的通识性,或与自身所学专业的差异性,其动力来自"拓宽自己对其他专业的理解""补充知识"。与此同时,也有多个被访者表述了知识区内视频并不适合深入学习,更多起到消遣作用,如"了解一些其他领域的东西,并不适合你去钻研某方面的东西","平时工作,我基本就是看消遣性的小科普,很简单很浅显的,如观察实验室里小动物的行为,类似于观察日记"等,以上回答彰显了社区内生产主体多元、知识多元外的另一个特质,即由UP主为主导生产的知识视频的内容较为浅薄,不适宜系统性学习。

2.技术赋能知识,影像拼贴融合

在第九届中国网络视听大会中,B站董事长陈睿认为,知识内容走向视频化的大潮流,原因正是视频比起书本来说对于知识的传播更友好、更高效,所有书本上的知识都可以通过视频再次传播。也有学者认为,对于原属于书面的知识来说,知识类视频正是"以可见的方式把抽象物(如知识)变成了一种可感、可触的空间形态"①,借由短视频的口语属性,人的日常经验与专业化知识以更平易的方式相连接,此时知识的分享和学习也更具有权力的平等意味。

同样,生产主体的多元化也指向知识权益的平等,但获得大多数学习者青睐的"优质"视频内容诞生于去中心化和再中心化的互动与博弈中。此处的再中心化,指的是"在互联网社群经济的语境下整合资源、传递价值、建立信任、实现变现的系统工程"②。因而,影响知识生产与传播的重要指标便是视频内容的质量与价值,直接指向知识视频生产的"专业模块"——技术与形式。总体来说,多个学习者都认为"知识视频比文字等看起来更直观",在一项针对用户关于"观看知识类视频更加在意的因素"的问卷调查中,有85.25%的被调查者认为"视频的整体质量"是其较为在意的内容,有81.25%的被访者认为"博主的专

---

① 王晓红.短视频助力深度融合的关键机制:以融合出版为视角[J].现代出版,2020(1):54-58.
② 杨蔚,孙天艺.移动短视频两种传播逻辑及运营模式的比较:以"快手""抖音"为例[J].当代电视,2019(7):84-87.

业程度"是其较为在意的内容。

具体说来,"专业模块"显现于每位 UP 主视频中独特的知识内容、文案、剪辑、包装,甚至是 UP 主的口头禅和背景空间中。在本文针对知识区用户的问卷调研报告中,有超过70%的用户认为,网络知识视频相较书本知识而言,有着更为多元的表现手法、更有趣的讲解方式、更灵活的互动方式、更新潮的技术手段等(见表1)。例如,在呈现形式上,知识区 UP 主以沙盘推演、模型拆解、3D 演示、语音讲解等方式,共同助力知识的内容生产;在语言文案上,该类视频则将网络潮流文化充分融入,如语言梗、表情包、流行语等当下青年喜爱的内容,一同被纳入知识内容生产的过程中。同时,不同 UP 主充分探索个人特质,以形成独特的视频讲述方式。在采访中,有小约翰可汗的粉丝专门提及,他观看视频的重要原因之一就是 UP 主独特的讲述视角,"王骁给我的感觉是,以一种上帝视角去评判一个事物;而小约翰可汗给我的感觉是,他像一个当地人在讲述这些苦难"。在呈现的具体知识上,不同 UP 主的取向各有差异,但大多关注课堂之外的知识内容,以视角的创新拓展用户认知,专业性与通识性兼具,使用户充分延展个人兴趣点。B 站知识区以广泛专业化的 PUGC 知识视频使视频内容生产维度走向再中心化。

表1 "您认为网络知识视频的优势"问卷结果

题目/选项	完全不同意	比较不同意	一般	比较同意	非常同意
更丰富的知识内容	5(1.74%)	14(4.88%)	84(29.27%)	128(44.6%)	56(19.51%)
更多元的表现手法	1(0.35%)	6(2.09%)	24(8.36%)	163(56.79%)	93(32.4%)
更有趣的讲解方式	2(0.7%)	5(1.74%)	20(6.97%)	155(54.01%)	105(36.59%)
更灵活的互动方式	2(0.7%)	11(3.83%)	39(13.59%)	144(50.17%)	91(31.71%)
更新潮的技术手段	4(1.39%)	15(5.23%)	49(17.07%)	135(47.04%)	84(29.27%)
更便携的使用场景	2(0.7%)	6(2.09%)	46(16.03%)	137(47.74%)	96(33.45%)

(二)知识产消:从内容互动到知识共同体

2006 年,托夫勒提出"产消者"一词,指的是"为了自己使用或者自我满足,而不是为了销售或者交换而创造产品、服务或者经验的人"①。在数字化知识产品中,产消者则指向平台用户的内容生成:用户将自己创造或知悉的知识内容发布到平台中与其他用户共享,并在这一循环中实现产消合一。以开源式视频社区起家,以"社区优先"作为企业宗旨的B站自然也不例外,生产机制、作者、粉丝的共建和交互成为平台重要特征。正是在这个过程中,"作为接受层面的学习社群在不断转化为产消者介入生产维续互动"②,以知识视频内容的交互反哺视频生产,扩充B站上知识视频的信息容量,并在交互中形成有机动态的知识社区共同体。

1.以交互带生产,扩充知识容量

B站作为国内视频社区模式的代表,其知识区承接了内容平台、产消者和粉丝之间的联动策略,并在信息呈现与知识获取的自主学习诉求下衍生出新的意义模式。其中,原属于视频社区内的多元交互手段,如弹幕、评论、二创等交互方式在知识的传递上扮演新的功能角色,视频社区内的交互也转而成为知识信息流动的表征,不断扩充原有的知识容量、更新学习方式。借由弹幕、评论、二创等形式的知识交互参与,平台用户成为知识内容产消者。

弹幕回归理性,从集体狂欢到个人表达。弹幕是B站作为视频平台的重要特色之一,具有即时性、参与性、观点性和娱乐性等特征,它所代表的不仅是一种有自嗨精神的流行文化,也是一种充满集体狂欢精神的大众文化。③但在B站知识区中,弹幕实践逐渐从作为情绪释放的表征回归理性,困惑、情绪、感受都将成为与视频内容互动的知识并得到彰显,长久地留存于视频内容页面,如有被访者提及"如果在追番的话,说话比较随意,在追番的时候我可能会比较频繁地发弹幕,但是在罗翔老师那里,就感觉可能对这方面也不太懂,所以一般都是'+1'"。同时,弹幕的功能与知识、学习相连接,视频进度条的顺序播送为弹

---

① 孟韬.网络社会中"产消者"的兴起与管理创新[J].经济社会体制比较,2012(3):205-212.
② 田元.创造"B站学习阵地":社交视频平台知识型类缘空间研究[J].未来传播,2021,28(5):81-90,130.
③ 曾一果.弹幕背后青年群体的情感需要与价值诉求[J].人民论坛,2021(10):34-37.

幕营造了虚拟式的文化空间,"前""后"等代表方位的弹幕成为知识视频内容上的路标,丰富自主学习者间的知识交流,而弹幕中对技术原理、人文历史背景等的讲解,则是从知识理性层面丰富了视频内容表达。例如,在针对学习者的采访中,多位用户提及弹幕对于学习的补益作用,"一些知识点讲错了,B站的弹幕可能就会纠正"。

评论拓展学习空间,反哺作者视频生产。评论区中的交互相较弹幕来说更具有对象感,可形成点对点式的基础交流。因而,知识区的评论也形成了独特的知识交互方式,如在知识视频下方,常有被称为"课代表"的用户自发总结视频内的知识内容、附上时间跳转轴等,使得后来的学习者可以以更加直观的形式展开知识的学习。用户在采访中也表达了评论对于自主学习的补益效果,如"会在其他人发表的评论中学习到有用的知识""比如UP主有发某个视频,就会有人在评论区里面说,另外的UP主说了什么东西,然后通过这种方式我就会了解,并去搜一些其他的小UP主,久而久之就扩充了自己的知识关注范围"。此外,评论区也成为视频内容以外的用户知识传递的新空间,并反哺作者生产。例如,华东师范大学教授戴建业,因经常有用户在其评论区写诗或私信写诗,他便在B站发起"写诗鬼才"活动,只要带相关话题词发表评论,便可获得戴建业教授的"翻牌"。同时,回复解读诗、点评诗成为戴建业老师独特的知识内容产出形式。与之相对的,则是广泛存在于知识区UP主群体中的反馈视频形式——"读评论",在这一类视频中,UP主针对评论区中用户的疑惑与反馈,做出面对面的集中回应,这类视频也使得知识生产者与学习者的交互更加深入,视频本身成为因交互而被生产的内容产品。值得一提的是,2022年9月,B站正式成立"笔记区",平台方将为达到标准的评论内容提供万元奖金和实物徽章等奖励。此时,用户与视频下方的评论创作被更进一步视作重要的知识内容产出,"向优秀课代表看齐"则彰显了B站力图提升用户产消程度,推广用户生产图文知识的决心。

二次创作解构知识,拓展内容传播渠道。在知识区的互动模式中,除了在原视频页面的弹幕与评论外,用户还会根据当前已有的知识视频内容进行剪辑、筛选和重组,从而生产出新的知识视频内容。这一方式使得原视频通过用户的二次生产分裂出新的分发点,用户可以从下游入口进入原视频,从而带动相关知识内容的影响力增长。但与此同时,部分二创视频提供的更多是非知识性的感性娱乐价值,以鬼畜或猎奇的形式登场的互动对于知识内容的传播普及便很难成为知识传播的核心力量。例如,"无穷小亮的科普日常"的"热门生物鉴定"系列作品中,相较起视频中形形色色的世间生物知识,"藏狐"和"水猴子"的娱乐"梗"反而更加出圈。又如华中师范大学戴建业教授,在B站搜索其名,其二创鬼畜视频"情场高手"却比其主页中大多数视频的播放量要高。罗翔老师的"张三"也是如此。用户在采访中多次提出,"(像是)半佛、罗翔,他们的视频以前都只归类为我的娱乐视频类,点开罗翔老师的视频下饭"。该用户也对B站知识、娱乐界限划分不清提出质疑,"我没有想到平时刷到的那么多娱乐视频,突然就被归结到知识区了"。从某种角度看,二创视频将知识解构为有趣的、好玩的、即时的碎片化内容,却也有着娱乐内容披着知识的外衣登场,如此,对于知识传播本身起不到核心的帮助作用,其伦理和版权的风险也需要引起充分警惕,平台对于知识视频的划分标准仍待进一步完善。

2.从表达到陪伴,形塑知识共同体

在B站知识区,形式多样的知识内容互动模式除了丰富原有知识视频,扩充平台知识内容外,也以自主学习中的产消互动形式弥补了以往在线学习缺乏及时反馈的缺陷,提升了用户的自主性,最终实现知识社区共同体的形成。

首先,产消互动以"集体在场"增强了用户的归属感。部分学者通过对B站课程弹幕的爬取与分析发现,弹幕的情感表达较多且直接,减少了学习者之间的距离感,且"对弹幕文本的情感分析中,积极情感所占比例较大"[1]。此外,这种强情感的社区式信息表达形式,也在无意中形成了对于学习者身份想象的达成。例如,在专家学者型UP主的视频内容中,随着视频开始,"老师好"弹幕便会以成群结队之势飘过屏幕,和视频中的老师打招呼形成呼应,"老师辛苦了"

---

[1] 张婧婧,杨业宏,安欣.弹幕视频中的学习交互分析[J].中国远程教育,2017(11):22-30,79-80.

"老师再见"等弹幕亦然,而老师虽然无法做到及时回应学习者的弹幕内容,但仍不妨碍用户间的情感表达与相互认同,在这个过程中,处于不同物理时空的学习者个人,借由视频产消塑造了漂浮的、共有的集体虚拟身份——学生。在采访中,不同用户也表达了社区式交互对于学习氛围有提升作用,如"我们想看什么课程可以看,然后底下也可以讨论,那种氛围,是大学普通授课远远达不到的……B站是以庞大的用户量作为基石,也就是说在这种情况下遇到相同兴趣的人的概率更大,这样的话也能碰到那种志同道合的人,然后一块儿交流,我感觉这种是比较好的""氛围会比传统的学习方式更好一点。你在大学课堂上的话,其实是不敢太多去表达自己的想法的,毕竟会影响到别人上课",B站也因此借助交互强化了用户的学习氛围,增强了集体归属感。

其次,产消互动强化了用户学习过程中的被陪伴感,形塑知识的共同体。在B站知识区,知识视频的生产与交互是多人参与其中、开放协作的产消过程,在这个过程中,用户的集聚进一步实现了"一同学习"的在线氛围,这广泛存在于知识视频弹幕、评论、粉丝社区等交互活动中;而以实时记录、展示UP主自主学习为目标的直播类型——"学习直播",则成为凸显陪伴学习的视频内容典型。学习直播又称为自习室直播,指的是UP主利用直播技术实时记录、展示自习过程的直播类型。在B站,以"#Study With Me#"为标签的学习直播早在2018年便成为平台中直播时长最长的类型。[①] 从某种程度上来说,B站为学习者提供的,不仅仅是可供观看消费的视频知识,更是营造了一种关于陪伴的学习氛围。在学习直播间内,以主播为中心,聚集了大量有着相同或相似学习目标的观众。"个体的日常生活体验,提供了流通于社会空间中的建构空间再现和意义的象征资源"[②],直播间内的学习者、桌面装饰、任务表、时间记录等内容很好地强化了学习的氛围感,用户在观看对象的过程中也一并形成如"镜中我"的自我监视过程,并以极为直观的形式指向了青年用户意图提升自主学习控制

---

① 央视网.知道吗?这届年轻人爱上B站搞学习[EB/OL].(2019-04-17)[2022-10-05]. https://news.cctv.com/2019/04/17/ARTIkdxgldxCuSmVdTOimrAw190417.shtml.
② 潘忠党."玩转我的iPhone,搞掂我的世界!"——探讨新传媒技术应用中的"中介化"和"驯化"[J].苏州大学学报(哲学社会科学版),2014,35(4):153-162.

能力的一种可能;而在宏观视角之下,借助知识视频中互相监督、互相鼓励的社区式陪伴,平台用户也以此成为形塑知识共同体的最好注脚。

(三)知识管理:从内容筛选到知识付费

知识管理指的是,"充分利用信息技术,使知识在信息系统中加以识别、处理和传播,并有效地提供用户使用的管理行为"①。有学者总结,在知识管理方面,当前的互联网知识市场亟待解决的问题之一便是"碎片知识的关联与整合"②,通过对已有知识内容的赋权、分类和遴选,使得已有知识内容相互连通,创造更大的传播与经济价值。B站知识区对于知识内容的管理在一定程度上彰显了视频社区平台应肩负的责任与担当:以平台为轴,将知识产品视作平台内部的有机组成部分,对其进行精细化筛选,同时,主动生产肩负社会价值的知识内容,引领社区正向价值观;以内容为核,将内容看作评判平台价值的核心因素,从多方位提升平台内部的知识内容平均水平,以商业收入激励UP主创作,促进并优化知识内容的商业转化进程。

1.平台为轴,打造负责任知识社区

B站作为中国年轻一代领衔的视频内容社区,其持续推动平台内容的生态建设,以高度自觉和多重策略打造负责任知识社区。不论是内容安全与质量、隐私与产权保护,抑或是产品创新③,B站都为视频社区的良好运转做出了表率。

首先,优化知识遴选机制,打造积极内容平台。一方面,B站持续以用户正反馈为核心要素推荐新内容,正反馈行为包括用户的"一键三连"(针对某视频,用户通过一次按键同时完成收藏、转发、投币的操作)、正向评论和弹幕等,用户的正向交互无疑是一种以身体动作对视频内容进行投票的行为,彰显了平台的

---

① 丁蔚.从信息管理到知识管理[J].情报学报,2000(2):124-129.
② 彭兰.互联网知识产品:一个长远的市场——知识付费产品的发展逻辑与未来可能[J].新闻与写作,2020(7):50-54.
③ 哔哩哔哩.2021环境、社会及管治报告[EB/OL].(2022-05-31)[2022-10-05]. https://ir.bilibili.com/zh-hans/esg.

权力下放,有助于增加用户黏性,留存老用户。视频播放量的排列对于用户点击知识视频有着正向的促进作用,如采访中某一学生表示,"播放量越高的话我就越愿意看,因为我也知道网友们喜欢这个东西"。另一方面,B站持续提升平台内容审核机制,将人工筛选和机器筛选结合,定期为UP主提供内容审查要点,提升内容筛选的准确率和合规性。此外,B站于2021年推出"阿瓦隆社区自净系统",用以拦截社区中的负面信息,目前,该系统每天可以自动化处理超过72万条负面评论,用户弹幕关闭率在一年内降低了42%。特别恶劣的用户输出内容,还会被放入独立网页"小黑屋",成为社区教育的负面案例。总之,通过制度保障、梳理工作流程、兼顾内容收发的方式,B站不断提升社区氛围管理能力,打造健康积极的平台内容与平台文化。

其次,以强动能引领内容创新,凸显社会价值。B站知识区除了通过多元手段遴选已有知识内容外,还积极发挥能动性,主动联系各大主流平台、专家学者和知识区内各领域UP主,以已有资源整合生产肩负社会责任的专业化知识内容。例如,在疫情期间,B站积极响应国家"停课不停学"的号召,多次邀请医疗方面专业人士,就疫情防控、心理疏导、知识科普等知识展开多次活动专栏,还被上海市教委指定成为在线学习平台[①],开展"上海空中课堂""B站不停学"系列线上社区活动,其产出的高质量知识视频受到广大师生和相关部门的好评。在2022年诺贝尔奖颁奖期间,B站知识区策划了"2022诺贝尔奖直击"活动,邀请诺奖得主、专家、UP主等,以全程直播讲解诺贝尔奖颁奖的方式带动知识科普。面对社会热点话题与争议,B站知识区凭借着学科背景广泛的知识区UP主资源,往往冲在知识科普的第一线。这一以"热点+知识阐释"的形式的创作,既以即时性知识缓解了用户的情绪焦虑,回应了社会关切,也为平台知识内容生产提供了模板,在运营路径中彰显社会价值。

2.内容为核,促进知识商业转化

B站知识区的核心关切始终是知识视频本身。随着B站知识区的发展,视

---

① 市界.上海中小学生开启"空中课堂"教学,B站成指定网络学习平台[EB/OL].(2020-02-26)[2022-10-05].https://baijiahao.baidu.com/s?id=1659584247860515639.

频知识内容分类愈发精细。其生产涵盖了众多知识领域,仅以知识区的二级标题便可见一斑:最初,知识区仅有科学科普、社科人文、财经、校园学习、职业职场、野生技术协会6个分区;而在当前,二级标题不仅拓展为8个,更将涵盖内容进一步精细化,如"社科人文"分裂为"社科·法律·心理"与"人文历史"两个区,"财经"更名为"财经商业",并增添"设计·创意"分区。从某种程度上来说,B站知识的泛化程度已经初步达成其最初设想的"全民开放大学式"知识内容平台的目标,泛知识使得用户可以在平台中畅游,挑选感兴趣的知识内容展开自主学习。B站知识区为用户群体提升通识知识储备提供了多样化选择。

此外,多样化的平台运营措施彰显了B站对于视频质量的不懈追求。创作保障上,B站为UP主提供专属剪辑工具"必剪""哔哩哔哩云剪辑",开设创作学院、UP主培训专项讲座、创作者间交流活动等。在激励措施上,B站有着全流程扶植措施:初期的流量帮扶、新星计划,中期的创作激励、荣誉认证,到面向全站头部UP主的年度百大UP主评选,全方位为用户创作赋能,不断提升制作的专业化,并直接指向知识内容的商业转化和UP主的经济创收。

B站UP主的收入来源大致有三种:客户商业订单、平台广告分成和用户通过直播"充电"等行为打赏。加上平台提供的创作激励,B站UP主有着多元化的商业变现路径,据统计,有90%的粉丝过万的UP主可以从B站获得经济收益[①],而知识区则提供了全新的内容商业转化模式——哔哩哔哩课程,其促进了视频知识付费与用户社区的联结,提升了系统化知识的传播疆域。2019年10月,B站上线了付费观看的课堂功能,截至2022年10月,已有通识科普、语言学习、考研、职场提升、剪辑等9大课程板块,课程总量超过500门。其中"罗翔:刑法悖论十讲""王骁Albert:美国背面研究报告""唐盾:0—N4日语精讲""林超:给年轻人的跨学科通识课"等课程播放量都已超过千万,哔哩哔哩课堂也成为B站知识传播的新阵地。在此页面,B站联合各领域的专家达人,推出专业性更强、内容更加优质、体系更加完整的课堂视频。这些内容通常由在B站运

---

① 哔哩哔哩.2021环境、社会及管治报告[EB/OL].(2022-05-31)[2022-10-05]. https://ir.bilibili.com/zh-hans/esg.

营着相关账号的 UP 主制作推出,同时,与 PUGC 视频相异的是,这些课程有着付费的准入门槛,内容也更凝练于某专题知识的框架之下,而课程平台既使专业创作者得以在 B 站上创作更具系统性的知识,准入门槛也使其内容创作可以获取相应报酬,不断自我激励参与社区互动与运营。

可以说,不论是 UP 主创作保障、传播激励,还是知识变现,B 站已拥有一套完备的知识内容管理体系,而课程功能的上线,使得知识内容在 B 站上从分散引向系统,形成"创作—激励—收益—创作"的常态循环,用户展开系统化深度自主学习也将成为可能。

(四)线上学习系统:知识内容服务体系的成立与运行

以 B 站知识区为代表的自主学习视频社区的实践,创造了一种从知识生产、知识产消到知识管理的连贯式知识内容服务系统,这一系统连接起知识视频社区中每一位 UP 主和观看知识视频的学习者,成为知识视频生产、用户参与互动产消,以及平台以此为根据遴选视频,使其进行商业转化,进一步强化生产的根本逻辑遵循。

其一,知识生产使生产策略从去中心化到再中心化。在 B 站知识区中,知识视频在总体上呈现为去中心化样态,以知识面广、数量庞大、形式多样的泛知识视频满足用户扩充新知的不同需求,而在这个过程中,用户专业化知识视频生产崛起,创作者的身份不断得到凸显,并以强主体的形式拥抱专业影像技术,生产出样态各异的专业化视频内容。观众也在自主选择中汇聚,达成知识内容的再中心化。

其二,知识产消使用户互动从扩容知识到结成共同体。由再中心化被联结的用户成为具有集体属性的社群,并在观看和学习知识视频内容的同时,以个体的交互反哺视频生产,通过弹幕、评论、二次创作等方式扩充平台知识视频的信息容量,反哺 UP 主的下一次视频生产,形成知识内容的正向循环和维续。同时,知识内容产消使得用户结成知识的共同体,提升用户对于社区的归属感,增强学习过程的陪伴感,提升自主学习能力。

其三，知识管理使平台从内容遴选到商业转化。一方面，经由平台知识生产者产出的视频内容，在用户的产销互动中不断丰富，填充着平台知识罅隙，而平台则充分发挥支持作用，成为知识内容的中转站，其不仅关联和遴选现有知识碎片内容，更在社会需求时整合已有知识储备，号召多方生产新的知识内容。另一方面，平台利用多重手段提升内部的知识内容水平，以商业收入激励UP主创作，从而打造优质知识内容的商业转化阵地。

总而言之，B站知识区连接知识资源、生产者、平台、产消者和学习者，知识内容在这之间流畅运转，最终创造了以用户为中心的学习、互动、服务体系，并创就以专业知识内容消费为最终目标的视频社区新营收模式和知识内容服务体系。

三、讨论与反思

经过上文对于B站知识区的仔细爬梳发现，以B站为代表的网络视频知识社区以平台为轴心，广泛连接多重要素，B站也因此成为发展知识内容、建立在线知识社区的典型。从行业意义上看，这一连贯式的知识内容运行模式不仅为在线知识平台的建立提供了新方案，更在具体而微的方面，如转化内容生产者、提高视频知识质量、扩充平台知识容量、留存社区学习者、促进知识内容经济转化等问题上做出先行探索与回应，并在这个过程中暴露出当前网络视频知识社区的建设问题。

(一)网络视频知识社区重构了现有视频平台的内容生态

当前，以B站知识区为代表的在线视频学习社区，已然成为迥异于传统大规模线上公开课的新型自主学习平台，知识要素在这一体系中以更为积极的面貌被生产、交互、传播，并在用户产消过程中不断丰富，对生产者未来知识内容的生产规划产生影响。此外，网络视频知识社区重构了知识内容的生产流程，串联起知识生产、知识产消、知识管理，平台内大规模、宽涉猎、高精度的知识视频内容满足了平台用户/学习者的多元需求,并以精细化的遴选、激励手段推动生产者在社区内的知识商业转化,吸引用户加入知识生产者行列,重构视频平台的知识内容生态。

(二)网络视频知识社区为主流文化建构贡献了新方案

B 站知识区的平台内容建设,使得主流文化在青年视频社区中以更为生动活泼的形式存在,促进了主流资讯内容在"Z 世代"群体中的融合接受,成为主流话语传播和舆论引导的新阵地。共青团、央视新闻、《人民日报》等多家传统媒体入驻 B 站,不仅注册账号发布视频,更以"主流媒体+UP 主"的方式创新视频内容生产,助力主流资讯与青年文化融合传播。例如,2020 年年初,央视新闻联合 B 站数位 UP 主进行"战疫情"视频创作。为庆祝建团百年,《人民日报》联动百位 UP 主,推出"唱响青春"系列视频,播放量超过 1000 万人次,取得良好的传播效果。2021 年,B 站内容创作者获得《人民日报》、中国新闻网、《光明日报》等主流媒体转发报道超过 2 万次,[①]青年创作者以越来越生动的面貌走进主流视野,彰显了当代青年的不凡生命力与创造力,网络视频知识社区为主流文化建构贡献了新方案。

(三)网络视频知识社区为社会文化价值引领提供了新路径

在 B 站知识区中,视频内容除了肩负知识的生产与传递责任,更要承担平台的社会责任。商业和社会价值间的冲突被化解,知识区和纪录片等知识内容既为平台树立了品牌形象,又为平台创收寻求增量扩充了新路径,而平台举办的"知识分享官"等多样化的活动,积极引入新的知识创作者,邀请百家大学、千个学院入驻,使得平台深度知识储备快速增加。同时,B 站知识区不仅仅是视频内容贴附的虚拟空间,更是能动的创作引领者。由平台主导的知识内容创新,通过传播正向文化引导用户群体树立正向价值观,并以"热点+知识阐释"的

---

① 哔哩哔哩创作中心.《2021 B 站创作者生态报告》来了[EB/OL].(2021-12-11)[2022-10-05].https://mp.weixin.qq.com/s/mtpxsJuW7cWzNgryLA-_JQ.

形式革新了视频社区的纯用户内容创新模式,在建党百年、神州发射、河南暴雨等社会事件节点迅速推出相关知识视频,回应社会关切,以知识视频社区的形式打造更具青年一代特色的价值引领资讯平台。

(四)网络视频知识社区须进一步科学化、严肃化

在知识视频社区火热的背后,仍需要思考的是社区中知识学习的效度。平台在支撑 UP 主知识视频制作、播送、用户交互之后,并没有用以衡量学习者自主学习成效的相关评价体系,缺乏课程学习经历的辅助证明,某种程度上,学习的深入程度全权取决于用户的自主程度。构建用户可选的自主学习辅助考核机制,不失为网络视频学习社区的未来发展方向。另一个需要警惕的现象则是知识社区部分内容的过度娱乐化,用户产消模式与平台激励机制引导作者生产更多迎合观者的视频内容,再剪辑视频也有一定的版权风险,这些都是互联网企业将持续在流量变现和伦理价值维系的平衡中探索的关键。

四、结语

当前,发展"全民教育、终身教育,建设学习型社会"①是我国教育事业的重点。在此背景下,B 站知识区的建设与快速发展则是一次于网络视频平台融合商业价值与社会价值的典型。通过案例研究发现,B 站知识社区通过连贯式的知识内容服务体系,使得知识资源在平台、创作者和用户间充分涌流,并以日趋专业化的视频知识吸引平台用户参与知识产消,进一步推动知识生产,促进视频内容商业转化。对于 B 站知识区的研究,从较为宏观的层面回应了当前网络平台如何进一步扩张知识生产者数量、提高视频知识质量、留存和扩充知识视频市场等问题。但知识内容行业仍须警惕平台发展中的风险呈现。PUGC 生产模式极大地扩充了视频社区内的知识容量,但知识把关的缺失使得伪知识与影

---

① "终身学习"为学习型社会建设提供更多可能[EB/OL].(2020-10-28)[2022-10-05]. http://edu.cnr.cn/list/20201028/t20201028_525311720.shtml.

像谣言甚嚣尘上,视频二创则引申出版权与过度娱乐的伦理问题,促使着影像环境走向无序与激荡,平台内"知识"与"学习"的定义需要再商榷。因此,如何权衡企业扩充与内容保障,如何利用在线知识全方位提升学习者自主学习能力,开启终身学习,从而为学习型社会的建设提供互补增益的创新方案等将成为后续研究和实践的方向。

(本案例由姜鹏翔负责撰写)

长视频平台集约化运营下网剧的发展实践及其阐释
——以《梦华录》为例

摘要： 当前，网络剧的改良创新成为长视频平台的战略发展方向，其中古偶剧因其文化属性成为主要"出圈"对象。腾讯网剧《梦华录》的突破圈层与商业成功使其成为当前长视频平台集约化运营策略下的建设范例。研究发现，《梦华录》的商业成功来源于平台集中投入下的合理内容、用心制作、新颖剧本与全力营销。腾讯《梦华录》的案例从连接古今价值观、实行美学概念、转化传统文化、变现 IP 价值等层面为当前网络剧的建设发展提供了积极参考。

关键词： 古偶剧；IP 价值；中国传统文化；商业营销

一、引言

我国长视频平台已经发展到一定历史阶段，过去十年爱奇艺、优酷、腾讯三大长视频平台投入超过一千亿元，但资本回报率并不乐观。随着疫情影响与经济趋稳，长视频平台预期的增量会员呈指数级减少，取而代之的是亟需对于存量用户黏性的挖掘，长视频平台的运营战略从粗放运营转为集约化经营，成本可控成为平台发展的关键要素。爱、优、腾接连提出"降本增效"和"岗位标准薪酬制"等倡议，试图通过内部调整在影视寒冬中平稳落地。长视频平台从剧集的网络载体演变而来，网络综艺、网络电影等是其后的衍生品，因此网络剧是长视频平台的立身之本。近年来长视频平台对于网络剧各个层面的改良创新都在持续发力。例如，爱奇艺推出包含多部悬疑类题材短剧集内容的"迷雾剧场",以对标美剧的精品化内容和全新的剧场运营模式,从而提升用户观剧体验,代表剧集《隐秘的角落》流量、口碑双收;优酷深耕女性题材,拍摄了《小敏家》《幸福到万家》等优秀的女性题材作品。在传统意义上的长视频平台之外,互联网内容平台也为网剧的发展扩充提供场域,芒果TV借助湖南广电红色基因布局主旋律内容,《底线》《胡同》描绘新时代现实图景;B站专攻贴合平台调性的自制剧,从《风犬少年的天空》到《三悦有了新工作》都是不错的试水。长视频平台发展与网剧创新携手共进、互相成就,通过愈加垂直化、精细化、集约化的管理布局,在产业下行中探索健康有序的市场环境。对于行业来说,网剧仍然是当前内容市场可探索的重要增量。如何进一步精准受众分类、选取剧作主题、提升内容质量、适配营销方式,成为行业红海中稳定用户生态的关键方向。

其中,2022年腾讯网剧《梦华录》在品牌形象与商业价值上的突破值得关注。《梦华录》于2022年6月2日上线腾讯视频,在开播第三天登上骨朵剧集榜榜首。从定档至完结,《梦华录》的微博话题阅读量达143亿人次,讨论量731万人次。品牌合作层面,取景地"襄阳唐城影视基地"在马蜂窝站内的热度上升75%;剧中出现的传统美食、联名的宋制汉服在电商平台热销;喜茶和《梦华录》联名推出的新品上线首日售出近30万杯。在《梦华录》播出期间,《梦华录》的合作品牌共超过40家。至此,腾讯网剧《梦华录》不论是收视热度抑或营销效果,都呈现出前所未有的高回报、高收益。

《梦华录》属于古装偶像剧品类,在品牌层面上打破古偶剧圈层,使其不再局限于高黏性受众群体。2015年《蜀山战纪》开创了"先网后台"的播出模式,网剧从此正式从台播剧中独立出来。正因为是古偶剧推动了网剧的发展,因而古偶剧最体现网剧特质。古偶剧为受众提供了完全不同于现实世界的理想场域,在经济趋稳的社会环境中受人青睐,古偶剧在网剧各大品类中往往能交出最好的商业答卷。

腾讯视频作为近年来规模体量领先的长视频平台,在网剧、网综、网大等各大板块深度布局。为响应降本增效,腾讯网剧优化投资目标,鼓励中腰部项目做大至头部项目,将资本集中至S+项目,力图用集约化运营降低剧集制作环节中的各项成本,利用体量优势增加实际效益。腾讯视频对于网剧《梦华录》的集中投入体现在其细致的剧本创作、精良的内容制作、成熟的商业营销,其运营逻辑与具体实践值得深究。笔者认为,腾讯网剧《梦华录》在现实意义上的成功是当前国内网络视频领域的一个重要现象,也是网剧突破影视寒冬背景下的一次平台实践。基于此,我们希望以腾讯《梦华录》为案例,从以下三个问题层面探讨网剧的发展现状。同时通过拆析以下问题,从较为宏观的层面把握《梦华录》的突围经验与成功路径。

(1)《梦华录》如何突破圈层进入大众视野?

(2)《梦华录》在制作、内容、IP改编、商业营销层面分别有何创新之处?

(3)网剧的未来发展呈现出何种趋势?从网络视频行业发展的角度,该案例提供了哪些参考,又引发何种思考?

二、案例分析

本文结合腾讯《梦华录》的具体实践,从内容、制作、IP改编、商业营销四个维度出发,探讨网剧在集约化运营模式下受到公众关注的可能。

(一)内容层面:剧情与立意的双重把握

内容是剧集的内核,其重要性不言而喻,而内容的重要表现就在于主题立意与情节设置。剧情体现在非常细碎的情节中,立意攀附在每一处剧情当中,内容与制作一起共同营造了故事场域。编剧对于内容的把握必须慎之又慎,《梦华录》的编剧——张巍团队对此做出了一系列探索和示范。

1. 情节有趣不落俗,风格自然不悬浮

《梦华录》改编自关汉卿元曲《赵盼儿风月救风尘》,改编后的剧情讲述了茶坊老板娘赵盼儿与好姐妹宋引章、孙三娘来到都城东京,在皇城司副使顾千帆的帮助下,历经磨难险阻,将小茶坊经营成东京最大的酒楼的故事。剧作最基本的单元在于情节,情节合理是受众最基本的观看要求,《梦华录》在合理的基础上增添了情节的趣味性。在赵盼儿、顾千帆两位男、女主角的对手戏中,两人被追杀,不会武功的赵盼儿毫不犹豫地逃走,等待顾千帆与杀手搏斗结束后再返回施救。与印象中遇上此类情况女主角会留下与男主角一起"共患难"的情节不同,回应了人们对于传统剧集中不合理情节的质疑并加以改编,赵盼儿的反应也符合其爽朗侠义、聪明果断的形象定位。有趣被定义为生动、有变化,因此对于陈旧情节的改编、对于人物生动性格的表现,能够凸显出情节的有趣。赵盼儿的未婚夫欧阳旭高中探花,命仆人送来八十两黄金来买个一刀两断,赵盼儿开价要五百两黄金,这已经是一重转折,毕竟传统印象中女主角会因为高尚的品格与对感情的珍视断然拒绝。第二重转折在于赵盼儿事后伤心流泪。第一重转折已经立住了赵盼儿聪慧坚强的形象,但其后又将其女性的柔软一面展示出来,证明其是一个有血有肉的普通人,拉近了与受众的距离,也为赵、顾二人的感情戏做了铺垫。情节的不落俗套正在于两次反转以及对于"人之常情"的体现。

有趣、合理的情节配上贴合剧集风格的对白、场景、服化道,营造出"不悬浮"的剧集风格,受众才能够沉浸于剧集营造的历史氛围之中。情节合理是剧集风格"不悬浮"的一部分,《梦华录》中少有让人有"出戏"之感的情节。譬如赵盼儿与宋引章的第一场争吵戏中,层层推进,自然地交代出人物之间的矛盾关系,引章对于脱籍的渴望、对于盼儿隐秘的嫉妒,盼儿的老成世故以及对引章的照拂交代无遗。"悬浮"的反面是人和物的浑然一体,剧中情、景、人相交融。在县衙拍摄赵、顾二人感情戏时,导演杨阳安排赵盼儿在细雨斜飞间跑过撑着黄伞的群演,再与顾千帆隔着衙门前的屏风对望,屏风上的细纱为二人暧昧情愫的推进提供朦胧的氛围。场景配合人物的情感走向,达到了让观众沉浸于剧情世界的效果。在剧情"不悬浮"的情况下,剧本身的价值内核才会被观众所看到,否则注意力早就被那些内核之外的瑕疵所吸引。

2.立足女性讲故事,呼应现代价值观

《梦华录》对于女性形象的刻画深刻且生动,而从她们"贱籍"和"风尘"这两种角色中生发出对于阶级与性别两层压迫的揭露。《梦华录》既是女性题材，又是讲女性自我拯救的故事，而没有讲一个女人如何钻营博得男性喜欢，或者在男性掌权的世界里向上爬的故事。除了在剧集之初赵、顾二人面对能力之外的艰险时刻，顾千帆无奈求助其父，之后赵、宋、孙三人的女性创业均跳出男性话语体系。

但《梦华录》并不只是一个单纯的女性励志故事，正如上述情节中在二人无计可施下求助的竟是更高一级的特权，由于赵、宋、孙三人或"贱籍"或底层的身份，在创业过程中屡遭特权阶级的刁难。传统社会对更下层和弱势者的轻薄、鄙视，所表露的是工具化他者的价值评判标准。宋引章的成长之路从屡次想要依靠男性脱离"风尘"的懵懂女性，到经历两次被骗后的痛苦蜕变，最后放下对于身份的执念，燃起了对于女性独立的思考。宋在成长过程中的思维转变，夹杂的是切身的痛楚与女性主体意识的萌发。《梦华录》的女性叙事在结构化的阶层和身份图景中，建构出了一种抽离于时代主流叙事下的个体主义，描摹出一个个敢于与不公抗争、寻求独立自我意识的女性形象，在大写的人之尺度中，重新定义了接受自我、容纳他者的个体坐标建立的意义。

《梦华录》虽然改编自元杂剧，内里携带的却是现代价值观，剧中人物的价值观与思维方式是现代化的，它更像一个披着古代外壳的现代故事，这也是当下古装剧对于现实生活的一种回应。正因如此，该剧能引发观众的情感共鸣。固然，该剧的"主角光环"等"爽剧"特色较明显，但三位女主角的人物内核是有力量感的，呈现出一种较符合当下的价值观。正如杨阳导演提到的"用古装去表现现代生活"，《梦华录》通过对于主角命运的刻画，展现出的是"在自己想要放弃的时候，站起来，永远不向恶劣的命运低头"的现代价值观。

(二) 制作层面：贴合历史、符合情境的场景服化道

为了营造完全符合设定情境的历史场域，主创团队在制作方面的时间与资金投入上必须审慎，对于美学概念的实践须新颖与贴合并存，对于史实需要尽量靠近，《梦华录》导演杨阳做出了较为成熟的示范。

1.实践宋代美学,"水""画"全景交融

《梦华录》是建立在宋朝审美体系之上的创作,实践的是以"水"为概念,以"画"为场景的美学范式。其每一帧影像都比较考究,充分体现宋代精致、内敛又充满生活气息的审美格调。在拍摄准备阶段,《梦华录》制作团队通过前往南方水乡实地采风,试图还原剧集所处场域的真实图景,最终经过提炼细化,形成"水上威尼斯"的美学概念。实践到具体场景中,如临水而建的赵氏茶坊等。在赵盼儿智斗周舍的过程中,有一场赵盼儿目送顾千帆坐船离开香云楼的戏,两人隔水相望、渐行渐远,水此刻成为含蓄情愫的载体。

《梦华录》中的场景严格考究了宋代画作。对于室内场景,《梦华录》借鉴《焚香听琴图》《听阮图》《砖刻厨娘图》等描绘宋人生活方式的画作,结合现代手法进行创作,使《梦华录》的室内场景与人物服饰相得益彰。对于室外场景,两岸商铺采用的白墙灰瓦严格按照宋式建筑制景,河岸边参考《清明上河图》布置鲜活花草,配合水面行船与岸上行人,形成稳定的互动构图。建筑、街道、陈设、服饰、行商,全部融入场景之中。在日常场景的运用之外,《梦华录》将画作的呈现点缀在剧情高潮。第33集名满京城的花月宴,永安楼外烟花璀璨、河灯绚丽,斗狮、舞龙连番上演,永安楼内传世名作《捣练图》《簪花仕女图》被舞蹈化,少长咸集,雅俗共赏,呈现出一片雍熙景象,宋代美学被推至高潮。

2.揣摩人物性格,打造贴合服饰

《梦华录》将服饰重心放在四个主要人物的造型设计上,从宋画里找出人物图形,研究其中的样式、配色、发髻类型等。色彩方面,则主要提取宋瓷的颜色,把粉青、白釉、天青等转换成服装的清雅之美。在剧集当中,女主角们发型上的插花、耳饰,按照不同的场次和剧情,与角色的心理和情感状态一一配合。其中,赵盼儿的服装分了三个时期,钱塘赵氏茶坊时期面料以棉麻为主,市井感强烈;半遮面时期款式多为上下裙,面料中加入部分纱的质感,颜色较前一阶段更丰富;后期盼儿成为独当一面的酒楼老板后,有了抹胸加褙子的设计,面料以绡纱、厚缎为主,颜色饱和度提高,点缀更多细节。至于琵琶高手宋引章,为贴近表演状态,整体服装比赵盼儿的更层次丰富、轻盈华丽。村野厨娘出身的孙三娘,是三位女主中最朴素的一个,特色为围裙配合利落干净的头巾。她还经常会有包髻、宋裤、襻膊等个性服装,主要就是为防尘防沙,方便劳作。在皇城司任职的顾千帆服装主色调为暗色或低饱和度色,衣服采用编织绣、锁针绣等让绣品更加立体的绣法。在整体的服饰风格上,"水"的美学概念体现其中,造型团队将现代时尚的审美设计思路注入《梦华录》的服化道中,整体造型似水,追求飘逸和流动感。

3.考据历史史实,还原历史场景

以真实的历史时代为背景,突破古装偶像剧架空历史与解构古典主义的局限,是时下古偶剧的创作方向。因此《梦华录》团队试图呈现一个立体的宋朝,并着眼于细节还原时代,通过向学者学习相关的专业知识和查阅史料,尽可能还原史实。《梦华录》所展现的历史背景正值北宋第三位皇帝宋真宗赵恒在位末期,皇后刘娥代替病弱的皇帝处理国事,许多官员都上书反对皇后刘娥专政。朝堂之中风云诡谲,后宫宦官纠缠其中。围绕皇后摄政形成了两大派别,一是以王钦若、丁谓、雷允恭为代表的"后党",另一派则是以寇准、周怀政为代表的"太子党"。这段史实贯穿在《梦华录》中,虽然剧中大多数人物为虚构,但依然还原了宋真宗年间朝堂党派之争。循史可见,苏州知州萧钦言的原型人物应当是宰相王钦若与丁谓的结合,被贬的宰相寇准即柯政原型,而皇城司司公雷敬是以宦官雷允恭为原型改编而成,《梦华录》努力在重构全面立体的宋朝历史文化中做到"大事不虚,小事不拘"。

剧中,较为典型的历史场景有顾千帆供职的机构皇城司和赵盼儿等人击鼓鸣冤的登闻鼓院。皇城司是宋朝独有的机构,主管多为宦官。如果不考究历史,就很容易与锦衣卫混为一谈。登闻鼓院由宋太祖设立,它设置的目的是让普通百姓"下情得以上通",所以剧里女主直接与天子对话不足为奇。对于鲜为人知的官署机构的挖掘,体现了编剧团队对于历史的深度探索与创作上的严谨细致。

(三)IP 改编:对中国优秀传统文化的创造性转化

《梦华录》在剧本创作方面进行了有效的尝试。《梦华录》不属于网络文学IP,它脱胎于关汉卿元杂剧《赵盼儿风月救风尘》(以下简称《救风尘》)。2002年电视剧《爱情宝典》首次将这一故事改编。《梦华录》对《救风尘》的改编属于对中国优秀传统文化的创造性转化,剧集的热播也让元杂剧重新回到当下影视剧创作的视域。

1.聚焦市井生活,丰富古偶内涵

《救风尘》的市井叙事是该剧较为动人之处,其为《梦华录》所沿用。《梦华录》的人物背景来源于《救风尘》,保留了赵盼儿、宋引章、周舍等人物角色。虽然部分调整了他们的具体身份,但生活场景仍然在市井。电视剧前六集中《救风尘》的故事就已结束,但赵、宋二人的贱籍经历、市井体验成为《梦华录》故事的总体基点,为整部剧作定下了市井风情、底层叙事的创作基调。六集之后,《梦华录》编剧根据基本背景进行衍生创作,赵、宋二人离开钱塘,上京创业,一步步将茶坊酒楼做大做强。《救风尘》的底层主角与市井叙事启示当今剧集创作需要打开民间视野、聚焦底层人民,满足当下关怀普罗大众、贴近人民生活的价值需求。

在题材层面上,首先,《救风尘》为《梦华录》构筑市井场域,将"戏台"搭建在了市井民间,主角们才得以在这出戏中抒情写意。因此在题材层面上,《梦华录》通过转向达到了突破常规的目的。随着网剧市场的扩大,多元化发展背后往往是同质化题材的一家独大,受众已经感到厌倦与乏味。就古偶剧而言,题材多局限于宫斗、宅斗、仙侠、武侠,市井题材是一个"蓝海"领域。因此,《梦华录》对于《救风尘》的改编,为古偶剧已有的题材类型扩充了古代商业、闺中生活、传统家庭等内容,而《梦华录》中有关女性创业和"北漂"的内容引起了受众的共鸣,也表明现今人们对于扩展网剧类型、聚焦普罗大众的期待。

其次,《救风尘》被《梦华录》选为改编对象,令元杂剧这一中国传统文学体裁进入今人视野。《救风尘》之外的不少元杂剧作品有着突出的平民意识和市井叙事。同时,元杂剧讴歌自由恋爱,赞美人与人之间的友善与仁义,强调人与人之间的平等。这些与当下的现代精神相通。以《救风尘》为代表的元杂剧不但能为网络剧提供题材、情节、人物等故事外壳,也为后者的现代性表达输送着来自古老时代的朴素价值观。

2.保留原著精华,专注女性群像

以《救风尘》为代表的元杂剧通常包裹着女性觉醒的现代意识,而这正与现代性精神的进路历经发展已转向更为深层的男女性别结构暗合。现今"大女主剧""双女主剧"或女性群像剧的兴起和繁盛,正是因为女性自我意识的萌发,引发对于自我价值的探寻,使女性主义、性别议题成为重要的社会话题,加之庞大的女性受众群与其文化消费及情感投射的实际需求,《梦华录》应运而生。

对于《救风尘》的改编,《梦华录》保留了女性为男性所骗后互助自救的故事主线,又在赵盼儿救助姐妹宋引章的基础上增加了孙三娘被抛弃的戏份,最终呈现出三位姐妹共赴东京汴梁创业的剧情。从《救风尘》中,《梦华录》继承了女性自救、女性互助的故事内核,也发展出了女性创业、女性成功的价值导向。《梦华录》的改编在爱情叙事的基础上,突出了女性独立自主的自我意识。赵、宋二人与脱籍相关的平等诉求,正是源自对于普通女性正常生活的渴望。而自二人之外,又增加了被传统家庭抛弃的孙三娘,重男轻女观念的受害者葛招娣,身处风尘却清醒自强的张好好,甚至还有同样因为出身低微深处困境的皇后刘娥。这些女性共同构成了一个多层次的立体群像,在男性主导的古代社会中通过自身行动阐释超然的女性主义思考。因此,受众在观看《梦华录》的过程中,能够看到创作者试图打破"中国古代社会多是封建糟粕"的刻板印象,而认同其中对于中国优秀传统文化的价值转化。

(四)商业营销:IP 价值加成集约化运营

腾讯视频的集约化运营策略集中体现在对于《梦华录》的营销手段当中,在腾讯视频本身的平台营销之外,《梦华录》的商业营销达成与合作品牌的共赢。合作品牌在营销合作中看重 IP 价值,由《救风尘》改编而成的《梦华录》蜕变而成一个具体的网剧IP。由于与中国传统文化相衔接,古偶剧在网剧品类中占据营销优势:一是传承历史,紧跟主流价值观;二是有利于衍生出文创产品;三是由于古偶剧往往有自己独特的历史场域,能够打造出稳定的、独立的IP,在品牌合作当中具有优势。

1.文化趋同:科普小剧场带来的营销升级

腾讯视频在剧集营销中充分继承《梦华录》前期在内容制作、IP改编层面对于中国传统文化的彰显,以及最终营造出贴合历史的剧作场域,在营销手段上利用文化趋同将历史文化与现实事物相连接,并通过合理的延伸将合作方广告自然地呈现出来。

以当下网剧常见的"小剧场"形式为例,在传统的口播、中插剧场、道具植入外,《梦华录》片尾的小剧场有着明显的形式升级。除了满足观众对剧情所在时代背景的好奇外,给品牌用户提供了更有文化属性的营销想象空间。《梦华录》结尾的"你好,宋潮"小剧场,从内容上来看有了更加整体的主题包装概念,在设置上进一步升级。作为一个知识拓展的板块,将讨论范围扩大到整个宋代有趣的文化风情和生活方式上。科普的内容包括宋朝的簪花文化、类似于"盲盒"的关扑买卖,以及"宋朝996式"的夜生活等,这些内容的共通之处在于都是宋朝与当下生活实际的交接点。与仅仅停留在剧情评述的剧场相比,这样的内容更能激发受众继续观看的欲望,也更加便于于无形间宣传合作品牌。在其中一集,借助对于宋朝下午茶的科普顺势推荐泡茶山泉水,对合作伙伴农夫山泉进行植入。在视频营销越来越强调内容价值的当下,这样的科普剧场延伸了剧集中的植入场景,增加了与内容的强关联性,进一步弱化了广告性质,更能增加观众获得感,进而起到更好的认知影响效果。

2.消费联动:IP赋能品牌合作

《梦华录》在品牌合作中具有体现传统文化、线下落地迅速、全方位联名的特点,对于IP价值进行了充分利用。首先,《梦华录》与喜茶达成合作,这是新消费赛道的头部玩家喜茶首次选择与影视IP联名,品牌合作的核心在于《梦华录》提供了"茶"这一天然的契合点。以剧中将"茶百戏""斗茶""点茶"等传统茶道呈现在荧幕前为例,奈雪的茶、喜茶与《梦华录》展开联动活动,推出联名茶饮。《梦华录》对于茶和果子的 IP 消费场景与消费文化,与当下人们对奶茶和甜点的消费相契合,正是与中国传统文化相连接的优势体现。

其次,《梦华录》官方举办了"风雅梦华游"主题线下展,打造沉浸式的北宋文化夜游;与汉服商家十三余联名推出宋制汉服,吸引了许多传统服饰文化爱好者参与其中。这些快速的线下落地动作,在合作方层面是新消费品牌自身应对灵活、注重门店场景营销的优势体现,在平台方层面是剧集"出圈"与 IP 价值的双重作用。

最后,在社交平台上多位消费者展示了购买的喜茶联名特调饮品以及网剧相关贴纸、徽章和口罩等文创产品,对于剧集热度进行反哺,同时证明与传统文化相衔接的 IP 具有衍生文创产品的价值。主题店和快闪活动,进一步引领观众沉浸式体验古代市井的趣致。这意味着从定制产品、创意周边到主题门店全方位的联名,升级了消费者的情感体验。

3.沉浸营销:点映礼服务新探索

2021 年 10 月,腾讯视频、优酷、爱奇艺三大长视频平台均宣布取消超前点播。此前,上海消保委、中国消费者协会等机构都曾发文批评过平台的超前点播强制性要求消费者逐集点播的现象,并呼吁要尊重消费者的选择权。在此市场背景之下,腾讯平台试图通过打破市场僵局收获蓝海红利。平台层面所需着力应对的是如何使《梦华录》大结局点映礼与所谓超前点播相区分。作为沉浸式营销手段,大结局点映礼服务是平台给出的一种解决方式。

从形式上看,《梦华录》大结局点映礼是一种全新的尝试。在这次的活动中,平台为不同类型的用户提供了"顾盼生辉""倾盖如故""举案齐眉"三种礼包。所有礼包都包含两张观看券,分别对应大结局点映礼的两部分内容。其一是主演嘉宾重聚,其二是主演团陪看《梦华录》大结局。腾讯平台通过平衡会员与非会员之间的服务内容,尝试淡化大结局点映礼的超前点播意味。同时,通过主角现实重聚重构剧中场域,为观众提供沉浸式观看体验。形式的创新是为了迎合受众需求,商业上的成功也印证了以充分尊重用户多元消费需求为出发点的具体实践能够为网剧的商业营销活动进行有益探索。

三、讨论与反思

经过上文对于腾讯网剧《梦华录》的仔细爬梳发现,以腾讯视频为代表的长视频平台运用集约化运营手段进行网剧改良创新,从而获得广义上的突破圈层并收获品牌合作与商业价值。从行业意义上看,《梦华录》的"出圈"是长视频平台启用集约化运营策略的有力注脚,更在具体微观层面,对如营造剧情场域、连接古今价值观、实践美学基础、转化传统文化、应用IP价值等问题做出解释与回应,在此过程中也呈现出当前网络剧建设与发展的相应议题。

(一)为古偶剧连接现代价值做出了良好示范

当前,为与受众产生情绪共鸣,古偶剧大多会着意与现实相连接。除了呼应现代价值观中女性自强、女性互助的一面,《梦华录》也为古偶剧连接现代情绪价值做出了良好示范。其中剧中较为强烈的市井叙事与生活气息,其实质都是使当代观众确立与古装剧的连接切口,实现观众对角色的移情。同时,由于自身就享有丰富充裕的现实生活,受众对于故事的"传奇性"已然脱敏,比之通过夸张、巧合、超现实的想象构造曲折离奇的故事桥段,当下受众开始更在意影视作品中所传递的现代情绪价值。以女性题材为例,当前很多都市女性正处于事业、生活、爱情以及种种社会关系的交汇点,而古偶剧的爱情模式已相对固定、不易创新,很难单纯凭借人物和情感关系的设定吸引受众,因此需要为女性消费者提供与现实相交的情绪价值。

(二)为女性题材的网剧实践贡献了新方案

《梦华录》作为女性题材的网剧,其内核是女性主义。它在商业层面的成功为女性题材的网剧实践贡献了新方案。除了贯穿剧情始终的女性自强口号,其对于女性主义的颂扬体现在对于女性友谊的刻画,第十集中花魁张好好因为私人恩怨找到宋引章,见面后两人却因为彼此欣赏,坐在亭中一起弹唱,将女性从男性主导社会的竞争者身份中剥离出来。这也表明女性题材作品想要在主题红海中脱颖而出,首先要具备过硬的剧作质量,努力且实事求是地将新颖立意落地于每一处情节,其次是尽量较大幅度地涵盖和折射与女性相关的社会现象、社会问题,使广大的女性消费者产生共情。

(三)为影视营销联动品牌提供了新路径

在影视营销中,合作品牌往往通过借势影视 IP 的方式,将 IP 价值直接与品牌本身产生连接。但如何使影视剧中的文化与现实的品牌、品类、产品产生连接,促进二者产生强关联,就亟需考虑消费者对影视 IP 的喜好,将剧迷对 IP 的沉迷嫁接到线下品牌的产品与门店当中。对于《梦华录》而言,在剧集"出圈"、IP 增值的基础上,剧方借助中国优秀传统文化打造了独特、稳定的情景场域,受众为了留住更多的沉浸感与参与感而自愿成为消费者。另外,IP 的核心模式是通过文化的加持,使消费者为品牌产生的溢价买单,IP 的估值涉及粉丝量、品牌认知渗透率和形象。因此 IP 价值是网剧进行品牌合作的核心筹码,集约化运营策略下集中提升 IP 价值是腾讯《梦华录》为影视营销联动品牌提供的新路径。

(四)网剧创作须更加注重主题立意的提升与剧集营销的适配

在腾讯《梦华录》突破受众圈层的表象之下,网剧整体的发展现状仍然呈现出诸多问题。就剧作本身而言,由于在 IP 改编过程中存在与原作内涵不对等的过于保守之处,《梦华录》在审美层面的高水准也因主题层面出现的瑕疵而略显悬浮,未能更好地呈现出对于元杂剧《救风尘》这一中国优秀传统文学的重新理解。这也提醒我们在对中华优秀传统文化进行创造性转化与创新性发展时,既要重视表层符号形式的技术化呈现,也要对其精神内核有深刻理解。就剧集营销手段而言,剧方在百度百科上将《梦华录》定义为"女性古装励志剧",同时在微博、营销号中着重宣传其女性励志、女性自救的立意,反而受到了观众与网友的质疑。在剧集营销中过度抬高剧作立意,往往难以满足受众的高期待。《梦华录》剧作本身具有一定进步性,但剧集突破固有圈层后其缺点会被无限放大。播放后期"以色事人才是贱""双洁"等激起的争议表明,当下影视剧市场不但对女性主义话题有着强烈的需求,对其表现力度、前卫性也有着更高层次的要求。

四、结语

当前,长视频平台在影视寒冬下带动网剧改良创新是我国网络视频领域中网剧发展的重点。在此背景下,腾讯网剧《梦华录》的突破圈层与商业成功是一次长视频平台在集约化运营策略下进行 IP 增值的典型案例。通过案例研究发现,腾讯视频通过对于 S+项目的集中投入,使得剧集各制作环节得到合理的资源配置,后期营销得到充分的平台支持。对于腾讯《梦华录》的研究,一方面,在其古装偶像剧的品类基础之上,从较为宏观的层面回应了当前网络剧如何进一步塑造情境场域、转化古代文学文本、赋能 IP 价值等命题。但另一方面,长视频平台与影视从业者仍需避免网剧现状中的发展问题,审美盛宴也无法消弭内涵立意的白璧微瑕。因此,如何更加深入地挖掘女性题材的内涵立意,如何将现代价值观更好地融入古偶剧之中,如何在更具创造性地转化中国优秀传统文化的同时保有古代文学的精神内核与朴素思想,如何使影视 IP 与合作品牌产生强关联,从而使得 IP 价值与品牌形象实现互补增益等,将成为网络剧后续研究与实践的方向。

(本案例由李卓负责撰写)

短视频平台自制综艺的内容创制与传播运营
——以抖音自制综艺为例

摘要: 近年来,短视频平台已经逐步摆脱单一短视频的内容形式,开始涉足综艺节目领域,借助媒介融合的理念寻求网络综艺的创新与突破,对综艺节目进行模式上的重构。其中,抖音平台自制综艺在数量和质量上在近两年领跑短视频平台,在内容创制、传播机制、营销模式上具有显著的创新之处。对抖音平台自制综艺在不同层面进行深入的研究与剖析,能够对综艺节目的未来发展提供启迪。

关键词: 短视频;抖音;综艺节目;传播运营

一、引言

  短视频平台自深度嵌入公众的生活以来,在一定程度上争夺了人们对传统网络视听平台的注意力,而随着媒介融合的发展,长视频与短视频之间的关系逐渐从"竞争"走向"合作"。综艺节目作为视听内容领域中的一种主流类型,是各大网络视听平台近年来一直积极布局的领域,同样值得注意的是,短视频平台开始突破"短"的束缚,逐渐涉足综艺领域,借助媒介融合的理念寻求网络综艺的创新与突破,对综艺节目进行模式上的重构。

  一方面,短视频平台与长视频网站关系破冰,双方积极谋求合作,共同输出内容创作。2022年7月19日,爱奇艺成为"爱优腾"中首个与短视频平台达成合作的长视频平台。抖音明确表示,将围绕爱奇艺平台的长视频内容进行二创和推广。另一方面，颇具社交属性和聚集大量用户流量的短视频平台也纷纷开启了自制综艺的新尝试，短视频平台对于自制综艺开始进行大量的布局，成为其内容策略中的一个重要组成部分。

事实上，抖音对综艺赛道的布局可追溯到更早时期。2018年，字节跳动旗下的西瓜视频宣布投资40亿元进军综艺领域，打造"西瓜视频移动综艺IP"，而随着西瓜视频的定位转向PUGC和中视频，拥有更专业化的短视频逻辑和内容的抖音，成为字节跳动进军综艺的主战场。据不完全统计，从2019年起，抖音先后推出了将近20档综艺，包含选秀、音综、体育等国民题材，以及根据明星和头部达人定制的垂类综艺。2021年，抖音综艺在模式上进行新探索，出品的《点赞！达人秀》《为歌而赞》《因为是朋友呀》《非常静距离》和《很高兴认识你2》等综艺节目，累计播放量不俗。2022年，抖音在综艺全赛道发力，推出《全力以赴的行动派》《为歌而赞2》《百川综艺季》《嗨！辣妈》《赤热城市》等综艺，在形式上做到长、中、短结合，在布局上通过流量优势改造旧模式内容、吸引新角色，在内容营销上靠近新品牌。

本文之所以聚焦抖音平台自制综艺，是因为抖音平台自制综艺无论是数量还是质量，在一定程度上都领先于同类型的短视频平台，具有较强的典型性，更重要的是抖音平台自制综艺在内容创制、传播机制、营销模式上具备创新性，对其在不同层面进行深入的研究与剖析，能够对综艺节目的未来发展提供启迪。本文结合抖音平台自制综艺的具体实践，以客观、多元、辩证的视角探讨短视频平台自制综艺的发展现状和未来趋势。

二、案例分析

本文选取抖音平台部分自制综艺节目，采用个案分析法、文献研究法，通过在互联网和学术平台查阅抖音平台自制综艺的相关内容，并对其具有代表性的现象级自制综艺的制作、运营、推广、发布等不同层面进行案例分析，挖掘抖音平台自制综艺在内容题材、节目模式、传播机制、营销模式等层面的新特点，以期为网络综艺的创作方式与创新发展提供新的方向。

（一）内容创制：多题材、情感化、社交向扩展

短视频平台自制综艺可归类为网络综艺，从内容层面上来讲网感相对更强，由于平台属性加持，社交性也相对更强，拥有自己独特的创制空间。短视频平台自制综艺依托于自身平台特点，在节目题材、节目模式、节目制作三个层面，创新了短视频平台自制综艺的内容逻辑。

1.节目题材：经典与新生并行

可以看到，在抖音自制综艺节目的题材中，经典的综艺节目题材类型仍占据了较大的比例，成为经典综艺题材开发的生力军。在抖音目前制播的综艺节目中，音乐、旅行、喜剧等经典题材成为开发的重点对象。抖音自自制综艺以来，先后播出了以《因为是朋友呀》《很高兴认识你》为代表的旅行题材综艺和以《为歌而赞》为代表的音乐类综艺。其中一些已发展出N代节目，成为其平台核心自制节目。2022年，抖音还将音乐与旅行相结合，推出了音乐旅行双题材综艺《赤热城市》。此外，抖音将经典的才艺题材模式进行翻新，推出了《点赞！达人秀》，通过新型台网合作模式把"民间达人"从抖音小屏带到电视大屏。

文化类题材成为当下综艺节目主流化发展过程中的一种较为普遍的选择。抖音作为短视频平台在入局综艺自制的过程中，同样选择了文化这一题材类别，在2022年推出了《百川文明诀》（《百川综艺季》子节目之一），将中华语词文化与科幻题材相结合，通过类似于"剧本杀"的形式将戏剧化的故事与中国观众较为熟悉的猜词玩法相结合，将中国文化用更年轻态的方式表达出来。

除经典综艺题材的开发外，抖音还推出了一些新生型题材综艺，如以展现艺人台前幕后的工作与生活状态，加强与观众之间的沟通与情感连接为节目理念的《给你，我的新名片——特别"宪"场》，目前业界和学界对此类题材还没有明确的定义，因此本文暂将其归类为"艺人题材"。此外，《百川可逗镇》（《百川综艺季》子节目之一）在题材上也有一定的创新，涉及为当代年轻人"解压"这一概念，拓展了真人秀节目的题材边界，如表1所示。

表1 2022年抖音自制综艺

节目名称	节目题材	节目模式	首播时间	是否为综N代
《全力以赴的行动派》	旅行	城市探玩真人秀	2022年7月23日	否
《为歌而赞2》	音乐	跨屏互动音乐综艺	2022年4月9日	是
《嗨！辣妈》	唱跳	辣妈唱跳竞演真人秀	2022年1月25日	否
《赤热城市》	音乐、旅行	音乐旅行真人秀	2022年7月19日	否
《百川综艺季》（共6个子节目,已播出4个）	文化、喜剧、老年、音乐	多细分垂类综艺	2022年8月12日	否
《给你,我的新名片——特别"宪"场》	艺人	艺人纪实系列节目	2022年1月15日	是

2.节目模式:娱乐价值与社会价值多维开发

当下,我国正处于社会转型的关键时期,社会充满了焦虑、不安的情绪,因此我国较多综艺节目制作团队开始将视角对准社会底层、对准社会情绪,深入跟踪和观察真实的社会生活,纾解社会情绪的同时引发观众共鸣的最大化。在节目模式上,抖音一方面根据年轻人的喜好开发社交性、娱乐性较强的综艺节目样态,另一方面也将目光对准素人,制作了一系列"星素结合"的综艺节目,努力提升节目的社会价值。

(1)年轻化语态与沉浸式体验深植综艺模式创制

娱乐化和互动性是抖音的平台特征所在,根据巨量算数发布的《2022年抖音用户群体画像报告》,19—35岁的用户占比近50%,而51岁以上的中老年用户仅占20%,因此抖音在综艺节目模式上更加符合年轻人的品味和社交逻辑,如图1所示。不论是户外竞技真人秀还是棚内录制的多题材综艺,均采用年轻化的语态,增加节目的沉浸式体验。

抖音2022年推出的城市探玩类真人秀——《全力以赴的行动派》,在五位"城市动力玩家"的带领下,去往深圳、重庆、中卫等六座城市展开探玩,在节目录制时与抖音热点进行契合。比如,第一期里以热剧《开端》为模板来进行环节设计,就是出于内容与热点相结合的考量,而在游戏环节的设置上,相对更为简单直接,以带给观众更强烈的感官刺激。比如,节目在嘉宾的带领下,引领观众

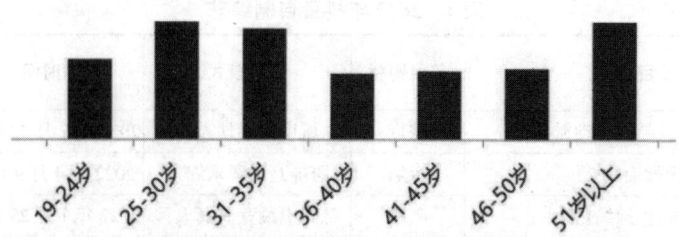

图1　巨量算数发布的报告中抖音用户群体年龄分布

体验了深圳的电浪板和跳伞等冒险项目,并在中卫沙漠腹地开着越野车奔驰,紧扣"城市探玩"这一主题。

传统的益智文化类节目在形态上往往呈现出较为严肃的整体面向。曾制作《中国成语大会》的总导演关正文,突破传统的猜词类综艺节目形式,亲自制作了抖音文化猜词综艺——《百川文明诀》。节目将猜词游戏置于科幻荒诞、充满喜剧元素的背景之下,将中华语词文化与科幻题材相结合,题材上有所创新,模式设计上也加强了沉浸感和吸引力,通过类似"剧本杀"的沉浸式体验,将戏剧化的故事与猜词玩法相结合,无论最终播出效果如何,至少在节目形态上体现出一定的创新性。

(2)"星素结合"备受偏爱,社会价值深度挖掘

以明星为主角是一个时期以来综艺节目制作的主要方式,而"星素结合"也是近年来综艺节目进行模式创新的一种重要方式。将超过一半的镜头对准素人,展现真实的社会风貌,拉近了与普通观众之间的心理距离,是"星素结合"的逻辑出发点。

抖音也相继推出了以"明星与素人搭建情感交流体系"为内核的一系列综艺节目,《很高兴认识你》便是其中之一。节目是由抖音推出的户外纪实真人秀,由周迅、阿雅两位姐姐每集邀请一位明星飞行嘉宾,探访全国各地有趣的素人,通过旅行的方式,传达"故事和旅行治愈现代人焦虑"的主题,呼吁众人"从心发现生活"。节目第一季去往了云南大浪坝、珠海市淇澳岛、甘肃阿克赛等地,每期拜访一位素人,和他们同吃同住,期望以轻松舒适的方式呈现给观众更

加多元的生活样貌和人生态度。节目第二季去往了都市,对准积极面对生活挑战的年轻人,从社交、居住、代际、亲密关系、解压、职业、生命7个生活切面,近距离观察年轻人的城市生活状态及多元价值观。

《百川综艺季》的子节目《百川老朋友》也采用了"星素结合"的节目模式。值得注意的是,《百川老朋友》中的素人并非是在类似节目中司空见惯的青年人,而是中老年人。在节目形式上,节目组邀请了五位素不相识的中老年人来到老朋友驿站,进行三天两夜的集体生活,让中老年人体验全新交友方式;而观察室的明星通过观察他们的日常生活,从自身的情感体验出发讲述观看体验与感受。从节目最终呈现来看,《百川老朋友》的中老年素人展现出了一种不同于青年人的"年轻态"和活力,在一定程度上带给观众对于亲子关系和人性的反思,同时赋予了观察类真人秀更高的社会价值。

《百川可逗镇》同样选择了将原本应该在屏幕前看节目的"素人"与明星有机融合在节目场景中。节目将目光聚焦在人的情绪压力上,让常驻嘉宾与素人共建"可逗小镇",联手为正处于某种焦虑或忧郁情绪的访客制订"解压方案"。从传播效果上来看,《百川可逗镇》除了能给观众带来快乐,还能够穿过屏幕与观众产生情感上的连接,给观众带来情绪价值,在传递快乐的同时引导年轻人学会释放情绪,进而去平衡生活、工作与社交。

3.节目制作:账号运营与算法加持,注入分众思维

综艺节目制作方式与短视频平台基因的融合是短视频平台自制综艺节目区别于传统平台综艺节目制作的关键所在。抖音联合燃映画、灿星制作、实力文化等综艺节目制作团队,为节目制作注入平台算法技术,重视抖音账号的运营与全媒体形态宣发,转换制作思路,以短视频平台的逻辑探索自制综艺发展之路。

(1)短视频基因注入推动台网"新"联动

在媒体融合时代,电视媒体和新媒体并不是针尖对麦芒、相互取代的关系,电视媒体可以与网络媒体进行融合发展,形成协同发展效应。然而,过去的"台网联动"大多是同一内容在台网不同渠道之间的互通,以及花絮、片段的多渠道

分发;而在台网联动不断深入推进的背景下,短视频平台也开始积极进军综艺领域,且凭借其社交性、裂变性、算法推荐等平台特点,为台网联动赋予了新的内涵和模式。

《点赞!达人秀》是抖音、江苏卫视和灿星制作共同出品的节目,是抖音自制综艺台网深度联合的代表性案例。电视大屏端与短视频小屏端的深度联动,是基于现实的考量,也是一次综艺节目制作方式上的新探索。

一方面,抖音平台作为"素材源头"的潜在价值被充分挖掘,抖音平台能向大屏节目提供大量短视频层面的新才艺和新达人。此外,整个节目的呈现过程也融入了短视频手段。比如,达人初亮相的形式从传统的舞台登场改为了"短视频"登场,导师对达人的评价被短视频化的"点赞"所取代,舞台设置成了"竖屏+横屏"的多屏舞台,模拟了短视频的观看体验。

另一方面,大屏也为节目的顺利播出提供了经验和播出平台的支持。电视端为达人们提供更为广阔的展示平台,让达人们打破短视频圈层,走进更多电视观众的视野。大屏以更规律性、仪式化的排播和更大屏的观看体验,与小屏端进行优势互补。

(2)从做节目到做账号,在账号中实现全流程运营

短视频自制综艺在制作层面与视频网站制作综艺节目最显著的区别之一,就在于短视频平台综艺节目制作和传播的逻辑起点在于"做账号",把综艺节目长片放到节目短视频官方账号中,让观众在刷短视频的过程中就能够点进节目进行观看,实现以短带长。通常意义上的综艺节目的制作和传播周期主要集中在上线和收官期间,但短视频平台的节目账号是可持续经营的 IP,具有持续运营和可开发的空间,能够和用户进行深度且长效的互动,从而在用户留存后进一步挖掘内容和商业价值。抖音自制综艺的核心逻辑一定程度上便建立在此,制作团队在打造一档节目的同时,要从抖音 PGC 创作者的视角去打造一个有价值的短视频账号。

《全力以赴的行动派》抖音官方账号迄今已发布了 1000+ 短视频,观众只须短视频页面右划就可以观看完整的综艺节目,此外该官方账号进行了多场艺人

共创直播和电商直播。可以看出,抖音综艺制作团队把账号的运营放在了较为核心的位置,不仅有利于节目自身的传播,更有助于后续节目营销价值的转化。

《因为是朋友呀》的官方抖音账号便着力进行着多维度的持续化运营,节目的宣传、播出、营销都在节目账号中进行。除了保证节目本身的传播外,用节目花絮、笑点等短视频进行全站引流,持续沉淀用户,吸引用户观看正片,以便后续在电商直播时释放账号的商业价值。

(3)算法技术加持,实时数据反馈优化节目内容

随着观众对于节目内容要求的提升,以及综艺节目赛道本身日渐拥挤,综艺内容越发难以突出重围,而爆款内容出现的难度更是越来越大。在这种背景下,抖音试图推出一种全新的综艺生产方式,即基于算法基础与内容制作方合作生产低成本样片,并通过"控量投放"的方式将样片投入抖音流量池中,通过少量用户在任意时间和任意地点随机看到样片的反馈数据,去验证节目的可行性和成为爆款的可能。这套机制的推出,将为综艺节目的研发创造更多的数据支撑,同时让抖音平台借助精准的大数据,使内容制作者的想法第一时间触达用户并及时收获用户反馈,让节目有效地完成内容调整。

2022年,抖音推出的年度战略级综艺项目《百川综艺季》共计6个子节目,截至撰写本文时已经播出4个,分别是《百川文明诀》《百川老朋友》《百川可逗镇》《百川乐时空》,而《百川狂想曲》《百川高校声》尚未播出。"一季节目,多种模式"是抖音平台综艺节目在制作思路和形式上的一次新探索。《百川综艺季》有别于传统综艺比较固化的生产模式,对其子节目的质量提供了基于算法的评估体系。以"控量投放"的方式将节目直接带到抖音用户眼前,以观看、点赞、收藏、评论、转发等行为收获真实的用户反馈。打破综艺节目在制作上由一个人或一组人拍板决定的固定模式,将节目制作置于真实的用户消费场景中,以此希望能够提高制造爆款的概率。

(二)传播模式:充分利用短视频互动基因,探索台网联动更大可能

短视频平台自制综艺的推广与传播是综艺节目运营的重要组成部分,综艺

节目只有通过传播运营,才能进一步提高节目在综艺市场的传播度和占有率,并最终实现商业利益的转化。抖音在自制综艺的传播上,致力于提高用户对"抖音自制综艺"这一新兴概念的认知度,基于平台基因,带来了一系列综艺节目传播模式上的新样态。

1. 以艺人为运营切入点,反哺节目内容

短视频平台在综艺节目的传播上,与传统电视平台和视频网站有着诸多的区隔。抖音作为新的综艺节目制播平台,深度植入了短视频的逻辑基因,传播的周期和链条更长。在综艺节目正片上线之前,综艺节目官方抖音账号就已加V认证并开始释放节目录制期间的花絮短视频。前期释放的短视频内容主要围绕艺人展开,展现艺人较为吸引人的一面,建立艺人与观众之间的情感关系,将用户对艺人的喜爱转化为综艺节目的宣发流量。此外,综艺节目官方抖音账号还通过铺设艺人玩抖音热梗的短视频内容,加强用户与账号之间的互动。同时,会进行艺人共创合体直播。

例如,《全力以赴的行动派》抖音官方账号在2022年6月15日就发布了第一条节目内容相关短视频,每一位艺人都有出镜,并说出了自己对节目录制的期待,评论区多是"期待秦霄贤的精彩表现""期待黄明昊,快点定档!"等类似话语,实现了从艺人曝光到节目流量的转化,宣告节目正式开始在抖音平台宣发预热。节目官方账号在2022年6月17日发布了一条话题为#黄明昊哈尼梁靖康模仿漏漏漏之歌#的短视频,大玩抖音热梗——刘涛划船漏漏漏之歌,不仅展现了艺人具有综艺感的一面,还赢得了一波流量。

《点赞!达人秀》的"达人"知名度相对较小,节目抖音官方账号则通过释放艺人导师观看达人才艺表演时的反应、点评的短视频,初步吸引了观众的眼球,艺人导师的粉丝自然会成为节目的第一批观众。例如,节目官方抖音账号释放了大量有关谢霆锋、邓紫棋、伊能静等艺人的点评短视频,赋予了节目传播热度。

2. 全时长视频优势互补,直播互动加强传播力

顾名思义,短视频平台的绝大部分内容就是"短视频"本身,但随着媒介融

合的进一步发展,短视频平台包含了短、中、长视频和直播等多种新媒体样态,既弥补了单一短视频样态的不足,又为以综艺为主的长视频在短视频平台的传播提供了更多的可能性。抖音平台集合了短、长视频和直播多种媒体样态,在抖音自制综艺节目传播过程中,以长视频为传播主力,综艺正片为轴心,用高质量的完整节目奠定传播力的基础;以短视频为传播先锋,利用抖音的算法推荐优势为节目的宣传和发行做足物料,进行全站引流;直播为长、短视频传播做辅助,通常在综艺播出当日或者次日播后跟进,艺人以抖音直播实时互动的形式与观众一起聊节目的精彩内容,观看直播的观众可以通过直播间里的节目 Tag(标签)直接跳转到正片进行观看。

2020年,抖音上线的纪实真人秀《很高兴认识你》以每周"2场直播+7集纪实综艺+N条短视频"的形式播出,涵盖"直播+长视频+短视频"的视频形式。节目直播中,将纪录片质感与生活故事感融合在一起,让无剪辑包装的真实直播内容有了类似主线的推进逻辑,是网络综艺节目的一次新尝试。在直播结束后,前期直播真实素材与录制内容融合而成正片长综艺,既保留了直播过程中精彩的段落,又通过录制内容进一步增加了节目的叙事性与故事性,让平台用户有了一个更完整的可观看精品内容,有机会更深入地领悟这档节目所传达的精神内核。"直播+长视频+短视频"的形式不仅让观众可以用碎片化时间看节目片段,还可以获得沉浸式互动体验。

《全力以赴的行动派》在录制期间,通过直播的形式将节目内容前置。例如,在宁夏中卫录制期间,节目组直播了艺人们的"要大牌""选瓜王"等游戏互动环节,向大家预告了录制期间的趣事。该期节目播出后,节目组剪辑出了精彩片段并发布在抖音官方账号上,让节目在正片之外再次增添了叙事场景,以"直播+长视频+短视频"的形式拓展了内容的丰富程度。

3.充分利用互动基因,让"用户"传播"用户"

UGC是短视频平台最显著的特性之一,因此"用户二创"为综艺节目的传播提供了更多的传播节点。抖音平台自制综艺在用户二创衍生作品和抖音的算法加持下,实现了节目曝光度的裂变与传播力的升级。

例如,在《全力以赴的行动派》节目播出过程中,节目主办方为鼓励用户进行二次创作实施了一定的奖励措施,如"带上节目话题分享城市精彩与美好,就有机会参与节目活动赢得大奖",让这档综艺节目的传播速度和传播范围一定程度上实现了突破。

《点赞!达人秀》里达人的二创也为该节目的传播注入动力。达人的"二创"不仅利用观众本身强化了节目的传播,而且与抖音平台的现实创作建立了更紧密的联系,促使"达人秀"这一经典IP完成了自我的迭代与升级。达人借助创意剪辑软件和音调变化对节目进行剪辑,形成的"鬼畜"视频在抖音快速走红,激发抖音用户对《点赞!达人秀》的兴趣,将抖音普通用户转化为节目观众。

(三)营销模式:品牌植入场景化,直播带货为落脚点

短视频平台自制综艺节目的营销可以分为节目自身的营销传播和品牌赞助。短视频综艺节目的营销传播就本质而言,就是利用综艺节目在传播过程中所积累的观众注意力价值进行商业的转化,因此本部分不再重复赘述短视频自制综艺的传播策略,而是将把重点放在短视频平台自制综艺节目传播的价值变现这一落脚点上。

1.品牌植入场景化,内容共创引热度

短视频平台用户是短视频平台自制综艺的主要观众群体,他们的审美偏好和情感倾向较为年轻化,因此品牌以年轻化、趣味性、创意性的手段进行植入,能够加深观众对品牌的印象与喜爱程度,进而把综艺节目观众转化为品牌消费者。

抖音自制综艺的品牌植入有较多的创新尝试,为行业打开了品牌综艺营销的新思路。具体而言,抖音自制综艺的品牌植入更加场景化,能够根据节目当下的状态选择合适的品牌植入方式,甚至利用品牌植入来推动剧情发展和节目进程。此外,品牌还通过吸引抖音用户参与节目相关话题,吸引用户拍摄短视频,从而提高品牌曝光度,实现综艺节目与赞助品牌在抖音平台营销的双赢。

脉动是抖音自制综艺《全力以赴的行动派》独家冠名品牌。在节目中,除产

品和 logo 露出等常规曝光外,还加入了对品牌 slogan"大口畅饮,状态全开"的植入呈现。例如,在每一项运动挑战前,明星嘉宾会通过仰头大喝,畅饮脉动,让自己充满活力从而拥有更好的表现。此外,脉动还成为节目中的特殊 buff。明星嘉宾只需要仰头大口畅饮脉动,就可以唤醒 buff,脉动动力站会提供不同锦囊助力行动派成员。利用"动作+口号"进行场景化植入,不断强化着观众对脉动的品牌记忆。脉动还充分利用抖音短视频传播的优势,举办了#blingbling 比0 舞#、#一口炫走大暑#、#解锁城市新玩法#等一系列的短视频创作挑战赛,使短视频和长视频实现高效联动,和抖音用户进行 UGC 内容共创。在此过程中,《全力以赴的行动派》官方抖音账号还和脉动进行联动传播,提升了脉动的粉丝转化率,助推了营销声量。

《点赞!达人秀》官方冠名商蓝河的品牌植入同样值得关注。节目通过精心设计的互动环节为品牌植入创造了空间,使得品牌在消费者眼中的印象并不仅仅停留在一个 logo 或是一句标语。例如,达人嘉宾候场或退场后,都会收到来自蓝河绵羊人偶的拥抱鼓励,适应了短视频平台情感化传播的逻辑。《为歌而赞》的冠名商君乐宝,深耕抖音生态进行品牌营销。君乐宝以《为歌而赞》综艺本身为流量起点,布局了明星、达人等内容,依托互动挑战赛、全民任务、节目素材二创等基于抖音平台的活动,扩大品牌知名度。在此基础上,君乐宝将在抖音平台所积累的流量向君乐宝企业号、官方直播间等品牌私域进行转化。

2.以直播带货为落点,多维度拓宽综艺营销空间

抖音自制综艺节目的传播过程是其营销的重要链条,一个综艺节目的传播效果在一定程度上决定了其营销变现能否成功。因此短视频平台自制综艺想要突破传统的综艺节目营销方式,必须深耕短视频平台这一土壤,以短视频平台的传播特性为营销的逻辑起点。抖音自制综艺基于短视频的平台条件、平台思维,形成一个适配于短视频平台的独特营销空间,在这个营销空间中,综艺节目正片、节目相关短视频、艺人直播是基础,直播带货是落脚点。抖音自制综艺节目的"短视频+长视频+直播"传播模式让观众深度参与整个营销过程,建立与观众的情感与信任连接,通过带货直播将全部形式积蓄而来的内容力转化为

最终落脚点的带货力。

以《因为是朋友呀》为例,"短视频+长视频+直播"的前期链路为后期"直播带货"的落脚点注入动力。《因为是朋友呀》在2022年春节前夕和"三八"女王节等电商节进行明星直播带货,节目团队遴选了包括项链、零食、护肤品等适合女性观众的产品,容祖儿、蔡卓妍、钟欣潼等艺人通过唱歌、变魔术、情景表演等方式增强直播趣味性,实现了综艺节目IP的价值转化。

君乐宝以《为歌而赞》的全矩阵传播为依托,在节目热播期间迅速对抖音电商进行布局,建立账户矩阵,同时组建直播团队,在抖音平台开启直播带货。借势节目热度,加速为君乐宝的电商渠道引流,将节目粉丝转化为品牌的粉丝,通过直播、抖音小店、超品日、电商王牌日等电商活动完成生意转化。

三、讨论与反思

尽管短视频平台自制综艺已经有了诸多探索,在质与量上都进入了较为成熟的发展阶段,但短视频平台自制综艺的发展仍然面临一些困境和掣肘。

(一)播放量可观,但出圈度存疑

近年来,"出圈"与否成为判断一档综艺节目在传播上是否成功的一大标志。尽管在2022年,抖音、快手平台纷纷增加了自制综艺节目的数量,节目播放量较往年有所提升,但是播放量与出圈度是两个不能完全等同的概念。短视频平台自制综艺节目目前的发展整体向好,但一定程度上还处于圈地自萌的状态,如何多维探索更多出圈的路径和渠道,或许是未来短视频平台综艺需要探索的一个方向。

(二)题材与模式呈现新特征,但独特性空间仍较大

纵观目前的短视频平台自制综艺,在内容制作和传播模式上呈现出一定的平台化特性和创新性特征,但总体来看,在题材和模式的开发上并没有跳脱出

传统综艺节目的发展框架。如何基于自身的平台基因和传播优势,持续探索短视频平台自制综艺更多的独特属性,关系到未来能否在行业内形成长效的、可持续发展的综艺节目制作的短视频平台模式。

(三)"台网合作"新模式可观,但"续航能力"仍待考验

短视频平台自制综艺与传统电视台已经建立起较为完备的新型台网联动、跨屏传播的播出机制,而这种合作从目前来看,仍整体处于探索与实验阶段,且个案的成功无法代表整个合作系统和模式的有效建立,如何建立长效的合作模式和机制,形成资源整合,实现台网之间的有效联动,是短视频平台自制综艺未来发展面临的一个问题。

(四)商业模式较成熟,但新型模式尚待探索

随着优秀制作力量持续注入短视频平台自制综艺,节目的内容质感有所提升,但赞助商产品的曝光形式仍然较为传统。就商业变现而言,短视频平台自制综艺基本还是遵循广告招商加平台合作的方式,明星效应依然是各大广告主关注的重点。在这样的市场现状下,如何创新商业模式,如何有效产生长期的商业价值,如何与品牌方实现长线绑定,是步入新阶段的短视频平台自制综艺未来可能探索的空间。

四、结语

综上,本文以抖音平台自制综艺为核心进行考察后发现,短视频平台自制综艺在题材上,对经典题材进行开发的同时,注重新题材的创制;在节目模式上,兼顾娱乐价值与社会价值,拉近与普通观众间的心理距离;在节目制作上,把短视频基因注入台网联动的模式中,在做好节目本身之外也把运营好节目账号放到重要的位置,算法技术的应用则推动了"百川"综艺新形式的诞生。在节目传播机制上,以"短视频+长视频+直播"为核心传播矩阵,借助明星效应拉动

节目热度;在营销上,直播带货逐渐成为短视频平台自制综艺IP空间的落脚点之一,赞助品牌植入更加场景化。短视频平台自制综艺要实现可持续性推进,在未来还有诸多空间可供探索。

  短视频平台自制综艺凭借其良好的发展态势,为我国综艺市场注入了新鲜血液与活力。不论短视频平台自制综艺是"昙花一现"还是"洪水猛兽",综艺行业都应该以更开放、包容的姿态去接纳短视频平台自制综艺,并乐见其在制播上不断进行新的探索。

(本案例由王亚雪负责撰写)

北京冬奥会的转播范式创新与运营路径探索
——以咪咕视频为例

摘要: 2022年北京冬奥会自2015年申办成功以来一直是全国人民重点关注的赛事之一,同时北京冬奥会的转播是各大平台关注的重点,具有极高的运营传播价值。咪咕视频作为众运营平台中的一员,从转播技术的发力创新、解说嘉宾的锁定布局以及节目内容营销三个维度制订创新运营策略,力图开创一种全新的奥运运营模式。本文试图从本次冬奥会咪咕所取得的成效和影响中窥探未来中国体育赛事传播的某些发展趋势与空间。

关键词: 冬奥运营;咪咕视频;体育赛事传播;IP营销

一、引言

2022年1月22日,北京冬奥会开幕,从"十二五"到"十三五"再到"十四五",北京冬奥会的申办与筹办伴随国家强大与民族复兴一路前行。北京冬奥会是我国全面建成小康社会、实现第一个百年奋斗目标之后,乘势而上开启全面建设社会主义现代化国家新征程、向第二个百年奋斗目标进军过程中的重大国际性活动。立足新的历史交汇点,"办好北京冬奥会、冬残奥会,是党和国家的一件大事",习近平总书记指出,"北京冬奥会是我国重要历史节点的重大标志性活动,是展现国家形象、促进国家发展、振奋民族精神的重要契机"。

北京冬奥会同样是各大平台抢占国内体育赛道的绝佳机会,早在冬奥会开幕前,各大媒体平台就已经开始筹备冬奥转播运营,试图借助冬奥热度打开市场。中央广播电视台作为拥有北京冬奥会独家全媒体转播权利的媒体，2021年11月上线了奥林匹克频道及数字平台，为冬奥赛事传播做准备；腾讯作为互联网视频平台代表，也是版权持有方之一，在资讯报道、节目内容、社交互动等方面实现了多元化升级；快手作为短视频平台代表，在冬奥项目上实施了"火奥运"策略，从预热互动到版权内容、衍生内容再到跨界营销都做出了相应布局。由此可以看出，众平台在冬奥运营上都做出了不少创新性努力，为中国体育的赛事传播开拓了新的发展空间。

其中，在此次北京冬奥会传播中，咪咕视频凭借着多项热点成功出圈，值得关注研究。首先，从咪咕视频以往在体育领域的表现可以看出，购买赛事版权是咪咕开辟体育市场的重要手段，对于北京冬奥会同样如此。咪咕视频购买了北京冬奥会的直播权益，是除了央视频外可以让观众在移动端看冬奥直播的平台。稀缺的冬奥直播版权是咪咕制作优质内容的基础，一方面，依托于中国移动的通信优势，在转播技术方面进行创新突破，为用户提供丰富的服务与体验；另一方面，打造一支多元化、专业化的解说团队是咪咕的努力方向，解说嘉宾的布局在冬奥运营上发挥了重要作用，王濛"唠嗑式"解说的独特风格吸引了大量的观众，随之咪咕视频的下载量冲上了App Store免费排行总榜第二名。在运营方面，站内维度上，咪咕通过策划生产海量多元自制节目建立了独家排播带；站外维度上，咪咕高效运用站外平台和产品进行营销造势，并充分地发挥了IP化战略的价值，以此转化为平台自身的热度，其独家宣发矩阵的积累与搭建，也是区别于其他网络平台的优势所在。据媒体报道，在整个冬奥转播期间，咪咕视频全场景播放量达到了340亿次，新媒体全网累计热度644亿，除此之外，咪咕的日活跃用户规模均值和增速明显高于同类平台。[1]

咪咕视频在冬奥期间的运营策略具有一定程度的独特性和创新性，而且从各方面数据和观众反馈来看，在北京冬奥会期间，部分观众放弃了传统的电视媒体，选择了咪咕视频作为观看冬奥赛事的平台，传统电视媒体的一部分观众

---

[1] 中国移动咪咕打造首个世界杯"元宇宙"携手品牌方开启营销元力场[EB/OL].(2022-07-21)[2023-02-10].https://mp.weixin.qq.com/s/sicqBPVcu6JRhyZkgpGJEA.

也流向了网络视听平台,在争夺体育观众的注意力上,网络视听平台的独特优势开始发挥明显作用。因此,在北京冬奥会的运营上,我们认为咪咕视频具有较强的典型性,它在冬奥期间的表现在一定程度上是网络视频平台进行赛事传播的代表性探索,它所产生的影响也在一定程度上印证了当下网络视听平台在体育传播上的影响力,其背后的运营方式和策略布局值得深挖探究。基于此,本文以咪咕视频为案例,从以下三个方面来具体分析咪咕视频在北京冬奥会期间的运营策略和路径,从而为网络视听平台进行体育赛事传播提供部分思考和启迪。

(1) 咪咕入局大型体育赛事的背景和优势是什么?

(2) 咪咕针对北京冬奥会,在转播、解说、营销等方面做出了哪些策略布局?

(3) 咪咕冬奥运营的成效如何?在网络视听平台入局体育赛事传播方面带来哪些经验和思考?

二、案例分析

本文根据咪咕视频在冬奥赛事期间的具体情况,从转播、解说、营销三大方面入手,对咪咕视频的冬奥运营策略进行分析,对网络视听平台进行体育赛事传播的路径进行探析。

(一)转播:深耕"科技冬奥"战略,开创冬奥观赛新模式

依托于中国移动通信集团有限公司,咪咕视频着重发力体育赛道,在如今体育转播更强调"内容+科技"的融合创新背景下,咪咕视频将内容版权的储备和中国移动的技术研发优势进行了结合,这一点在北京冬奥会的赛事传播上也得到了全面的体现。

其中,"5G+"是咪咕视频努力的主要方向,通过5G+4K/8K/VR/AI等技术实现大屏的超高清转播和沉浸式观赛,以及小屏的场景化互动。虽然部分科技在过往的奥运会赛事转播中也有所运用,但咪咕视频在此次北京冬奥会中进行

了技术升级以及科技与体育传播在融合创新上的探索,带来新的观赛体验。

1."5G+4K/8K":打造超高清赛事转播

不同于影视作品,观众对于体育赛事转播有着较高的实时性和还原性要求,纵观体育赛事的转播发展历程,高度还原赛事全貌和细节,同步播出赛事全过程,是赛事转播媒体一直探索追求的目标,同样构成了如今媒体多样化环境下,观众们衡量和选择观赛平台的基本要素。

2019年,工信部正式向中国电信、中国移动、中国联通和中国广电发放了5G商用牌照。而为了给用户带来差异化的体验,咪咕视频在2020欧洲杯赛事转播的时候便首次采用了5G切片技术,5G切片的信号制作优势在于可以比其他的直播快几秒。到了2022年的北京冬奥会中,咪咕视频以5G为基石,全程配合4K/8K技术,全场次、无延迟、实时直播了7个大项、15个分项、109个小项,北京冬奥会也成了首届规模化运用8K技术进行赛事转播的奥运会。4K/8K技术意味着高分辨率、高帧率、高动态范围、三维声等多个维度的全面提升,可将现场的比赛细节和声音色彩等元素更加清晰流畅地通过大屏还原呈现出来。咪咕视频对冬奥会直播信号进行了深度分析后,总结出冰雪画面局部易过曝、细节易丢失、色彩易失真等核心画质问题,并在4K/8K技术的支持下,基本解决了这些问题。

除此之外,咪咕视频将高动态范围的视频技术标准(HDR Vivid)应用到北京冬奥会的赛事直播中,这种技术让转播画面更加接近裸眼3D的观看效果,可以最大限度地还原赛事实况。例如,在诸多室外雪上比赛中,大部分赛道都是高亮的白雪背景,画面缺乏立体感,HDR Vivid技术则能有效改善这一缺陷,针对冰雪高亮场景进行动态处理,对特写镜头、慢放镜头等使用基于ROI的肤色优化算法,使雪上画面富有层次感,运动员主体更加突出,雪上技术动作更加清晰,便于观众沉浸式观赛。超高清、高同步、无卡顿是观众对于冬奥赛事转播最基础也是最重要的需求,咪咕视频在满足这一需求的基础上,充分考虑了体育以及冰雪运动的特性,进行了超高清奥运转播的一次有益探索,如图1所示。

图 1　HDR Vivid 效果图

2."5G+VR/AR/XR":提供沉浸式云上观赛

体育赛事是一种调动人们多种感官的娱乐活动,对于无法身临现场的观众而言,通过媒介实现沉浸式的 3D 观赛显得尤其关键,这也是在体育赛事转播过程中提升观赛体验的重要路径。自里约奥运会以来,通过 VR 技术进行全景转播的尝试一直在进行中。此次北京冬奥会,咪咕视频将观赛体验的提升作为重中之重,希望能够实现 360 度的 3D 立体观赛体验,因此广泛地将 VR、AR 运用进来,打造沉浸式云上赛场。

承担大部分节目制作任务的演播室在技术的推动下从实景演播室发展成 XR 虚拟演播室,咪咕所打造的 XR 虚拟演播室以三面 LED 屏幕作为背景,能够实现舞蹈、音乐与闪电、动作、特效位置的相互配合,一定程度上突破了早期虚拟演播室缺乏立体感、真实感的局限。例如,自由式滑雪女子大跳台比赛的同步解说报道就是在 XR 虚拟演播室中进行的,主持人根据直播内容变换场景,首钢大跳台、训练场地等都被"搬到"了演播室内,谷爱凌在预赛中的动作表现在虚拟跳台场景中呈现出来,真实的视觉画面与解说分析相结合,让该项目变得简单易懂。这种形式使得以往传统的图文播报被高度还原的虚拟场景代替,赛事报道分析的维度和深度得到提升,增强了专业性和可看性。

2022年开始,咪咕视频便普遍运用元宇宙技术,在这一年当中转播的250多场比赛中,有60多场采用了XR、数智人技术。在整个转播场次上,使用元宇宙的转播技术占到了40%左右,这是将中国移动承载的自主知识产权在子公司咪咕平台上展开的落地和实施。

北京冬奥会是一次全民参与的体育盛事,作为赛事转播商,咪咕在赛事内容制播上的批量化技术使用,一定程度上将传统的赛事直播向着沉浸式"现场"观赛升级,重构内容与用户的关系,让观众从单向观看转为跨场景交流,体育赛事转播从2D向3D空间的升级趋势越发明显。

3. "5G+AI":实现场景化小屏互动

除了大屏端,"科技冬奥"在小屏移动端上也有所体现。绝大多数时候,体育观赛都不是个人参与的活动,比赛现场的人和事都是影响观众体验的重要因素,因此,想要让云上观众真正拥有临场感就不能忽视场景化互动的重要性。早在2020年中超联赛中,咪咕就推出了5G云呐喊、5G云打call、5G云包厢等服务,这些技术在北京冬奥会中运用得更加成熟。观众借此拥有了更加真实的观赛场景,可以通过视频、语音、文字等形式与好友进行实时交流,创造共同记忆,进一步增加代入感。

同样,此次咪咕在北京冬奥赛事转播中,依托于AI技术,AI智能字幕、AI战术分析被广泛应用,其中AI智能字幕依托语音识别技术、机器翻译等AI技术,实现了国内大型国际赛事超高清直播的实时双语字幕的首次规模化商用,满足了听觉障碍患者和不同国家用户观看直播的需求,打破各地语言沟通壁垒。智能字幕功能覆盖花样滑冰、短道速滑、单板滑雪、自由式滑雪等数百个场次,针对各类细分比赛场景全面提供直播字幕转写能力,其双语字幕准确率高达93%—98%(如图2所示)。① 未来是场景的时代,对在场体验要求较高的体育赛事正在向场景时代发展,咪咕在部分赛事中提供了与现实环境相结合的赛事场景,也在一定程度上突破了疫情所造成的时空壁垒,让观众拥有了在场感和参与感。

图2 AI智能字幕效果

表1 咪咕5G技术在北京冬奥会的具体实践

应用领域	具体技术	实现效果
超高清赛事转播	8K技术 HDR Vivid	超高清转播 画质细腻,趋向真实的视觉效果
沉浸式云上观赛	AR演播室+虚拟VIZRT技术 MSC技术 AVS3编解码标准 360度环拍技术子弹时间 5G+XR观赛技术	多场景还原,身临赛事现场 超现实数智达人实时互动 编码能力提升至50fps 克服固定场地和提前部署的难点 三维空间、支持8个虚拟场景同时观看
场景化小屏互动	AI智能字幕 AI战术分析	解说字幕实时转写纠错 直观呈现运动轨迹,分析技战术

---

① 8K、AI、XR、MSC、子弹时间,这届冬奥会观赛科技有多酷? [EB/OL].(2022-02-09)[2023-02-10].
https://mp.weixin.qq.com/s/GaZiMnpK2pN2xDQoKONuSw.

(二)解说:搭建"数实结合"阵容,形成赛事解说新风格

冬奥会期间,解说是咪咕视频的重要发力点,也是吸引大量观众流向咪咕的重要原因之一。在赛事的解说方面,咪咕从数智人和真人嘉宾团队两个维度发力,提前做了技术上的储备与真人团队的锁定,形成了咪咕赛事解说的独特风格。在咪咕冬奥整体传播运营的过程中,数智人进入比赛和王濛解说出圈的两个事件,使得咪咕的传播指数与场次播放量形成了新的突破。

1. 元宇宙技术赋能,实现数智人解说的首次尝试

如今元宇宙技术重点发力的维度是人物与场景。咪咕视频在人物维度上打造了谷爱凌的数智分身,并且将其人物形象运用到演播室的制播环节以及节目的解说中。数智人是用数字的手段,通过表情和动作的捕捉,模拟人的语音技术。在制作数智人方面,财力与技术的投入是成功的关键。咪咕的优势在于,其承建了中国移动的算力网络能力值,在前期建模和后期渲染方面,咪咕的平均成本会低于其他平台成本,相当于其他平台投入的四成左右,因此咪咕可以对数智人进行批量生产。在2022年咪咕转播的赛事中,共有60位嘉宾参与了解说,其中10位为数智人,50位为真人嘉宾,北京冬奥会用谷爱凌数智人做单点尝试后,数智人解说在其他赛事转播中也被推广使用,咪咕视频在解说嘉宾的数量上,元宇宙成分占比达到了17%。

从2020年开始,咪咕在数智人的生产与使用方面,就逐步进行了尝试和经验积累,而在北京冬奥会期间,其制作的谷爱凌数智人分身Meet Gu,担任谷爱凌比赛的解说员,无论是外形、声音,还是面部神情与妆容细节,都与谷爱凌有着极高的相似度。在比赛前,Meet Gu为观众介绍了自由式滑雪女子大跳台项目,并分享了自己第一次参加冬奥会的感受,如图3所示。虚拟数智人的出现在一定程度上迎合了观众们对顶级体育明星的追捧,虚实结合的互动方式也进

一步拉近了冬奥赛场与观众们之间的距离。①

图3 Meet Gu 出现在 XR 演播室

2.提前储备解说嘉宾资源,实现专业性与平民化表达

由于冬奥比赛的特殊性,部分冰雪项目的规则相对复杂,如冬季五项等,观赛门槛相对较高,因此对解说嘉宾的专业性也有较高的要求。与此同时,在解说语态方面需要顾及到大多数观众,因此需要具备一定的普适性。咪咕在北京冬奥会转播过程中,在解说嘉宾选择上,采取了"专业性"搭配"平民化"的策略。

夏奥会的每个大项小项都需提前锁定解说嘉宾,与此不同的是,此次咪咕冬奥会在解说嘉宾布局上从中国队有夺金可能性的项目上重点发力,主要考虑嘉宾的创造性以及可能产生共鸣的能力。此次北京冬奥会,咪咕的解说嘉宾包括宋世雄、韩乔生、黄健翔等专业解说员,以及王濛、周洋、陈露等冬奥冠军,在解说资源方面突出独家与优质,一定程度上可将解说嘉宾自带的影响力和流量

---

① 8K、AI、XR、MSC、子弹时间,这届冬奥会观赛科技有多酷?[EB/OL].(2022-02-09)[2023-02-10].https://mp.weixin.qq.com/s/GaZiMnpK2pN2xDQoKONuSw.

转变为平台的竞争优势。

咪咕视频在冬奥期间的真正出圈离不开王濛的解说,其风趣幽默的解说方式吸引了大量观众前来咪咕观看比赛。王濛作为多次获得冬奥会短道速滑项目金牌的专业运动员,多年的赛事经验为其解说带来专业性保障,在几次比赛的关键判罚中,王濛甚至在官方结果出现之前,就给出了正确预判,让观众有了极大的代入感和信任感。除了专业性,王濛"唠嗑式""相声式"的解说方式是吸引观众的关键,尤其是在这个全民情绪高涨的时期,王濛的情绪表达能直击观众,产生较强的情感共鸣。例如"我的眼睛就是尺""这个选手有故事"等解说金句频繁登上热搜,"王濛解说"话题阅读量超过27亿,由此带来的真实性和娱乐性的效果,一定程度上为网络视听平台的赛事解说拓展了新的更广泛的空间。

除了以主流的专业解说员作为头部占领解说团队优势之外,考虑到北京冬奥会受众面的广泛性,在解说的平民化方面,咪咕还邀请了网络达人、跨界明星等作为嘉宾,并设置了主、客视角,地方方言、清流等多种解说方式。于观众而言,在同一平台就能实现不同解说内容的自由选择和切换,其多样化需求得到了满足。在观众日趋分众化,而体育赛事转播又越发同质化的背景下,咪咕多元化的解说策略虽提高了成本,但总体来看取得了较为理想的效果。纵观各大媒体的赛事转播内容,比赛画面内容大同小异,不同于部分平台单一化、程序化的解说,咪咕在保证专业性的前提下大大放松了对解说的要求限制,允许多元化风格的存在,并在一定程度上拓展了体育解说娱乐化的趋势。

(三) 营销:前中后全流程策划,多渠道创造差异格局

北京冬奥会的营销运营上,站内方面,咪咕通过策划生产海量多元自制节目建立了独家排播带的雏形,并串联起中国移动内部组织的上下游端,进行内容宣发;站外方面,咪咕运用站外平台和产品进行营销造势,其宣发矩阵覆盖了抖音、微博等多元社交媒体维度,从IP的衍生、话题的运营到品牌营销等方面,咪咕视频都在一定程度上显露出自身的开发力、传播力和内容整合力。

1. 赛事前期：策划生产海量衍生节目，探索排播差异效果

2020年东京奥运会期间，咪咕就生产了10档自制节目，逐步积累制作独家节目的资源与经验，并在节目制作方面有了一定的提量，形成站内的排播带。在2022年北京冬奥会期间，咪咕在衍生节目与晚会的策划方面，做出了全覆盖的尝试，内容形态主题非常丰富，涵盖了自制剧综、新闻资讯、人物访谈、主题晚会等，各类模式都有尝试，长、短视频兼备，日播、周播交替，形成了站内每日每周连续性、有规划的节目排播带，这是咪咕为增加用户黏性所做出的初步尝试，与此同时将冬奥热度延展到赛场以外的视听领域，如表2所示。

表2 咪咕视频站内冬奥相关专题节目内容

节目名称	节目类型	播出时间	播出平台	时长
《冬奥华彩》	纪录片	2022-02-13	咪咕视频、爱奇艺	每集20分钟,共7集
《水井坊·冰雪中国年》	脱口秀	2022-01-29	抖音、头条、咪咕视频	每集20分钟+,共9期
《冬奥热点》	资讯集锦		咪咕视频	102期
《飞越冰雪线》	纪录片	2022-01-26	央视网、咪咕视频	40分钟+,共6期
《准备好》	冰雪助威曲		咪咕视频	
《外国人侃冬奥》	综艺	2022-02-01	咪咕、UC浏览器	每期4分钟+,共10期
《跟着冠军去滑雪》	综艺	2022-01-12	东南卫视、芒果TV、咪咕视频	每期1小时,共10期
《逐梦北京》	纪录片	2022-01-10	咪咕视频	每集5分钟+,共41集
《冬奥One On One》	访谈	2022-01-24	咪咕视频	每集约6分钟,共10集
《拍客冰雪行》	纪录片	2022-01-30	咪咕视频	每期约1分钟,共84期
《沸腾吧！解说员》	综艺	2022-01-11	咪咕视频	每期50分钟,共6期
《运动者联濛》冬奥特别版	综艺	2022-02-05	北京卫视、咪咕视频、抖音、百视TV	每期20分钟,共16期
《运动者联濛》完整版	综艺	2022-02-12	咪咕视频、抖音、百视TV	每期40分钟+,共8期
《王牌已上线》	访谈	2022-02-04	咪咕视频	每期约1小时,共17期
《冬奥一家人》	剧集	2022-01-34	咪咕视频、江西卫视、河北卫视	每集约25分钟,共80集

续表

节目名称	节目类型	播出时间	播出平台	时长
《冰球少年》	剧集	2022-01-30	咪咕视频、芒果TV	每集43分钟,共24集
《家和万事兴》	剧集	2022-02-01	北京卫视、咪咕视频	每集28分钟,共24集
《双奥之城》	纪录片	2020-10-23	咪咕视频	每集30分钟,共100期
《2022》	新闻资讯	2020-10-23	咪咕视频	每集30分钟,共667期
《冰雪梦想团》	综艺	2022-01-29	央视少儿频道、央视奥林匹克频道、咪咕视频	每期50分钟,共10期

(1)剧集类节目覆盖广,发掘潜在多元用户

通过对咪咕视频站内冬奥相关专题节目内容的梳理,可以看出从2020年开始,咪咕便针对北京冬奥会策划了相关节目,如《双奥之城》纪录片从2020年10月开播,更新至2021年11月,共100期,记录了北京如何传承奥运遗产和奥林匹克精神,包括2008年场馆的赛后利用以及冬奥会的场馆规划等。《冬奥华彩》《逐梦北京》等纪录片则从运动员角度切入,以不同的内容为用户普及冬奥项目,以满足不同用户的差异化需求。

纪录片《逐梦北京》记录了中国冬奥运动员的备战之路,包括王诗玥、赵宏博、周洋、高亭宇等在内的现役与退役运动员,以采访与比赛回顾的形式,为观众展现了冬奥运动员们背后的汗水与辛苦。纪录片《冬奥华彩》共七集,其中两集围绕着我国"绿色、共享、开放、廉洁"的办奥理念,为观众展示了冬奥会火炬"飞扬"背后的高科技以及中国石油利用"氢能"助力冬奥运营的故事,另外五集将镜头聚焦到谷爱凌、苏翊鸣和蔡雪桐等中国冬奥运动员身上,围绕着冰雪运动员背后的成长故事展开。

剧集方面,既涵盖了热血偶像剧以迎合青少年的收视喜好,也囊括了深受中老年人喜爱的情景喜剧,《冰球少年》由朱正廷、白澍、徐好主演,2022年1月30日上线咪咕视频和芒果TV,该剧讲述了心怀冰球梦想的少年在追梦路上努力拼搏最终实现梦想的成长故事,剧集不仅为观众展示了冰球运动员逐梦的过程,也展示了冰球运动的魅力。《冬奥一家人》《家和万事兴》在地方台均同步播出,一定程度上扩展了剧集的传播度。

《冬奥一家人》通过描述老一代运动员程一凡对短道速滑的执念、年轻一代运动员程果子对短道速滑的传承,以梦想和亲情为内核,将冰雪运动融入日常生活,展现了普通家庭的奋斗故事。《家和万事兴》联合北京卫视,由导演英达创作,蔡明、李建华、李琦、巩汉林等喜剧演员主演,是一部贺岁情景喜剧,主要以北京冬奥会作为故事背景与叙事脉络,讲述了北京四合院里的温暖日常。两部剧的内容设定均符合中老年观众群体的收视取向。咪咕此次参与影视作品IP的制作,体现出多年龄层的覆盖与多维度的IP生产,力图从节目种类数量上打造自身的竞争优势。

(2)陪伴"养成系"节目,积累综艺制作经验

综艺相比纪录片更具娱乐性,用户对综艺的接受程度也相对较高。在咪咕的综艺布局中,既涵盖自制节目,如《沸腾吧!解说员》《水井坊·冰雪中国年》,也包括与其他平台合作推出的节目,如《跟着冠军去滑雪》《运动者联濛》。不论是自制还是合作,其节目内容呈现出"知识养成系"的特征——以一种陪伴式的方式普及讲解冬奥知识,而在节目嘉宾方面,其分别来自文化界、体育界、娱乐界等多元领域,在陪伴式的学习过程中,可以赋能体育价值的传播,如表3所示。

表3 北京冬奥会期间咪咕平台制作、播出的综艺节目

节目名称	节目内容	节目嘉宾	制播平台
《沸腾吧!解说员》	选拔体育赛事解说员	杨健、黄健翔等	咪咕视频
《跟着冠军去滑雪》	奥运冠军带领普及冬奥知识	苏炳添、李雯雯、范志毅、何雯娜等	东南卫视、芒果TV、咪咕视频
《运动者联濛》冬奥特别版	冬奥知识普及游戏	王濛、刘雨昕、周濛	北京卫视、咪咕视频、抖音、百视TV
《水井坊·冰雪中国年》	访谈类畅聊冬奥赛事知识	刘仪伟、杨澜、周涛、张萌等	咪咕视频
《意想不到的北京》	外国人体验北京冬奥项目		咪咕视频
《外国人侃冬奥》	外国人对北京冬奥会的评价		咪咕视频、UC浏览器
《冰雪梦想团》	儿童冰雪歌舞节目		央视少儿频道、央视奥林匹克频道、咪咕视频

在2020年东京奥运会上，田径解说员陈晨和体操解说员钟宇峰的表现为咪咕视频带来了短暂的流量红利，因此在北京冬奥会开幕之前，咪咕便在解说方面发力，策划了"养成系"解说选拔综艺《沸腾吧！解说员》，于2022年1月11日首播，共6期。节目邀请了篮球解说员杨健和足球解说员黄健翔担任主持人，前短道速滑世界冠军李佳军、王春露担任评委，集结了中国传媒大学和上海体育学院爱好解说的学生组成中传战队和上体战队相互比拼，最终选出优秀的体育解说员。该节目的受众多半是大学生和渴望了解赛事规则的体育迷。在一定程度上素人解说员的养成满足了年轻体育迷对体育解说专业的好奇，以及加深了对解说员专业素养和体育知识的认识。

综艺《跟着冠军去滑雪》中，文体跨界共同形成"知识养成系"的模式，节目邀请速度滑冰女子1000米冠军张虹担任"冰雪助力团"领队、带领央视前体育解说员韩乔生、女子蹦床冠军何雯娜、足球运动员范志毅、田径运动员苏炳添等运动员和奥运冠军，以及郑均、刘芸、钱正昊等文娱行业嘉宾，以新手的身份接触冰雪类运动。10期节目中，冰雪助力团成员亲身参与体验，向观众展现了不同身份、不同年龄群体尝试冰雪运动的体验与心得，带来的科普价值与精神榜样的力量不可忽略，将娱乐和文化教育价值进行了结合。

综艺《运动者联濛》冬奥特别版则是星素跨界类真人秀，共16期，由短道速滑冠军王濛带领刘雨昕、刘维、周洋三位嘉宾，通过冬奥知识问答、趣味运动会等形式和观众一起在体验中普及运动知识、推广全民运动。《意想不到的北京》中，以外国人的视角，体验式地参与北京当地的冬奥项目，如什刹海滑冰、颐和园昆明湖冬泳，发掘身边热爱冰雪运动的传奇或感人故事，其中平均年龄60岁的冰球老男孩们依旧矫健灵活的状态，也为观众传递了体育运动的精神与激情。访谈类节目《水井坊·冰雪中国年》共9期，邀请体育、影视、文化界名人，和主持人刘仪伟一起围绕冰雪主题畅聊，首期节目于2022年1月28日上线，邀请到主持人杨澜、体育节目制作人师旭平，畅聊关于北京申奥的往事。这些节目均以知识科普的方式陪伴观众，并传递体育的精神内涵。

"知识养成系"节目模式为科普类节目内容提供了一种更为适配的思路，跨界在一定程度上为节目带来了新的看点,冬奥运动员的加入为节目带来了专业视角,体育界跨领域的运动员和奥运冠军与观众一起探索学习冬奥项目运动知识,不仅可以传播体育精神的核心价值,在观众心里也可达到满足性的预期成就,娱乐圈的嘉宾加入可为节目带来部分黏性的流量与传播看点,与文化界的合作一定程度也为节目的内容深度提供了支持。由此,节目内容的质量,价值观的传达以及观众圈层的延展都得到了保证。

(3)资讯消息类节目,创新专访形式把关专业性

关于冬奥赛事的资讯内容,赛事期间几乎覆盖了全平台,在同质化的信息空间里,央视、咪咕、腾讯、快手等平台凭借内容生产能力均策划了一系列新闻衍生类节目。例如,咪咕视频的《冬奥热点》栏目共 102 个视频,涵盖了冬奥盘点、全景回顾、赛事预告、大事件等资讯专题内容。《冬奥 One On One》《王牌已上线》则均为专访类,其中《冬奥 One On One》对话 10 位中国冬奥名宿,包括中国第一枚冬奥会金牌获得者杨扬、中国第一位花样滑冰世界冠军陈露、花样滑冰世界冠军张丹、中国滑冰协会主席李琰、中国冰壶队女队前队长王冰玉等人,每人一期,分别畅谈自己的冰雪故事。《王牌已上线》共 17 期,其内容为主持人杨健直播连线冬奥、夏奥运动员,如排球运动员张常宁、女子铅球运动员巩立姣、短道速滑运动员李坚柔、自由式滑雪运动员谷爱凌等,一起谈论冬奥赛事,运动员分享各自在比赛中的趣事、个人体验和参赛感悟等,并与观众实时互动。在与谷爱凌连麦的节目中,根据咪咕发布的数据,当晚超过 3000 万人次观看,相关话题阅读量超过 5000 万。杨健作为知名体育解说员,在与运动员交流的内容上,有一定专业素养的支撑,避免了话题内容的泛娱乐化,直播间的设定具有视频聊天的页面特点,相较于传统的专访形式,一定程度上拉近了观众与奥运冠军的距离。

(4)虚拟技术赋能,探索差异化音乐晚会

咪咕策划打造的"集光之夜"晚会是利用虚拟现实技术策划制作的全景沉浸式音乐晚会。与传统晚会形式相比,"集光之夜"运用了"VR+5G"等先进技术将虚拟场景与现实舞台融合在一起,建构了舞台效果的现代感与赛博感。在

视听呈现上,既有明亮堂皇的"国风"舞美,又有科技金属的未来场景,场景的无缝切换获得了实体舞台无法提供的舞美效果。在晚会的内容方面,既包括音乐舞台表演,还包括用户同步游戏互动。

在晚会技术方面,"集光之夜"是由咪咕快游联合北京冬奥组委会文化活动部策划的虚拟交互冰雪晚会。运用了云端高性能GPU算力服务器和智能动态编码技术、3D建模和实时渲染等手段,在画质、视角和观感方面有了更高的质量。同时运用虚拟技术呈现"国风"舞美效果,如现实虚拟双偶像跨次元同台共舞,舞蹈艺术家骆文博编舞并与虚拟偶像田汐汐合作的《容·融》,展现了敦煌飞天的国风舞美。在歌曲《拾光》的舞台布景中,歌手萨顶顶身处海洋深处的虚拟场景,与虚拟技术打造的海洋生物互动,也展现了技术为舞台美学的赋能,打破了传统舞台的常规形式。

一方面,晚会以音乐舞台表演为主,谭维维、萧敬腾等明星与A-Soul、麟犀等虚拟偶像联合演出,跨次元的合作方式为冬奥营销传播带量。另一方面,晚会全程以游戏化的方式互动演出,用户可以切换游戏视角以及玩家视角进行观看,游戏视角共13个,玩家视角共10个,用户在虚拟空间里建构自己的身份和形象,游走观看演唱会的同时可以进行冰雪游戏,虚拟技术为用户打造了沉浸式的观看场景。

2. 赛事期间:串联媒体矩阵与线下网点造势,为站内引流

由于大型体育赛事存在唯一性、独特性和稀缺性,在赛事传播宣发方面,从2020年东京奥运会开始,咪咕从单一平台发稿发展到体育赛事垂类账号和垂类稳定网站的系统媒体矩阵。在整个体育尤其是重大赛事的媒体合作方面,咪咕的线上媒体矩阵包括自身的垂类媒体账号,如咪咕体育、咪咕奥运等会在抖音、快手等社交媒体平台上发布内容。与之稳定合作的MCN矩阵账号以及通信或体育竞技领域的论坛方面会传播咪咕提供的独家内容,与此同时咪咕视频与党媒、央媒的主流媒体阵地领域也保持了合作,如咪咕与新华社新媒体中心展开合作。新华社作为传统主流媒体,其深度报道与评论方面的能力较强,咪咕与新华社特约评论员合作,采用特殊AI字幕技术,发挥新华社在擅长领域的优

势,主流媒体的专稿、特稿一定程度上可以帮助咪咕弥补传播上无法覆盖的领域。

在微博的话题运营方面,根据咪咕发布的相关数据,冬奥期间共诞生热搜103个,总热度122.6亿。从内容上看,诸如"王濛解说""被武大靖李文龙整破防了""你永远可以相信中国短道速滑"等话题都在社交平台上引发了大量的讨论和传播。截至2023年2月11日,微博平台#我的眼睛就是尺#的话题阅读量为1.2亿人次,#看冰雪上咪咕#阅读量1.2亿人次,#被武大靖李文龙整破防了#阅读量2.2亿人次。新媒体端热度不减,咪咕借"船"造势,利用社交媒体的话题流量为自有平台引流。在王濛"我的眼睛就是尺"登上微博热搜后,咪咕在自有平台下作出回应,策划生产了王濛的解说金句系列短视频,并在随后的赛程中,同步更新"名场面"的剪辑以及相关解说表情包,发布在咪咕站内和短视频平台上,一定程度上持续推高用户的互动热情,延续热点的存在周期,通过这一系列动作将公域流量转化为自身流量。

咪咕视频作为一个单一的App,仅靠线上传播途径并不占优势,但依托中国移动的技术与各省市的线下分公司,咪咕试图拓展覆盖的场景与终端类型。在2022年的赛事转播中,咪咕从技术方面提前做了储备,一套技术进行不同设备的编解码,最终适应不同的产品端和场景端,除适配咪咕视频App外,在用户宽带魔百和、VR头盔、车载等设备,酒店、医院等公共场所,以及户外大屏等场景上也均有覆盖。除此之外,中国移动还调动了内部31个省公司的力量,线下铺设3万多个网点和网格,包括旗舰店、体验店、营业厅、社区店等网点,通过滚屏和物料包装覆盖更多咪咕赛事内容,这是咪咕与其他线上视频平台的不同之处。

3.赛事后期:开发衍生顶流IP产品,孵化价值空间

咪咕的IP化打造过程覆盖了整个赛事的前、中、后期,但衍生商品的开发,一定程度上取决于前期与中期的营销效果。冬奥期间,年轻化的用户群体是衍生IP商品的主要购买力,根据北京冬奥会最大的IP商品——冰墩墩的购买情况即可发现年轻人对"手办""盲盒"的兴趣,为冬奥有关的衍生商品搭建了天

然的消费基础。针对年轻人的消费心理和习惯作出用户画像,咪咕将衍生商品的开发视角放在了受欢迎人物和热点的 IP 化上,出售 IP 的符号意义,进而促使用户在崇拜和从众心理的推动下产生消费行为。不论是冰雪话题人物还是咪咕运营出圈的赛事内容,一定程度上作为社交货币,在传播过程中进一步延续流量的圈存。

咪咕除了制作"濛言濛语""拍案组合"周边内容外,2022 年 2 月 13 日,咪咕体育官方微博宣布推出王濛和黄健翔本人授权监修的手办礼盒,这是对王濛解说 IP 的又一衍生,利用顶流效应推动赛事出圈和平台的盈利。与此同时,"王濛说手办要和谷爱凌的一个价"的话题再次登上微博热搜,社交媒体的热度宣传带动了网友的互动热情,无形中成为衍生产品的广告,在话题流量的良性循环过程中,其社交货币的属性再次带动人际关系渠道强化对咪咕解说品牌的立体认知。

在赛事进行期间,咪咕商城除推出王濛、黄健翔的手办外,相继推出了谷爱凌、武大靖等运动员的周边产品供粉丝购买。在谷爱凌火爆全网时,咪咕联合谷爱凌开发打造了其系列 IP,数智人 Meet Gu 就是其中的代表。数智人 Meet Gu 由咪咕研发,是面向 8K 三维成像的体育虚拟人物,在谷爱凌逆转夺冠后,咪咕推出了谷爱凌 Meet Gu 联名签名版手办"谷凌凌",并相应开发了 AI 听书朗读包、健身课程等周边内容。这一系列操作是咪咕视频与顶流运动员合作进行的 IP 全线运营,双方合作使运动员的影响力在一定程度上触及到用户生活中的方方面面,对咪咕品牌而言,提升了其内容产品的感知度,扩大了平台影响力。[1] 咪咕对一系列产品的研发,除商业价值延伸之外,一定程度上也是为了让咪咕品牌成为社交货币,让其品牌背后的技术价值与冬奥纪念价值作为社交流通的媒介,在传播过程中强化咪咕和奥运的连接,以培养用户看奥运上咪咕的习惯。

---

[1] 这个冬奥,中国移动咪咕如何凭内容力拿捏住流量密码?[EB/OL].(2022-02-15)[2023-01-20]. https://mp.weixin.qq.com/s/5TBxZNdBfF0FQ1Rr8yNJHw?forceh5=1.

三、讨论与反思

经过对咪咕在冬奥期间的传播运营的梳理发现,咪咕视频凭借着冬奥期间的传播运营,实现了用户的规模增长和平台的进一步发展,同时为行业在体育赛事领域开创了新的运营方案。在整体的宏观架构方面,转播技术的创新突破、专业解说团队的建设、差异化内容的营销策划等给咪咕带来了新的经验与思考。从行业角度来看,咪咕此次冬奥运营也体现出一些行业发展的痛点。

(一)优质内容承接是留存大型赛事流量的关键

随着北京冬奥会落下帷幕,大型体育赛事短期内带来的巨大流量该如何消化、经营、留存,是视频行业的难题之一。不可避免的是,大型体育赛事的周期性特点决定了用户的高黏性只针对赛事本身,这对视频平台而言是持续痛点。因此通过咪咕的一系列留存动作,也能看到其试图找寻相关的解决方案。

冬奥期间,黄健翔与王濛的"拍案组合"圈粉无数,咪咕视频反应迅速,接着上线了"太好笑了王濛单口相声解说"合集,制作了冬奥衍生综艺《运动者联濛》,推出了王濛的签名款手办,并宣布把王濛"焊死"在咪咕解说席上,以及与其将在后续开启全新周期的深度合作,包括赛事解说、自制综艺、视频彩铃、健身课程等,还将携手王濛的体育 MCN 机构,以体娱跨界的形式展开合作。从用户的反馈来看,这一系列运营确实有一定的成效。当然,想要做到这种良性循环并不容易,内容是决定平台能否走得更远的关键。这就需要有优质的制作团队,因此广交伙伴变得尤其重要,如咪咕与北京卫视合作制作播出《家和万事兴》,与芒果 TV 合作制作《冰球少年》,为自身积累节目制作经验的同时,优质的内容将增加用户的黏性,吸引用户反复观看。

咪咕的常态化运营除了剧综外,还包括其他头部稀缺赛事版权的储备,诸如 CBA、NBA、乒乓球赛事、电竞比赛等。此外,咪咕将版权和全民健身、健康中国等国家战略政策结合,每年 8 月 8 号和体育总局一起做全民健身节活动,如在篮球方面与很多地、市、乡、镇合作,在各个省公司当地举办"村BA"等活动,从民间赛事活动组织运营方面响应乡村振兴政策,延伸版权的播出价值。

(二)充分挖掘热门IP衍生价值延续赛事价值

体育版权内容的经营,一直是平台运营的难题。网剧、综艺如果成为爆款,很容易衍生出下一季,但体育赛事由于版权的稀缺性和不可复制性,很难做到持续盈利,仅靠赛事期间的广告、付费用户收入以及衍生周边产品,很难摊平高昂的版权成本。咪咕的特殊性在于其不同于央视频的背景条件,奥运赛事的天价版权,央视有权进行分销盈利,而咪咕只能圈地自萌的尴尬处境使其不得不在赛事衍生上多下功夫。虽背靠中国移动,咪咕少了资本市场的压力,但也不可避免多了施展空间的限制,从行业角度来看,中国移动的资金与技术支持是咪咕的独特优势,但在自我造血能力方面,能获取长期盈利以覆盖赛事的成本,是全行业必须解决的问题。

从2018年世界杯到2020年东京奥运会再到2022年北京冬奥会,咪咕视频一直处于赛事结束就被卸载的尴尬境地中,想要改变这样的局面,平台方除上述提到的需要有持续稳定的优质内容承接外,还应该在热门IP衍生价值上充分挖掘。体育迷的高忠诚度很容易转化为强烈的付费意愿与黏性,针对这一特性,或许可以通过打造优质的赛事关联内容来获取长线价值。这一方面,海外流媒体平台已经尝到甜头。Netflix出品的F1纪录片《一级方程式:极速争胜》以及亚马逊联手曼城足球俱乐部打造的纪录剧集《孤注一掷:曼彻斯特城》和聚焦英超球队托特纳姆热刺的纪录剧集《孤注一掷:托特纳姆热刺》同样获得了不错的反响。除了赛事本身受到关注之外,很重要的一点还在于优质的团队制作,从海外流媒体的内容制作可以看出,只有优质内容IP的衍生探索才能真正实现价值的可持续挖掘,咪咕可借鉴海外流媒体的经验,进行进一步的探索。

(三)深耕元宇宙技术持续塑造差异化优势

咪咕依托中国移动全国通信领域,肩负着中国移动主营的通信业务。目前中国移动承载着科技部的大视频子链的项目研发,咪咕公司也因此在行业协会方面承载着商业化验证工作,所以 2022 年咪咕在部分领域将国家的一些自主知识产权标准放到了现有平台上运行,重点体现在国家自主的视频产业链上,不再只让国外的技术标准形成垄断。在国家通信技术快速发展的情况下,咪咕依托 5G 技术,在元宇宙理论方面与清华大学马克思主义学院合作,在理论指导的基础上,开始尝试进行元宇宙的产品研发。在北京冬奥会期间,元宇宙的数智人分支已投入运行,在卡塔尔世界杯期间,咪咕在场景方面研发了比特景观,比特景观是指在空间和场景上建模的世界观设置,咪咕目前正在研发的元宇宙产品分别为星际广场和星座 M,可以满足用户在元宇宙空间里实时观赛。星际广场和星座 M 两个产品都脱离了对终端的依赖,变成对算力网络的能力、云游戏能力的要求,所以终端更多的是体现显示功能。2022 年咪咕小范围地尝试了比特直播的技术,在 2023 年 CBA 全明星周末的转播中,进行了较大范围的试商用。比特直播是指运动员身上不带任何设备,仅通过摄像机从不同角度,便可对场内运动员的情况进行动捕,然后将运动员的模型还原成数字世界的另外一种展现形态。这个过程是靠镜头对动捕技术和骨骼技术进行还原,使运动员在真实世界去完成数字环境里的动作,这是比特转播技术可以实现的情况。

诚然元宇宙技术还未大范围地投入使用,目前仍处于产品研发和试水阶段,但是在体育赛事转播过程中,咪咕已经开启了赛事转播技术的新范式,力图打破国外转播技术标准的垄断。倘若元宇宙产品的应用能取得成熟性成功,咪咕在全国乃至全球体育赛事转播领域都将成为标志性的存在。

四、结语

在 2022 年北京冬奥会上,咪咕作为持权转播方,其一系列运营操作取得的成绩较为显著,在体育赛事的转播运营方面,贡献了其独有的运营架构和战略布局,为网络视听行业引领了新的运营风向。王濛解说的出圈带动了咪咕的下载量和口碑层层出圈,咪咕能在冬奥期间取得这样的成绩,离不开优质的内容和运营能力,无论是从转播技术的创新、解说团队的打造,还是话题的营销方面,咪咕都称得上是赛事转播的"先手棋"与"扩音器"。可以说咪咕在冬奥期间不仅助力了赛事转播生态的建设,还创新了体育传播模式。乘着北京冬奥会的东风,咪咕视频收获了用户流量与关注度,实现了自身阶段性的发展。作为赛事版权最丰富的长视频平台,咪咕的流量红利远不只冬奥会,全民健身的新浪潮、元宇宙的风口都为咪咕视频创造了新机会。但面对昂贵的版权投入、行业外部的唱衰议论,咪咕乃至整个行业如何能继续盘活增量用户基数,如何实现版权投入下持续的盈利正增长,也是平台与行业亟待解决和持续关注的问题。

(本案例由张昊若、曹婷负责撰写)

媒体融合案例

音频媒体融合转型的路径与策略
——以中央广播电视总台云听 App 为例

摘要：随着媒介技术日新月异,移动化场景不断细分,音频领域成为主流媒体探索转型的红海。通过案例分析与参与式观察,依照从微观底层逻辑渐进到宏观顶层设计的思路,本文着重探讨云听 App 的内容、运营与价值引领三方面。研究发现,生产创新、场景搭建和价值引领对主流媒体在音频领域的新媒体转型有着重要意义。内容的多元性整合吸引跨界受众,提升用户规模;场景搭建为内容传播赋能,提升主流价值传播力;对主流价值定位的坚守,能赢得黏性用户与社会认可,继而再度回归内容,推动扶持创新突破。在此思路下,主流媒体在音频领域的新媒体转型从"小融合"不断接近"大融合",从而实现真正意义上的深度融合转型。

关键词：主流媒体;新媒体转型;音频;云听

一、引言

移动互联网时代,"耳朵经济"悄然兴起成为新风口。技术发展推动下,"耳朵经济"作为新兴网络音频产业,充分满足用户在独特时空条件下的信息需求,快速发展崛起为显性媒介文化现象。[1]

从定义内涵出发,我们可借助"眼球经济"概念类比理解"耳朵经济"。相对于优酷、爱奇艺、哔哩哔哩等流媒体视频网站代表的眼球经济,耳朵经济泛指

---

[1] 陈昌凤."耳朵经济":知识与资讯消费新形态[J].人民论坛,2020(5):92-94.

受众用耳朵进行信息消费的经济现象。从用户特征看,因为相较眼球经济所偏重的感官刺激和视觉娱乐需求,耳朵经济消费用户须进行更多脑力活动,这一特征吸引了大量文化水平与受教育程度较高的用户,耳朵经济的核心用户付费意识和消费潜力也因此相对较强。①

上述特点为耳朵经济带来新流量属性,也由此成为主流媒体融合转型的重要突破口。②为顺应音频市场发展趋势,中央广播电视总台加入音频赛道,推出音频客户端——"云听"。云听于2020年3月4日上线,是一款以5G技术为支撑的移动音频客户端。云听以资讯、知识、文化为内容战略方向,集纳总台精品内容,自制音频IP节目,创作优质有声书,致力于为手机、车机、平板电脑、智能穿戴等多终端用户提供全场景声音,因此被称为"音频中的国家队"③。依循"台网并重、先网后台、移动优先"原则,云听促进广播听众向声音用户转变,稳妥推动广播频率改版升级,在内容资源、技术赋能与品牌打造上体现强劲发展势头。④

内容资源层面,云听充分整合总台旗下各广播、电视优质内容,同时与其他音频平台强强联手,具备强大专业生产和独家资源打造能力,云听上线一年后客户端阅览量达到10.73亿次,成为总台阅览量10亿量级四大客户端之一。⑤技术探索层面,云听依托人工智能、5G+4K/8K+AI等前沿技术,领先探索音频新"声"态体系。艾媒咨询2021年度调查显示,云听在互联网音频市场口碑位列行业第一。⑥

媒体融合背景下,主流媒体转型是大势所趋,推进媒体融合在国家意志层

---

① 李雨轩,赵志安.用户消费视域下的耳朵经济市场现状及前景研究[J].编辑之友,2021(8):24-28.
② 何慧媛.智媒时代音频传播的机遇与入局策略[J].青年记者,2019(21):9-10.
③ UWA联盟秘书处.三维菁彩声(Audio Vivid)技术白皮书[R].世界超高清视频产业联盟,2022.
④ 梁旭艳.耳朵经济兴起的表现及原因探析:兼论互联网经济从眼球经济到耳朵经济[J].编辑之友,2021(8):18-23.
⑤ 张超,钱尔赫.从"云听"看音频新媒体产业的发展[J].传媒,2022(9):17-19;屈高翔,梅雨浓.迭代、再造与想象:有声读物再媒介化逻辑与未来场景[J].中国出版,2022(14):36-40.
⑥ 王清江."云听":声音新媒体的"国家队"[J].传媒,2022(9):8.

面具备重大意义,急需各级主流媒体延续顶层设计有序推进,由表及里、由点到面地融合变革。① 本文发现,云听的快速发展,有着清晰可行的发展策略与多样化创新探索。② 因此,对云听的研究既能帮助我们深刻认识当下最新一类音频媒体的特性,也能为主流媒体新媒体转型提供思路。具体而言,本文主要聚焦以下三个问题展开讨论:

(1)内容生产机制层面,如何彰显专业定位并创作大众喜闻乐见的内容?

(2)场景布局策略层面,如何延展渠道扩大覆盖面,同时纵深传播力?

(3)主流价值引领层面,如何树立国家品牌影响力并提升民族文化认同?

二、案例分析

通过以数字信息技术建设为内容赋能,以网络社会生态思维作为平台运营的理念指引,以内容服务边界延展作为价值延伸,主流媒体得以与国家现代化治理紧密勾连。③ 值得关注的是,云听的传统媒体属性不仅没有成为向新媒体转型的阻碍,反而为此提供了启发与切入点。因此,课题组立足云听创新实践,从内容生产机制、场景布局搭建、价值引领思路三个维度进行分析,通过典型音频案例分析与云听微信粉丝群参与式观察的研究方法,来深度探讨"如何让用户喜欢听""如何让更多用户听见"和"如何通过主流声音凝聚民族认同"的核心问题。

(一)内容生产:新媒体思路打造优质矩阵,技术创新再定义声音维度

从微观底层逻辑出发,内容是媒体融合发展的根本性前提。④ 云听 App 前

---

① 胡正荣,李荃.把握历史新机遇,擘画融合新图景:从党的二十大精神看我国主流媒体的未来[J].编辑之友,2022(12):36-42.
② 李雨轩,赵志安.用户消费视域下的耳朵经济市场现状及前景研究[J].编辑之友,2021(8):24-28.
③ 胡正荣,李荃.融合十年:2012—2022年媒体融合历程回顾与前景展望[J].现代视听,2022(9):5-10.
④ 曾祥敏,杨丽萍.论媒体融合纵深发展"合"的本质与"分"的策略:差异化竞争、专业化生产、分众化传播[J].现代出版,2020(4):32-40.

身名为"中国广播电台",这意味着云听大部分内容是基于电视和广播的新媒体转化。一方面,用传统视听语言的标准做音频,是媒介形态的向下兼容;另一方面,制作的高要求和接收渠道的窄化导致注意力汇聚,从而使音频产品的吸引力和感染力被凸显放大。因此云听的底层逻辑可被比作是将"重量级的内容"放在轻量化平台上,进行新媒体式便捷传播。

通过梳理业界和学界对云听的评价以及分析 App 中的热门节目,本章节主要围绕云听生产机制,探讨其创作中的新媒体思路,以期回答融媒体时代下广播媒体在内容产出中的三个问题:首先从音频转化来看,云听所选择的视听内容类型具备怎样的特征?其次从创作层面来看,云听制作音频内容时结合运用了哪些新媒体思维?最后在技术应用上,云听的声音维度表达实现了怎样的创新突破?

1.资源整合:充分发挥版权优势,巧妙激活情怀效应

在内容资源重组层面,"媒体融合要遵循资源集约、结构合理、差异发展、协同高效……从'开新创'到'动本体',从'求增量'到'改存量'"①。可以发现,云听通过"动本体",对既有资源进行挖掘,通过"改存量",将传统经典内容实现新媒体式流量引爆。

高制作水准让音频内容享有品质保障。云听的节目内容制作精良,用户反馈良好。例如,在云听畅听榜中,用户对榜上的《中国通史》节目给予高度评价,称其极具声音质感和画面感。版权独家性是打造音频内容竞争力的核心。音频领域背后落脚于内容本身,而内容的质量与独家性往往能成为差异化竞争的筹码。②从资源独家性上看,由于背靠中央广播电视总台,云听相对其他音频平台处于信源上游,能第一时间掌握最新资讯,具备极强的不可替代性。由于中央广播电视总台是最大的体育赛事转播权拥有方,所以相较喜马拉雅、蜻蜓 FM 和荔枝等商业音频公司,理论上云听 App 可以申请到总台全部已拥有版权的体

---

① 曾祥敏,李刚.我国媒体深度融合发展中的关键问题[J].现代出版,2021(2):65-74.
② 樊丽,林莘宜."耳朵经济"背景下播客内容新样态探索[J].中国出版,202(24):31-35.

育赛事转播权,在发展体育音频栏目方面拥有大量体育赛事资源。[1] 云听还引入电视剧《武林外传》和多部热门影视剧的正版版权,成功将大量影视剧迷转化为忠实听众,打破了不同圈层用户的界限。

差异化定位是打造IP的关键点。云听的内容来源丰富广泛,首先,在提供海量电视广播既有音频内容之余,云听也涉猎人文社科等其他广泛主题,提供自制精品节目,形成"资讯、知识、文化"三大核心布局。其次,除独立制作,云听也与传统媒体平台密切合作,整合总台旗下各广播、电视的优质内容,联合全国传统媒体。[2] 再次,云听跨界破圈,通过邀请知名专家、头部大咖、影视明星等,联合生产多元文化精品。在多元合作的生产机制下,云听打造出多个独家IP,如通过联动总台推出的《国家宝藏·挖藕季》《华彩少年说》《中国诗词小课》等系列衍生音频节目IP,[3]开启了互动广播全新模式。上述种种类型都为云听定位的文化精品路线奠定了扎实基础。

充分调动创作者资源有助于构建独特声音社交感。云听对创作者资源进行充分挖掘,推出大量由明星、知名主持人、央视名嘴制作的作品。例如,《云听声音日历》由受观众喜爱的电视主持人制作,吸引电视观众"闻声而来",实现了多个媒介的用户融合汇入。此外,云听不仅停留于音频的单向输出,也注重构建声音社交感,如提供"向康辉学播音"交互功能板块,通过提供声音范本和打分评级功能鼓励用户学习标准朗读技巧,极大提升了产品的可交互性和对话感。

情怀效应能够转变为强大流量。值得注意的是,传统媒体和新兴媒体间存在着迭代关系,因此并不能以谁主谁次划分,而是要关注它们的此长彼长;在传播力上也不能用谁强谁弱衡量,而要关注两者如何优势互补。[4] 因此,具备时代印记的传统媒体经过巧妙挖掘,能深层次唤醒用户的情绪记忆,也随之获得

---

[1] 李雨轩,赵志安.用户消费视域下的耳朵经济市场现状及前景研究[J].编辑之友,2021(8):24-28.
[2] 张根清.云听的声音新媒体布局[J].传媒,2022(4):11-12.
[3] 沈金萍,凌燕,孙航."云听"的弯道超车之技[J].传媒,2022(9):12-14.
[4] 赵波,刘方辉,陈琦.从"云听"看音频新媒体的发展趋势[J].传媒,2022(9):9-11.

强大流量。例如,对于电视和广播,国内用户具有强烈的集体记忆,因为电视往往意味着"家"和"团聚",电视和广播声音能营造出"家的氛围",激起用户对"团聚的向往"。云听正是充分抓住了国内受众对电视广播的情怀感,将优质经典的广电影像转变为可以便捷收听的新媒体音频。通过观察分析云听 App 用户评论反馈,不难发现内容情怀效应带来许多正面影响。例如,一些用户在使用过程中对云听表示肯定:"以前电脑手机还没有普及的时候,我们可以专心地听故事。现在的世界太浮躁,信息太多却又什么都记不得。这个软件最大限度地保留了童年记忆中收音机该有的特点,就像回到了童年那个简单而纯粹的世界。演播者就像一个朋友一样在跟你说着心里话,就像是她或者他自己的故事,仿佛不是作者编的故事。"

总体而言,从整体内容生产机制来看,云听为广播生态提供了新范式。高制作水准、独家版权、差异化定位与情怀效应激活,让云听从内容上实现深度融合创新。并且,云听并没有依赖和止步于消费传统媒体自带的情怀效应,而是不断探索新的内容创作思路。

2.创作思路:艺术精髓专业演绎,经典内容创意表达

对传统文化宝藏持续挖掘,并进行现代化演绎,是主流媒体文化传播的核心任务。例如,2022 年由中央广播电视总台影视译制的首部中英文融媒体微广播剧《千里江山》上线后,数天内话题总阅览量突破 2.5 亿人次,多个视频平台播放量破 1200 万人次,引起社会各界广泛好评。《千里江山》在内容上以微见著,形式上以融见丰,渠道上以准向远,①通过声音将听众带入生动鲜活的历史时空。

广播剧和影视在故事创作思维上相似,但在演绎底层逻辑上差异巨大。广播剧是听觉的想象艺术,只能通过听觉这一种方式触达受众,因此需要更强的表现力,不能停留于台词表面,要用不可见的声音去传递可见的动作视觉感。

---

① 陈圆,丁一晴. 青绿千载,江山无垠丨融媒新象 [EB/OL].(2022-11-29)[2023-10-28]. https://mp.weixin.qq.com/s/qtcKClJvgUI27yeAwdsuIQ.

可以说,创作者不再仅是有声讲述,而是有声演绎。通过梳理了解《千里江山》制作团队幕后分享故事发现,广播剧在录制中需创作者先行在脑海中构建画面,并全身心投入,充分刺激情感表达,完成角色塑造和情景再现,从而达到"声音一响,画面立现"的效果。《千里江山》评论区反馈也体现出听众对精良制作的力挺,许多听众认为能通过生动鲜活的故事学习到历史知识,并表示会推荐给朋友。其中一条评论写道:"好久没听到广播剧每一集都有主题曲和报幕,主题曲是收听的余韵,报幕是对每一位主创人员的尊重。"这在一定程度上更是对云听的定位内核给予充分肯定。

在尊重传统的基础上进行创意改编,是打造喜闻乐见年轻化文化产品的重要思路。一方面从具体内容创制层面看,对于改编类型音频,云听在不影响原意的基础上适当引入网感,以便观众吸收理解。例如,在云听热门节目《Kevin趣说〈西游记〉》的评论区中,不少听众表示非常喜欢主流媒体对四大名著的再演绎,对于这一将现代元素融入古代文学经典的创新给予充分肯定,并希望云听能够把四大名著都录制一遍。另一方面从内容呈现形式看,云听根据碎片化传播特性对长篇音频内容进行剪辑再加工。例如,《故事里的中国3》本身为长纪录片,其中一期接近 1 小时 20 分钟的原节目被拆分成 6 个主题选段,每段时长在 10~40 分钟之间。同时,为了方便用户快速识别内容要义,云听会将拆分后的电视剧章节再命名,用简短明确的短句清晰点出章节主旨,如对于电视剧原声《人世间》,云听对每集进行拆分和再命名,无论听众是否观看过原剧,都能无障碍消化内容。这样的长、短音频组合布局,使得声音节目在再转化过程中仍能保留部分单元叙事完整性,并且做到更符合新媒体传播的碎片化特性。①

3.技术创新:AI 智能技术赋能生产链,"菁彩声"技术革新声音前沿

前沿技术能为主流声音带来"扩音器效应",助力主流媒体在时间和空间上实现双向纵深传播。在实时报道中,云听应用智能播报技术,用高度时效性缩短受众听到现场报道的时间,数字技术也改变了依赖传统广播按照线性时间进

---

① 张晗,左志新.5G 时代"云听"的优化路径 [J].传媒,2022(9):15-16,18.

行信息分发的议程模式。目前云听打造出AI专属训练团队,能够在短时间内精准筛选集成内容,云听AI主播"云小听"快节奏讲述,实现生产与播报智能化。例如,在2022年全国"两会"期间和《中国之声》广播节目合作,记者文稿传送后由AI进行语音生成,用一分钟200字的速度将"两会"声音迅速传递给听众,并同步输出到云听的车机端和智能穿戴终端等各个端口。①

对前沿音频技术的不断探索,能够为声音质感和传播范围增加新维度。例如,在"2022年中央广播电视总台中秋晚会"中,云听首次采用超高清和三维声制作播出,开启我国自主研发的三维声技术(Audio Vivid 菁彩声)示范应用,这一技术首秀极大地提升了用户收听体验,具有重要的经济和社会效应。② 菁彩声作为国内自主研发技术,是全球首个基于AI技术的音频编解码标准,支持主流三维声编码的同时兼容单声道、立体声、环绕声、三维声,可以让声音在三维空间的任何位置精准放置和移动,准确描述每一个声音的位置、大小、轨迹、时间、长度。相对传统声音,三维声增加了空间感和方位感,使听众能再现在现实世界中所听到的声音,从而满足人们对声音高度还原、高度沉浸的体验需求。戴上耳机,等同于把环绕式音响装进耳朵里,能够无延时感受音符在多维空间里的律动。

(二)场景布局:多元渠道共筑"声音云端"

建设好渠道能够让主流媒体借助移动传播,成为社会的传播制高点。③ 在渠道联动方面,主流媒体则须避免被平台本身限制,充分融入现实生活,走出国门,进行多元渠道的构筑,只有这样才能真正迈向深度大融合。值得关注的是,云听对渠道的拓宽和跨界领域的吸纳,体现出"大融合"的特点,因为这为深度媒体融合提供了充足的支撑性资源,从而真正意义上提升了现代传播能力,重

---

① 沈金萍,凌燕,孙航."云听"的弯道超车之技[J].传媒,2022(9):12-14.
② UWA联盟秘书处.三维菁彩声(Audio Vivid)技术白皮书[R].世界超高清视频产业联盟,2022.
③ 习近平.加快推动媒体融合发展 构建全媒体传播格局[J].求是,2019(6):4-8.

构商业盈利模式。① 在国内,云听打通线下与车载等传播链路,同时联动地方广播电台;在国际,云听将作品编译出海。国内传播网和国际传播矩阵的交织搭建,共同构成云听的"声音云端"。

1.传播场景延展:多场景运营扩大用户规模

从主观的用户精神空间弥散到客观的现实物理空间,是新媒体音频平台渠道融合的必要思路。在渠道拓宽方面,云听搭建了互联网移动端和PC端,基于传统广播的无线发射端、车联网的车机端和物联网的智能场景端传播内容。云听还结合内容特性开展各类线下活动,从而持续性增强传播影响力。例如,2020年12月云听与合肥市一百多所阅读空间合作举办"声声悦耳,书香合肥"城市阅读周,开发出全新的线上线下互融新项目。②

顺应万物互联传播趋势,抓住车联网与听觉传播的发展机遇,是新媒体音频平台抢占场景的必要思路。在传播渠道运营层面,主流媒体应跳出传媒做融合,利用制度优势,融入国家经济发展大局,实现"互联网+跨界"的本质转型。③ 例如,云听积极成立5G车联事业部并高效承接既有音频资源,实现集成播控。在车载领域中,云听推出伴随式收听、场景化推送、电台流播放等功能,逐步实现从"传统广播媒体"向"智能音频媒体"的"云听模式"创新。目前云听车载端用户数超过4200万,月活用户数超过400万,快速成为车联网音频第一媒体。云听用户规模也已超过1亿人,月活跃用户超过1800万人。④ 除了将总台内容引入车机,云听也在积极推动和各地电台的车联网合作,以此给车企提供更多安全、稳定、可靠的高质量音频内容。⑤ 同时联动各地电台共同组织车主活动、

---

① 郭全中.媒体深度融合的"大融合"思路及实施关键[J].现代传播(中国传媒大学学报),2022,44(9):1-7.
② 莫军生."云听":音频传播的融合创新[J].传媒,2021(17):29-31.
③ 郭全中.媒体深度融合的"大融合"思路及实施关键[J].现代传播(中国传媒大学学报),2022,44(9):1-7.
④ 沈金萍,凌燕,孙航."云听"的弯道超车之技[J].传媒,2022(9):12-14.
⑤ 鲁艳敏,陈智睿,涂中文.基于车联网的"云听"探究[J].传媒,2022(9):20-22.

车企活动,成为车企、车主、电台中间的桥梁,做到真正的车内运营。①

对传播链路的打开能够使国家主流声音实现全程化触达、全场景分发。云听将前沿技术探索与听众现实生活紧密嵌入,在大型节假日开展"百城千屏"互动,将"百城千屏随身听"终端集成在云听客户端,在视、听两个维度都实现了跨媒体交互。例如,2023年央视网新闻直播间发布了一则名为《广东深圳8K大屏前看春晚 云听三维菁彩声》的新闻,对云听的三维菁彩声与百城千屏活动进行报道。广东深圳福田星河购物广场8K超高清LED大屏同步播出中央广播电视总台春晚,提供超高清的画质与立体式声音技术,超大的屏幕尺寸和极具层次感的声音,为观众营造出置身春晚现场的氛围,现场围观群众均表示"效果非常震撼……这个8K屏幕,再配合耳机,让人有一种在演播室现场的感觉"。

2.传播范围纵深:国内联动搭建声音矩阵,国际传播放大中国声音

在推广方面,与相关平台的联动能够实现强强联合。例如,云听上线伊始就将"学习强国"平台上的内容与自身平台发展进行有机融合,在平台架构与内容创作上充分联动互补,不仅在"学习强国"平台上线了"云听专区",还同步创作和播放与战"疫"相关的音频内容,并与"学习强国"平台联合开发、共同制作了《英雄的中国人民一定行》等引发社会强烈反响的优质内容产品。此外,云听和国内优质地方广播搭建矩阵网络,将不同空间里的信息汇聚整合。例如,四川广播电视台九大广播频率、河北广播电视台四大广播频率、南宁广播电视台四大广播频率等均正式入驻,和云听共同创建中国的声音云端。

习近平总书记说:"要让更多文物和文化遗产活起来,营造传承中华文明的浓厚社会氛围。"对传统文化的国际传播,是为了实现中国故事的一次采集、多种生成和跨域传播。② 可以发现,作为中央广播电视总台第一部跨语种、融合传播的微广播剧,《千里江山》通过精准地道的英文编译、CGTN中外英语主持人联袂演播以及海外多平台投放,让海外听众和网友一同"听见"千里江山,让深

---

① 张晗,左志新.5G时代"云听"的优化路径[J].传媒,2022(9):15-16,18.
② 田香凝,曾祥敏.媒体深度融合背景下我国主流媒体的国际传播平台建设[J].中国编辑,2022(7):23-28.

耕于中国的文化宝藏走出国门,让世界更多的人了解,产生人文美的情感共鸣。这一成功实践顺应了国际传播领域移动化、社交化、可视化的趋势,①让观众身临其境、读懂传承,也为文物活化工程开辟了新思路、新视点、新方法、新手段、新途径。②

(三)价值引领:扩大主流品牌影响力,提升民族文化认同感

从宏观顶层设计看,主流价值能够引领社会思潮、凝聚社会共识,带领全社会达成共识,从而让社会共同体和谐运转,③做好主流声音价值引领,能够巩固全党全国人民团结奋斗的共同思想基础,为实现中国梦提供强大精神力量和舆论支持。④ 因此主流价值传播对意识形态工作有着重要意义,推动媒体融合向纵深发展则是媒体对责任的坚守。⑤

值得重视的是,融合不是消灭差异,不是追求"千媒一面",而是要在竞争中根据资源配置特征和价值链,明确战略定位,寻找核心竞争优势,发挥独家特色。⑥ 可以发现,云听不受短期商业利益影响,坚持正确政治定位,这是优秀媒体平台的永恒追求。例如,云听在营销方面商业化痕迹轻,对消费和免费区做出明显区隔,界面清新干净,对用户付费也有充分直接的引导,促使其有效消费。在免费板块,云听内容皆无广告插入,还推出较多公益性质的内容。这是对"不畏浮云遮望眼的视野和格局"的坚守,积极响应了"奋力打造具有强大引领力、传播力、影响力的国际一流新型主流媒体"的号召,也持续深化了习近平新时代中国特色社会主义思想的宣传阐释,推动中华优秀传统文化创造性转化

---

① 习近平. 加快推动媒体融合发展 构建全媒体传播格局[J]. 求是,2019(6):4-8.
② 陈圆,丁一晴. 青绿千载,江山无垠丨融媒新象[EB/OL].(2022-11-29)[2023-10-28].https://mp.weixin.qq.com/s/qtcKClJvgUI27yeAwdsuIQ.
③ 胡正荣,李荃. 把握历史新机遇,擘画融合新图景:从党的二十大精神看我国主流媒体的未来[J]. 编辑之友,2022(12):36-42.
④ 习近平. 加快推动媒体融合发展 构建全媒体传播格局[J]. 求是,2019(6):4-8.
⑤ 王镜榕. 王晓红访谈(下篇):唯有"深改",方能"深融"[EB/OL].(2020-07-15)[2023-10-28]. https://www.zhonghongwang.com/show-94-176751-1.htm.
⑥ 曾祥敏,杨丽萍. 论媒体融合纵深发展"合"的本质与"分"的策略:差异化竞争、专业化生产、分众化传播[J]. 现代出版,2020(4):32-40.

与创新性发展。①

1. 主流价值柔性传递，主流话语亲切讲述

内容准入门槛和用户价值引导是鉴别音频产品是否出众的关键标准。艾媒咨询发布的《2020—2021年中国在线音频行业研究报告》显示，由于在线音频内容创作门槛较低，用户接触的内容鱼龙混杂。这是因为音频新媒体尤其是商业音频平台为了吸引更多用户生产内容，为平台创造经济效益，一味降低准入门槛，从而忽视了对用户的引导和规范，使得平台信息杂糅，人们很难从中分辨孰是孰非，若不及时加以引导易使其产生错误观念。②

此外在舆论引导方面，云听充分承担起主流媒体应有的责任，及时用声音传递权威观点。云听通过设立焦点主题页面，既扮演了舆论的引导者，也以更积极的姿态成为舆论的回应者。例如，在东航坠机事件发生之后，云听立刻开辟单独主题板块，按照时间线的顺序，将《人民日报》、新华社、中央广播电视总台等媒体发布的相关信息汇集在同一主题之下，既确保了用户追踪热点新闻信息的需求，又保证了用户在面对海量信息时，仍然能够听到有公信力、权威性主流媒体发出的声音。③

在主旋律表达方面，媒体平台应充分承担起社会责任，发挥好多元工具属性。云听推出大量适合学校红色教育、事业单位精神提升的音频内容，更清晰地做好定位，结合声音知识的价值性与知识性，以此打造显著的特色优势。为了将年轻化元素与主流价值观相结合，云听将互联网逻辑融入主旋律题材音频。例如，2021年9月30日，云听与宁波城铁公司共同打造的"党史有声车厢"顺利发车，成为长三角地区首个可以"听"党史的有声列车，以"互联网+"为党史学习和党建教育助力，让党建学习内容"声"入人心，④打造"真实、权威、主流"的品牌形象。

---

① 鲁艳敏,陈智睿,涂中文.基于车联网的"云听"探究[J].传媒,2022(9):20-22.
② 沈金萍,凌燕,孙航."云听"的弯道超车之技[J].传媒,2022(9):12-14.
③ 莫军生."云听":音频传播的融合创新[J].传媒,2021(17):29-31.
④ 樊丽,林莘宜."耳朵经济"背景下播客内容新样态探索[J].中国出版,2021(24):31-35.

在柔性化表达方面,小切口呈现大主题、小故事反映大变化、小视角折射大时代可以成为主流媒体呈现价值的思路。云听使用场景化制作方式编创节目,探索声音新样态,用科技形式讲述科技内容,打造"声音纪录片"新形式,如云听与中央广播电视总台《经济之声》栏目携手打造声音纪录片——《数说中国故事》,通过每期5~6分钟的短音频,围绕典型、关键数据,用"小故事讲大成就",力图通过十年来发生在我们身边的小故事,折射我国经济社会发展的大成就,让听众享受一场悦耳动听的中国经济"声音盛宴"。《数说中国故事》以"创新、协调、绿色、开放、共享"五大新发展理念为主题,分成五个篇章,每个篇章对应一个理念,并选取一组与该理念对应的典型数据,展现党的十八大以来中国经济波澜壮阔的新图景。

2.知识耦合情感表达,用户共创文化生态

中国式现代化不是传统的经济现代化思维,而是体现着人类文明形态中的先进思想。对此,主流媒体更应该在转型过程中做到对中国式现代化的充分响应,[1]在文化生态的打造中融入先进文明思想。同时,党的二十大报告着重强调了要"提高全社会文明程度"。可以说,主流媒体文化传承功能效果的好坏,反映出大众传播对公众思想、态度和行为的实际印象。所以,作为文化内容的叙述者与建构者,主流媒体的文化传播关系到社会发展与政治稳定,也对人类文明精髓能够持续延续有着关键意义。[2]例如,目前云听正致力于打造"中华经典有声库",助力经典内容的传承与传播。

对音频产品种类和功能的多元开发,能够更全面地覆盖大众文化生活。数字化重构了有声读物内容生产以及用户之间的关系,而这种改变从根本上说是文化生态的改变,即知识与情感耦合、专业与非专业群体同构的有声文化生态。[3]例如,云听提供大量优质的古诗、古文有声产品,被听众称为"背诗神

---

[1] 郭全中,周淑芬.主流媒体如何做好中国式现代化多维解读[J].新闻战线,2022(23):66-68.
[2] 胡正荣,李荃.把握历史新机遇,擘画融合新图景:从党的二十大精神看我国主流媒体的未来[J].编辑之友,2022(12):36-42.
[3] 赵波,刘方辉,陈琦.从"云听"看音频新媒体的发展趋势[J].传媒,2022(9):9-11.

器",成为便捷的有声教育启蒙材料。其中《中华诗词小课》因其鲜活生动的内容受到家长与学生的欢迎。上述尝试都助力中国传统文化润物于无声,自然渗入人们日常生活中。

不为吸引大量用户而过于下沉,不为盲目破圈而纳入非主流领域圈层,既做出改变,同时有所坚守,这有助于媒体平台始终凸显自身价值定位。相对于营销推广,云听更注重社会主义核心价值观的宣扬,内容所传达的含义向上向善,积极正面,没有为博取注意力而上架缺少教育意义的内容产品。例如,教育板块中,云听对小学语文教材基本实现全覆盖,国学经典和古诗均作为主要内容,同时很好地延续了电视广播大众媒介属性,如云听推出的《识读周易》用更通俗简明的语言解读晦涩深奥的内容,适合有一定文学积淀的优质用户,也能吸引有学习需求的潜在用户,体现出"碎片化学习+陪伴感满足"的特征,承担起大众传播弥补知识鸿沟的责任,为用户提供多元学习渠道。

以音频文化内容为支点,衍生发展文创产品,有助于将传统文化魅力嵌入大众生活。云听设有特色商城,其中的文创产品充分体现了传统文化的魅力,如节气手账等。在用户等级设定方面,云听创造性地借鉴了古代科举制度,设置了白身、童生、秀才、太傅等十个等级,实现了传统文化创新性转化,也为未来打造云听的文化生态奠定基础。

三、讨论与反思

个性化空间打造是拓宽未来用户群体的重要渠道。随着媒体生态的变迁,"受众时代"逐渐向"用户时代"转变,传统广播向音频新媒体的转型也向着更加个体化、互动化的方向发展。[①] 同时,人才是媒体深度融合的关键。因此传媒集团和媒体机构可以通过引进来、走出去、干中学等方式,培养出能力出众、结

---

① 沈金萍,凌燕,孙航."云听"的弯道超车之技[J].传媒,2022(9):12-14.

构合理的复合型全媒体人才队伍,[①]只有这样才能为主流媒体的转型实践提供活力。

主流观点不仅要被"听见"还要被"听进",实现真正的入脑入心。媒介融合不仅是传播渠道的量化增加,还应该关注能否将公众纳入生产与传播的环节中,能否以更具亲和力的姿态、语态与之交流,并最终建立起平等互动、令人信赖的朋友关系。[②] 云听不断尝试打破传统广播"单向传播"的局限,积极探索新样态,突出融媒体传播,发挥新媒体平台优势,通过"收听打卡"与听众形成每日互动。

(一)形成互动亲和力,构建声音社交感

从"大众收听"到"个体定位"的转型意味着需要将更多的精力投入用户画像和交互设计中。传统广播的直播流是线性结构,受众往往被看作大众或群体,在相同的时间和空间内只能收听固定的节目,而音频新媒体面对的是个体,他们并不像对待传统广播一样被动接收,而是对于音频产品有着特定的"需求",通过能动地进行音频产品和内容的选择、接触和理解,使这些"需求"得到满足。[③] 云听目前已具备个性化定制与多种模式切换的设计,在用户目前的存在度方面,可以继续尝试从单纯的数据和文字点评,走向个性化、立体化社交空间的方向打造。评论区中,创作者与用户也可以通过更多的互动来增强吸引力,拉近距离。

云听在用户交互方面已做出许多新尝试,如在每日签到界面,云听设计了重力动画。对于转型的下一阶段来说,如何做到在内容、技术与用户体验方面都领衔于市场,如何通过价值引领驱动新颖互动内容创作,如何通过对传播效果的追求驱动技术革新,是云听需要思考的问题。本文认为,云听可进一步搭

[①] 郭全中. 媒体深度融合的"大融合"思路及实施关键 [J]. 现代传播(中国传媒大学学报), 2022, 44(9): 1-7.
[②] 王镜榕. 王晓红访谈(上篇):唯有"深改",方能"深融" [EB/OL]. (2020-07-14) [2023-10-28]. https://www.zhonghongwang.com/show-94-176738-1.html.
[③] 沈金萍, 凌燕, 孙航. "云听"的弯道超车之技 [J]. 传媒, 2022(9): 12-14.

建好符合平台用户使用习惯的和合理的社交规则,通过平台让创作者和用户进行高质量的联动,将临时用户转化为常驻用户。①

(二)关注媒体优势核心,探索演播人才培养新模式

习近平总书记曾在讲话中提到:"媒体竞争关键是人才竞争,媒体优势核心是人才优势。"因此主流媒体应格外关注如何广泛吸纳人才与留住人才。② 目前,广播音频领域人才市场面临着巨大挑战,"耳朵经济"的方兴未艾更是将有声语言的传播界面带入了付费化、细分化、社交化、草根化的新阶段。播音主持创作要和时代文化同频共振。从"眼球经济"的兴旺繁盛到"耳朵经济"的独当一面,变化的是精神消费的媒介载体,不变的是受众对有声语言艺术的偏爱,这也反映出播音主持艺术顺势而为的延展性。

为构建可持续发展新业态,主流媒体可以与校方积极开展合作,促进学界业界共通,加强人才培养。例如,作为北京文化艺术基金2021年度资助项目,"融媒时代演播艺术拔尖创新人才培养"项目围绕培养演播艺术人才的主题开展,云听与包括中国传媒大学、新媒体演播艺术领域二十余位知名教授与业界专家在内的授课导师相结合,学员通过研修、研习、研讨、研究、研创等方式,全方位、全系统提高了审美素养和表达能力。

在深入与校方合作的同时,也要构建自身专业培养体系。例如,音频新媒体平台可以考虑推进专业体育解说员人才培养和引进,拟定培养计划,定点培养懂体育、懂新闻、懂播音主持的专业人才。音频新媒体平台还可以关注互联网技术发展所带来的新机遇,尝试构建自己的专业体育解说员培养体系,以此开发新的人才供给渠道。利用媒介技术互联互通的特点,聘请有经验的体育解说员开设专门课程,并规定应聘体育音频栏目解说员者需系统学习相关知识。③

---

① 张超,钱尔赫. 从"云听"看音频新媒体产业的发展[J]. 传媒,2022(9):17-19.
② 胡正荣,李荃. 深化体制机制改革:主流媒体纵深融合的内在动能源泉[J]. 青年记者,2022(10):15-17.
③ 李丹,刘宣伯,孙莹."云听"体育音频栏目的融合发展[J]. 传媒,2022(9):23-24.

(三)用户黏性培养与运营模式探索

广播电视观众具有定时收听节目的习惯,虽然这一习惯被互联网碎片化传播改变,但通过借助新媒体平台独有的用户依赖感,并借助多场景融合将碎片化使用拼接,搭建起自身的流量池,仍能将听众转变为习惯性收听用户。例如,云听的《健康闹钟》节目通过定时推出贴近生活的选题培养用户的收听习惯,打出"每日打卡,早晚1分钟,全家健康很轻松"的宣传口号,实现了用户从线性无选择(传统电视广播)——非线性随意选(碎片化传播)——非线性习惯性选择(用户黏性养成)的使用转变。高质量内容和方便获取的形式再度培养起习惯感,也成功抢占了应用场景。不同风格和领域的主持人能够吸引各自的粉丝群体,形成分众传播效应,为多元用户群提供垂类信息。

粉丝社群运营是云听文化生态建设的关键一环。例如,云听以客户端为枢纽,连接微信端和小程序端,同时设立粉丝群。结合云听微信公众号的内容与受众反馈能够发现,反响较强烈的推送往往传递出平静、美好与生活中的诗意。拟人际传播与粉丝社群传播共建起一个相互问候、彼此关心的共情时空。在作为群成员对云听粉丝群进行的近三个月观察中,笔者发现许多群成员热衷于时刻分享自己所听的内容,对平台直播、近期热门话题进行讨论,并在每日早、晚的相互问候与互动中实现人与人的连接。① 用户个体之间逐步培养起的强韧连接,构成忠实稳固的用户群,成为云听不断扩大运营的坚实基础。

现阶段,云听正通过大量免费的优质产品迅速扩大用户规模,全力打造精品知识文化内容,重点对标消费力强的中年用户群体,以此提升高净值用户体量;下一步,云听计划增加在用户运营方面的资金投入比重,扩大兼容度,进一步提升与用户认知经验、使用需求等的契合度,②在市场化与主流价值定位间找好平衡。

---

① 唐兴通.引爆社群:移动互联网时代的新4C法则[M].北京:机械工业出版社,2017.
② 王俊.移动电台创新扩散的属性解析:以喜马拉雅FM为例[J].传媒,2020(23):41-43.

四、结语

从内容创作与渠道打造看,云听已经不仅仅是中央广播电视总台的云听,正逐渐成为未来广播的云听、全国媒体人的云听、车载综合服务的云听、融媒体转型的云听。从同业竞争情况来看,"耳朵经济"市场差异大,分层明显,大多数产品已形成较成熟的商业运营模式及相对稳定的运行机制,市场上的"耳朵经济"产品涵盖了综合在线音频平台、垂直听书类平台及其他各种带有音频功能的商业运营平台等。如不能长期输出稳定内容吸引用户收听,找准自身定位与品牌记忆点,将会在市场选择中面临巨大压力。[1]

与目前市面上的头部商业化产品比较,云听没有盲目下沉去纳入不适宜核心定位的亚文化圈层,而是明确了运营路线,基于本身特性寻找创新点和突破口。通过发扬主流赛道的优势和高匹配度平台紧密合作,云听正在更清晰地做好自身定位,在坚守特色的过程中进行选择性借鉴,不断探索主流媒体向新媒体转型的优势再造。

通过总结云听的新媒体转型经验,展望未来主流媒体发展,可以发现党报媒体既要秉承"耳朵经济"思维,不断拓展收听场景和产品覆盖范围,也要坚持内容为王、质量为本的发展原则,主动担负起主流媒体的责任与义务;既要以用户为中心,正确引导用户进行有效、良性的音频娱乐消费,又要不断创新运营模式和推广形式,做全、做足内容生产与市场运营的发展增量,从而在"耳朵经济"时代实现自身的深融转型和长效发展目标。[2]

(本案例由杨雨千负责撰写)

---

[1] 樊丽,林莘宜.“耳朵经济”背景下播客内容新样态探索[J].中国出版,2021(24):31-35.
[2] 孙宇科,杨迎春,许畅.深融时期党报有声传播的现状与对策[J].出版广角,2021(20):78-80.

传统广电媒体转型 MCN 的创新实践
——以芒果 MCN 为例

摘要:2018 年以来,以 MCN 模式运营短视频成为广电媒体融合发展的重要路径,随着竞争加剧,从大屏向小屏的转型越来越考验广电媒体盘活平台资源,重构业务模式的决心和能力。经历体制机制改革、生产流程再造、行业生态重构的湖南娱乐频道完成了从新入局者到"执牛耳者"的转变,芒果 MCN(原湖南娱乐 MCN)的实践创新模式成为广电媒体转型 MCN 的研究范例。芒果 MCN 运营短视频的实践表现出商务前置化、传播人格化、营销 IP 化、业务生态化的特点,同时以前台、中台、后台分离的组织形式兼顾了商业化转型和媒体的职责担当,"顺势而变、应时而动"的发展思路为其他广电 MCN 提供了积极参考。

关键词:媒体融合;短视频;MCN;广电媒体

一、引言

随着社交媒体的高速发展,移动短视频凭借其随手可拍、移动可得、无处不在、无缝整合等特性成为媒体融合的练兵场。与此同时,MCN(Multi-Channel Network)作为一种媒介流量和商业变现之间的衔接器[①],其高度平台化的操作逻辑和用户至上的短视频生产取向极大满足了市场需求。克劳锐公司的统计资料显示,2015 年我国大约出现 160 家 MCN 机构,到 2018 年 12 月便已经超过了 5000 家。短视频发展的大潮下,广电媒体顺应"主力军挺进主战场"的顶层

---

① 丁俊杰.MCN,营销的救世主?[J].中国广告,2020(8):94-95.

设计趋势,在2018年开始纷纷朝着MCN赛道发力,利用自身的内容、人才和资源优势,开启了一场从大屏到小屏的转型之旅。例如,成都广电"云上新视听"建设全媒体电商直播基地,推出内部孵化与外部孵化并重的达人孵化模式;湖南娱乐MCN调整业务模式,打造多MCN机构协调运行的平台型组织;黑龙江广播电视台与贝壳视频携手共建"龙视频"MCN,开创省级广电媒体与市场化MCN机构一体化发展的新格局……以长沙广电"中广天择MCN"、无锡广电"锡有MCN"、济南广电"鹊华MCN"、南京广电"奇迹畅娱MCN"等为代表的城市台MCN品牌以及浙江民生频道"黄金眼MCN"、北京文艺频道"电广文艺MCN"、钱江都市频道"钱江视频"等地面频道MCN也在不断涌现。据统计,截至2022年8月,国内广电MCN已有30余家①,并且普遍形成了本地化、垂直化、共建型、产业化四大雏形业态②,如表1所示。

其中,从新入局者到"执牛耳者",湖南娱乐频道转型芒果MCN(原湖南娱乐MCN)的实践过程值得关注。2018年10月,"湖南娱乐MCN"正式宣告成立,2022年10月,改名升级的"芒果MCN"已经在全网聚集了超过150位百万级KOL(关键意见领袖),开设了1400多个账号,累计粉丝数超过4亿人。虽然错过了孵化网红达人的最佳红利期,但是湖南娱乐频道依旧顺应短视频发展趋势大刀阔斧地开启了MCN转型之路,不仅在组建湖南娱乐MCN之初便全面对接市场,大量入驻抖音、快手、微视、头条号、百家号等短视频平台,并且充分挖掘广电自身的资源优势,选择路径最短、转化率最高的明星、主持人赛道,在泛娱乐、母婴、生活、美妆、萌宠等细分垂类领域深耕,迅速搭建起以短视频为主、长短结合的内容生产体系。

---

① 王爱军,贾小漪,葛冬斌.MCN模式下,广电内容生产现状及发展[J].全媒体探索,2022(8):105-106.
② 广电MCN发展报告[EB/OL].(2022-01-13)[2023-07-28].http://jsgd.jiangsu.gov.cn/art/2022/1/13/art_69985_10316210.html.

表1 国内广电媒体布局MCN典型事件

时间	事件
2018年7月	中广天择MCN成立。
2018年9月	成都广电以经济资讯服务频道为转型试验田,组建团队孵化"云上新视听"。
2018年10月	湖南娱乐频道成立Drama TV,开启MCN化转型。
2019年1月	北京广播电视台融媒体中心首次亮相,团队融合北京人民广播电台、北京电视台、北京时间等。
2019年7月	黑龙江广电携手贝壳视频共建"龙视频"MCN,布局短视频和直播电商业务。
2019年12月	山东广电推出"闪电MCN"——LightningTV,与抖音平台签署战略合作协议。
2020年1月	浙江民生频道栏目《1818黄金眼》重组"黄金眼MCN"。

资料来源:传媒内参公众号、传媒时评公众号

湖南娱乐"应时而动,顺势而为"的改革思路还突出体现在其对直播业态的判断和布局上。2019年春节期间,疫情影响下的直播电商迎来了一个流量爆发节点,湖南娱乐迅速成立以直播变现为主要业务逻辑的Show TV部门,开始在蘑菇街平台孵化素人主播,积累成功经验后转战淘宝、抖音等电商平台,并充分发挥广电独家资源优势,从素人孵化转向主持人孵化,分别打造主持人马可和王燕的直播间,迈入全平台、多链路的稳定发展阶段。2019年,湖南娱乐MCN成为抖音娱乐媒体号榜单四强,"张丹丹的育儿经"多次蝉联母婴垂类账号第一。2020年"双十一"期间,芒果MCN主播矩阵累计GMV(Gross Merchandise Volume,商品交易总额)超过2000万元,主持人王燕生活节专场直播单场GMV达到513.4万元,占据抖音直播带货榜第一名。两年时间,芒果MCN从新入局者迅速跻身全国短视频MCN机构前五,并位列广电行业第一,被国家广播电视总局评为2020年度媒体融合发展典型案例。在完成从0到1的转型建设之后,2021年12月,芒果MCN推出短视频创作者聚合平台——万灿,免费为全国广电提供MCN业务全链路服务,至此,芒果MCN实现了从广电系MCN排头兵到领军人的转变。湖南娱乐频道布局MCN业务过程如表2所示。

表2 湖南娱乐频道布局MCN大事记

时间	事件
2018年10月	湖南娱乐MCN成立。
2019年9月	组建全国广电MCN同盟会,提出"MCN全国裂变矩阵"概念。
2020年12月	机构粉丝超过4亿,湖南娱乐MCN模式被国家广播电视总局评为"全国广播电视媒体融合典型案例"。
2020年12月	湖南娱乐MCN品牌升级更名为"芒果MCN"。
2021年3月	开展多形式IP业态布局,推出"歌声中的党史"IP,同年推出短剧IP《我的阳台男友》。
2021年4月	"直播超市"开业,湖南第一家货品齐全的一站式超级供应链基地正式投入运营。
2021年12月	湘潭城市推介短视频大赛"当红不让新青年"上线,开启城市营销新路线。
2021年12月	芒果万灿平台定位为"短视频创作者聚合平台",并上线。
2023年1月	芒果万灿正式更名为"飞黄",面向内容创作者和需求方开放。

资料来源:湖南娱乐频道

"中国网络视听年度案例研究"课题组认为,湖南娱乐频道向芒果MCN的成功转型发展是当前国内网络视听领域的突出现象,也是广电MCN快速崛起背景下的一次平台实践,基于此,本文将以芒果MCN为案例,从以下问题回应当前广电媒体融合转型的MCN化现象。同时,通过拆析以下问题,从较为宏观的层面为当前广电媒体转型提供参考路径。

(1)广电系MCN转型的整体状况如何？过程中表现出哪些共性问题？湖南娱乐频道是如何应对的？

(2)湖南娱乐频道在转型芒果MCN的历程中有哪些创新性探索？这些探索性的重点项目案例发生在怎样的背景下？表现出哪些特点？

(3)湖南娱乐频道转型芒果MCN的尝试对广电系MCN的整体发展有何借鉴和启示？

针对MCN模式本身及广电媒体布局MCN的探索过程,我国学者的研究主要集中在业内人士对这一新业态的实操向探讨。整体来看,已有的广电系MCN相关研究中,广电传媒向MCN机构转型的背景和路径研究占主流,背景研究主要集中在广电媒体和MCN模式之间的匹配上,路径研究则聚焦于广电MCN组织架构、变现方式和内容制作逻辑等方面。本文将以湖南娱乐频道转型芒果

MCN 的实践案例为研究对象,尤其关注其在媒体融合发展各个阶段的创新实践和策略方向,整体把握其在"广电转型 MCN"行业背景下的有效尝试和历时性的经验。基于这一案例,本文探究湖南娱乐频道在从大屏转向小屏的过程中,传统广电媒体遵循的大众传播规律和时下社会化传播规律之间的"变"与"不变",分析大屏长视频与短视频电商在体制机制、内容生产、商业营收、创作生态等方面的"变化"与"适应",以期为广电 MCN 在多元化的媒体融合需求下的转型实践提供学理上的思考路径。

二、案例分析

湖南广电的每一次转型都顺应当下的传播趋势,"做到顾客在哪儿,业务重点就打到哪儿"。从 2018 年开始,宏观经济下行压力增大,地面频道广告经营更加艰难,传统广电媒体长周期、大客户的商业模式也因收视下降而难以为继。为了适应互联网快速迭代的内容需求和营销模式,湖南娱乐频道在 2018 年 7 月从芒果超媒公司体系中剥离进行业务重构,2018 年年底创建 Drama TV 开启 MCN 化探索,并抓住直播电商爆发的时机,于 2019 年布局直播业态,实现从蘑菇街试点至淘宝、抖音双平台稳定发展。2020 年,湖南娱乐便已形成较为完整的产业链,改名升级后的芒果 MCN 营收开始超过传统电视广告板块,占到总营收的 70%,在一路小步快跑的改革后,湖南娱乐最终完成了传统地面频道向新型视频媒体机构的转型。

(一) 改革:广电制向 MCN 制的打碎重组

MCN 作为平台和用户之间的中介型组织,将广泛的内容生产者联合起来,在资本的支持下保障内容持续输出并推动商业变现。尽管是一个舶来品,但是 MCN 在我国经历了 2013 到 2018 年的野蛮生长期后已经基本实现了本土化,并在不断产生新形态,广电 MCN 即 MCN 发展大背景下诞生的一种新型视频媒体机构。可以说,从广电媒体向 MCN 的转型本质上是一种组织形态的变革,广电

MCN将传统媒体的主持人、栏目、节目等具备IP转化可能性的内容资源以账号形式结合在一起,为传统媒体在互联网上进行内容传播提供了专业化生产以及商业化变现保障。①

1.组织转型,全面对接市场

截至目前,全国已经有30余家广电机构向MCN机构转化,在内容逐渐市场化的大趋势下,广电MCN机构还将持续增长。这些重要的尝试和探索都足以证明,将传统广电的内容和互联网传播工具进行适配,进而形成一个全新生态化的媒体场域,正成为媒体融合轻量化转型的重要路径。在湖南娱乐频道党委书记李志华看来,"广电媒体做MCN的关键在于有没有耐心去做,有没有决心去转型"。尽管MCN模式是一个市场化的产物,适应于互联网信息接受习惯,表现出内容碎片化、制作周期短、产品形态杂的特点,但是这一模式的核心操作逻辑依旧是通过内容生产和运营来重构传播影响力,进而实现商业变现。并且,目前以抖音、快手为代表的平台已经铺就了短视频的基础轨道,最初级的广电MCN形态只需将原来的频道栏目变成短视频平台上的账号,以矩阵模式将频道内容重新进行聚集。在这样的情况下,李志华表示,"如果你是个专业做内容的人,在市场上又有适合视频专业人员来变现的商业模式时,你没有做好,那是你自己的问题"②。

秉持着"不争论MCN行不行,不纠结MCN是什么,以市场实践来探寻生存之道,用效果修正过程中的问题"③这一基本态度,2018年10月,湖南娱乐频道宣布推出"湖南娱乐MCN"品牌并开启大刀阔斧的转型改革。一方面,湖南娱乐没有选择从电视台的架构中新增一个部门做MCN,而是按照MCN的模式重构了组织架构,将业务部门按照服务对象分为前、中、后台。另一方面,整个机

---

① 广电MCN发展报告[EB/OL].(2022-01-13)[2023-07-28].http://jsgd.jiangsu.gov.cn/art/2022/1/13/art_69985_10316210.html.
② 唐瑞峰.专访湖南娱乐频道总监李志华:广电MCN关键在于"决心和耐心"[EB/OL].(2020-06-27)[2023-07-28].https://maimai.cn/article/detail?fid=1491157556&efid=zYiKMSVEgr0-k292vyHcsw.
③ 李志华.芒果MCN李志华:地面频道没有统一预设的解决方案,要以"人变"应万变[EB/OL].(2020-05-19)[2023-07-28].https://www.sohu.com/a/467373411_613537.

构采用扁平化管理模式,管理层取消各类职级、职务,团队里面取消主任、总经理、副总经理等名称、功能和职责,从上到下的管理者只有"负责人",同时在人员设置上随着业务需求做取舍,薪酬待遇上做到因人而异,完全打破旧有的职别、职务、待遇捆绑模式。

2. 业务转场,锚定客户需求

跳出原有的组织架构、运行机制是为了以更适应客户需求的方式承接业务。对传统的广电而言,一次售卖和二次售卖模式均依赖于观众长时间的注意力留存,然而大屏用户的流失直接导致了营收模式的失灵,加之受新冠疫情影响,实体经济下滑,电视剧产量下降,这使得以电视端播放为主的广电媒体营收状况堪忧。与之相反,疫情期间移动端用户增加,电商直播等形式兴起,"宅经济"发展迅速,MCN 的短视频生产取向为广电媒体挺过特殊时期提供了变现的新思路。

从长视频到短视频,从长周期大客户到琐碎繁杂的需求端,从广电媒体到 MCN 机构的业务转场可以说是改辕易辙,它不仅体现为内容生产取向从长到短、从横屏到竖屏的转变,更鲜明地表现为内容分发运营环节的增加,并且用户对短视频碎片化、场景化、个性化的需求直接决定了分发环节在整个业务链路中的主体作用。对此,芒果 MCN 从盈利来源的角度锚定客户需求,将业务组分为两个大的商业化体系,一个负责 2B 模式的品宣、品效广告,维持传统电视媒体的经营模式,生产内容为品牌提供品效服务;另一个负责 2C 的商品销售,"主要是短视频带货和直播电商,融合了消费认知和行为,也融合了传播和销售渠道,路径非常短、效率比较高,业务天花板相比媒体广告经营要高上很多,可以满足经营体量规模的扩大需求"[1],李志华表示。

---

[1] 李志华.广电 MCN 实践报告 2.0[EB/OL].(2020-09-21)[2023-07-28].https://baijiahao.baidu.com/s?id=1678438168863366585&wfr=spider&for=pc.

(二)再造:生产内容到打造产品的逻辑转变

1.商务前置化,发挥短视频的工具属性

当下基于市场活动的内容需求越来越大,典型的例子就是新消费品牌无一例外都是文化概念的包装成果,内容种草已经纳入 MCN 业务的日常操作。尤其在信息流广告出现后,碎片化的视频内容成为优先考虑的信息传播和展示载体,算法推荐的发展则进一步将其变成一种工具,短视频在这样的机制下日益被商家视为低成本的获客手段和转化利器。对广电 MCN 来说,重新认识视频内容的工具性是非常必要的,批量化生产短视频的最终目标是实现流量变现而非提供审美体验。因此,在短视频内容创作之初明确商务需求是非常必要的,只有这样才能真正避免因沉湎于内容创作、忽视营收效益而造成的"自嗨"局面。

举例来说,对大多数广电 MCN 而言,转型初期都必然需要经历一个达人账号孵化的过程,芒果 MCN 也是如此。但是由于对短视频内容工具属性的认知不够清楚,湖南娱乐的团队早期抱着"粉丝体量越大就越好变现"的想法,不做任何选择地一味抢占赛道,能争取到的行业内资源都签,每一个现有的赛道都铺,没有抓住主要赛道去深耕,因而造成不小的资源消耗。"其实现在反过来看,当时市场的逻辑,或者说一直以来市场的逻辑就是变现优先,哪个赛道挣钱、哪个账号变现能力强就重点做哪个,而我们最初还是广电思维下收视率优先的那一套。"芒果 MCN 的负责人在总结早期经验的时候如是说。

同样的问题还体现在单个达人账号孵化的思路上。主持人王燕抖音直播间的策划导演表示,"短视频的核心逻辑就是赚钱,所以做商业化一定要跟进市场,跟商务组保持密切联系,从商务的建议里找到转型突破口"。作为《寻情记》节目的主持人,王燕在湖南观众印象中一直是接地气的知心姐姐形象,也是基于这一突出标签,早期"主持人王燕"抖音账号多为说情感、讲道理的内容,但是这样的内容并不具备广告植入的条件,换言之,这个账号早期几乎没有变现能力,只是一个流量号。转型之后,策划组通过前置商单需求,重新挖掘王燕身上

"精致成熟女性"的特质,以带入生活和工作场景的好物分享为主要内容,在每一条视频制作之初就明确其创作目的——带货变现,以此极大提高了这个账号的变现效能,让它完成了从"变现的一个尾部账号"到"扛起月度 GMV 大旗"的转变。

案例 1：王燕作为湖南都市频道《寻情记》节目主持人而被观众熟知,2019年9月26日以一条标题为"主持人王燕正式入驻抖音"的短视频开启达人之旅。账号设立之初定位为家庭教育研究者,情感号属性较强,短视频内容以主持《寻情记》节目时的案例为样本讲解夫妻相处之道,平均获赞量在5千至1万浮动。2021年4月开始转型种草人设,围绕"提升气质,做精致女人"的视频主题分享生活经验和爱用好物,开始涉及家居生活、穿衣搭配、育儿经验等内容,点赞量稳定在3到5万,目前抖音账号已积累114.6万粉丝。

2.传播人格化,培养达人的核心竞争力

在孵化达人账号过程中,不管主持人、明星还是网红、素人,都遵循一个基本规律——"屏幕越小人越大",因为达人带货背后的商业逻辑都是人格带来信任,而无论是在哪种商业模式中,"信任"的获取成本都是最高的。随着 MCN 市场的竞争不断加剧,在各个平台进行精细化运营下,达人的供给不断提升,只有那些在某一垂直细分领域有所建树、有一定内容产出能力、有相对数量粉丝基础,具备传达明确独特的个人价值观,同时具有鲜明个性标签的达人才有竞争力。对广电 MCN 来说,其原有电台、电视台的主持人在各自细分领域已基于各自栏目属性拥有了粉丝基础,并且广电媒体的权威背书会为主持人账号带来很强的主流价值观导向,这是广电 MCN 孵化达人的"先天优势"。正如主持人刘梦娜抖音直播间的策划导演所说,"正因为她有卫视主持人的身份,所以我们可以做一些广电的联动,把她从湖南人比较熟悉的一个主持人,推出去成为外地观众都知道的主持人,实现早期的快速曝光"。

不过,尽管广电 MCN 的主持人达人具备快速建立信任的优势,但是要将这种由信息认知带来的信任转化为由情感连接带来的信任并非易事,而在情绪传播和情感消费逐渐成为趋势的内容电商领域,人格的吸引力是核心竞争力。也就是说,对用户而言,王燕也好、刘梦娜也好,她们作为主持人的身份并不如其本人的人格魅力更值得信任。刘梦娜抖音直播间的策划导演表示:"我们去年和今年的想法不同了,去年我们还认为要围绕主持人这个标签把它做扎实。但是今年,会发现,我们围绕的是这个人,而不是他身上的标签,他自己本身所散发出来的魅力才是最能留住用户的东西。"

在具体的实现方式上,为了提升主持人账号的人格吸引力,芒果MCN的策划导演们不约而同地选择在策划选题时加入与达人强相关的因素,如家庭、亲子关系和生活、工作环境。通过分享这些比较隐私的个人切片,让用户看到一个立体化的人。用这种方式丰满达人人设,不仅可以拉近达人与用户之间的心理距离,更让商品的介绍有实际场景可依。"不过这也是我们之前遇到的困难,就是如果主持人不愿意打开自己,那我们就没办法,我们一开始希望能够通过多方面去打造一个人格化的账号,不论主持人还是其他达人,都希望他们呈现的样子是立体的,然而因为他们最开始的工作环境和状态是比较被动的,我们推进工作就会面临某些困难,所以这个算是我们主持人账号孵化的两面性,也是我们努力尝试去解决的问题。"

案例2: 湖南卫视主持人刘梦娜(抖音账号:隔壁丢姐)在抖音主营"拆快递达人"种草人设,截至2024年6月20日,积累粉丝61.4万,累计获赞952.4万。2019年10月8日,刘梦娜入驻抖音,发布第一条视频"和维嘉做邻居的好处",快速建立湖南广电主持人形象,其早期内容集中于服饰购买和穿搭技巧,连带分享主持人台前幕后的工作内容,跨年晚会小礼服的视频获得该抖音号点赞量5.4万。2020年起视频内容围绕家庭生活和主持人工作开始"种草"一些有关衣食住行的商品,平均点赞量1万。其中"来长沙不踩雷攻略""过年三件套"系列视频点赞量达到12万。

3. 营销IP化,打造可持续转化变现的品牌

无论是做短视频内容电商还是做实体项目营销,其目的都是打造一个具备长期变现能力的IP,对达人孵化来说如此,对城市营销而言同理。在芒果MCN全案策略运营部,承接城市营销是一个主要业务,以"当红不让新青年"项目为

例,其运营目的就是通过打造湘潭市的城市名片盘活当地旅游业,促使游客们进入湘潭进行消费。"首先我们直接对接的是湘潭市委宣传部以及文广体局这两个部门,他们提出来一个很核心的需求——招引游客,刺激消费。这是因为目前湘潭游客的流量非常少,很多游客基本上只会去毛主席的故乡——韶山,然后到湘潭短暂停留,所以湘潭市政府就希望通过一个项目,把这些人流量引到城市的各个地方,进行消费的转化。"

在"当红不让新青年"策划组看来,做好城市营销的第一步是转换思路,具体到案例来说,就是不要再把湘潭当成一个城市,而是将它看成一个品牌,以此为基础策划的所有活动都围绕着一个目的:把湘潭这个品牌推介出去;而在做品牌打造和营销时,广电 MCN 的资源优势就非常明显了。首先,广电 MCN 具有数量庞大的专业主持人,自带粉丝基础的本土主持人达人可以增强活动的传播力;其次,广电的权威背书为城市营销提供了公益化的包装,突出城市营销的文旅价值,有助于扩大活动影响力;最后,便是官方背景提供丰富的可调用资源,充分发挥 KOC(Key Opinion Consumer,关键意见消费者)的力量,让用户更加具有参与感。

不断开拓新的商单,不断完善城市的营销主推点,这是账号孵化和项目策划的核心推动力。但是不论是打造个人 IP 还是营销城市 IP,作为 IP 本身的人和城市都必须具备可持续挖掘的素质和特性,正如刘梦娜的抖音策划导演所言,"导演决定了账号的下限,达人才能决定账号的上限,达人愿意向大众展现多少东西,能为大众提供多少东西,直接决定这个账号的生命力"。

案例3:"当红不让新青年"是在 2021 年 12 月 1 日,由湘潭市委宣传部、市文旅广体局主办,芒果 MCN 承办的城市推介短视频大赛。大赛面向所有热爱湘潭的创作者收集聚焦湘潭新消费场景、新旅游内容、新文化产品等相关主题的短视频。活动于 2022 年 3 月 13 日截止,共计 2 万人参赛,征集并发布超过 4 万条视频作品,抖音视频累计播放量超 6.5 亿,全网曝光超 7.5 亿,成功为湘潭打造出一张城市名片。

4.业务生态化,提高全链路的流量运营能力

传统的媒体经营格局中,广电媒体主要是作为视听内容的生产机构和播出平台,只需持续地生产并呈现内容便可以通过广告实现盈利,①但在新媒体语境下,MCN 机构的立身之本除了内容,还需有过硬的流量运营能力,即在不断完善业务布局的基础上,构建从曝光引流、激励转化、促进销售到复购引荐的全链路营销路径。广电 MCN 拥有政府背书和大量的明星艺人资源,能够调动 KOC 的力量,因而在吸引用户注意力、聚集流量环节具备天然优势,但是往往囿于产品供应链的不足,在流量变现时表现乏力。

以城市营销活动为例,在"当红不让新青年"短视频大赛收获 7.5 亿曝光,成功为湘潭打造出一张城市名片的情况下,由于"湘潭一方面缺少有知名度和代表性的产品,另一方面当地生鲜特产压根没有做电商的准备",项目最终搁置了直播带货的落地计划。负责人遗憾表示,"推出一个当地网红产品需要很长时间的沉淀、包装以及定价上架,如果没有通畅的货品供应链,即使前期聚集了流量,城市也很难应接"。

芒果 MCN 直播业态的负责人直言,达人端"招商链路长、品类受局限",商家端"反复寄选品、沟通成本高"依旧是当前电商运营的两大痛点,并且直播业务对商品供应链的依赖更甚,"你需要有一些资金投入,不说以资本的方式去高举高打,但也必须建立起商品供应的基础生态,空手套白狼的心态是很难做出来直播的"。可以预见的是,随着新型融媒体机构形态的不断迭代,未来 MCN 机构将越来越需要比拼全链路的综合运营能力,大多数社会化 MCN 很难承担内容基础设施的投入风险,广电 MCN 的体量优势也许会助其发展成 MCN 机构中的主要力量。②

---

① 蔡骐.媒介融合时代的电视媒体转型之路:以湖南广电的新媒体转型为例[J].现代传播(中国传媒大学学报),2015,37(11):124-128.
② 德外5号.芒果MCN李志华:试错、重置、转向,电视转战新媒体主场的 N 种方式(下)[EB/OL].(2021-05-19)[2023-07-28].https://zhuanlan.zhihu.com/p/373617259.

(三)竞合:单一 MCN 向多 MCN 联盟体的生态重建

1.守住媒体初心,助力内容创造价值

MCN 机构诞生在一个新的视频化传播周期,因乘上短视频东风而逐渐占据互联网传播格局的主体位置,并于 2018 年起成为传统广电媒体转型的重要方向。在流量变现的需求推动下,MCN 从连接内容和用户的中介平台逐渐演变成集经纪、演艺、营销、电商、内容于一体的商业机构,经济特质越来越强。李志华表示:"在这样多元竞争、多业并举的模糊状态中,媒体 MCN 绝不可以为市场表象所迷惑,以经济效益为导向,盲目跟风社会化公司的发展模式。"[1]从本质上来说,广电 MCN 是主流媒体适应互联网内容生产和传播逻辑的新型组织形式,无论连接多少外部创作者,"其核心产品只有提供内容的'账号',立身之本也只有内容创造的注意力价值",这是芒果 MCN 团队认为广电 MCN 区别于网红经济公司、直播电商企业以及商业化 MCN 的根本所在。

只不过,由于互联网信息消费呈现碎片化的特征,短视频分散在海量的内容洪流中,使得隐于其后的 MCN 机构很难被用户感知,因此大量 MCN 机构将商业利益置于社会效益之上,为博眼球主动迎合"流量密码"。在这样的客观形势及社会认知前,芒果 MCN 一方面在组织层面明确划分前、中、后台,定位为赋能宣传的中台部门与负责商业营收的前台业务组泾渭分明,避免商业化改革动摇媒体根基;另一方面开发自己的"内容风控系统",从热点舆情监测、线上三审、技术隔离等维度综合评估内容,利用技术手段提升把关能力。"歌声中的党史"项目负责人直言,"我们转型是为了求生存,但是求生存也建立在守本根的基础上"。

案例 4:"歌声中的党史"是芒果 MCN 在中国共产党成立 100 周年之际,以"100 首难忘的旋律,100 年光荣的历程"为党建宣传主题,成立专门制作班底,

---

[1] 李志华."媒体 MCN"的发展逻辑和商业模式[EB/OL].(2022-01-12)[2023-07-28].https://www.bjmtrh.com/index/list2/id/209919.

集中打造的系列短视频 IP。项目采用年轻化的叙述风格,将歌曲创作的历史背景作为视频的故事内核,一首歌提炼一个主题,持续 100 天不断更。该系列视频从 2021 年 3 月 20 日起在湖南娱乐频道、学习强国、央视频、芒果 MCN 视频号等矩阵同步播出,在第 100 天累计总播放量 3000 万,点赞量 100 万。

2. 承担广电责任,助推媒介纵深融合

媒介技术的革新为视听行业规模扩大及业务深度发展提供了先决条件,而短视频领域不断降低的创作门槛和迅速扩大的消费需求更是催生出 MCN 这一创新商业模式,为广电媒体市场化转型指明了方向。但是,正如李志华所言,商业模式创新调整的演进方向不再是基于一个 MCN 机构的规模化扩张,而是要建立一个同时能支持多个独立 MCN 机构运行的平台型组织。芒果 MCN 不追求所谓"一家独大",相反,在"撮合"更多有内容创作能力的"散户"和对内容有需求的商家、串联起短视频领域大量的供给和需求这一初衷推动下,芒果 MCN 开发了一个短视频创作者聚合平台——飞黄(原名"万灿"),通过对接商家、MCN 机构和内容生产者的需求构建短视频领域的共赢生态。

湖南广电副台长崔宇指出,对小型 MCN 机构而言,人力是最大的成本。短视频制作不同于以前电视台做节目,需要几百号人长期为一件事情服务,其短、平、快的生产属性决定了客户的需求以及内容生产者的时间是分散和零碎的。换言之,在批量化账号矩阵成为 MCN 常规业务打法的背景下,短视频摄像和后期成为 MCN 机构急切需要但又无法长期私有的工种。飞黄便是一个提供一站式"撮合"服务的平台,当摄像、后期人员在飞黄平台上以"点对点外包"的形式作为公共资源分配的时候,"MCN 机构承担的人力成本就会下降,同时这些工种的工作时间和收入能积累起来,双方就都可以在这个平台上获益",助力全民共享内容红利,共建内容生态圈,崔宇这样解释"让内容创造价值"的实践逻辑。

案例 5:2021 年 12 月,芒果 MCN 打造了短视频创作者聚合平台——万灿,以芒果 MCN 优质内容创作者作为底盘支撑,开放接入具备视频制作和才艺表演能力的内容创作者以及品牌、商家、头部达人、MCN 机构等内容需求方,并在此基础上提供平台的专业创作培训。截至 2022 年 11 月,万灿平台已入驻创作者4600余位,合作客户超过2500家,成单率高达91.25%,为MCN机构降低了10%以上内容制作成本。2023年1月4日,万灿正式更名为飞黄,完成了从湖南广电内部中台工具向MCN机构资源共享平台的转变。

三、讨论与反思

(一)观念先行,明确转型目的

从广电媒体转型到MCN机构,这其中既有组织架构的调整、发展重心的转向,也有具体实操的探索,但是在这之前,转型的前提是厘清思路,明确转型动因。对大多数广电媒体而言,转型广电MCN是媒体融合转型的导向需要,是夺回舆论主阵地的宣传需要,也是挽救营收颓势的商业需要,如果厚此薄彼,稍不注意就可能出现"为了转型而转型的资源浪费""过度娱乐化消解媒体公信力"或者"陷入内容至上的窠臼"等问题。湖南娱乐频道以服务对象为划分标准,组建前、中、后台业务部门,实现营销与宣传分离的模式值得参考,但也不免受到广电媒体工作中"内容先行"的影响,在全面对接短视频市场的时候没有抓住主要赛道深耕变现,从而造成大量无收益的资源消耗。因此,转型之路当做到"胆大心细",在摸着石头过河之前,锚定客户需求,时刻明确行动的出发点和落脚地,以此规避业务转型过程中,因内容生产观念不适配而造成的损失。

(二)扬长避短,增强实践效能

由于广电媒体入局MCN整体滞后于市场化机构,因此广电MCN在成立之初大多跟着市场化MCN的步伐找方向,在亦步亦趋的实践中逐渐探明MCN模式的运作逻辑。但是,因广电MCN入局晚而导致的头部IP资源缺乏、头部达人议价权弱等问题直接影响了广电MCN前期的发展速度,因而即使沿着市场化MCN的套路也很难达到期望的效果,"广铺赛道却少有变现能力""粉丝数量迅速增加却难以流量留存"等事倍功半的事情不断发生。为了增强实践效能,芒果MCN在认识到自身的资源优势集中于广电主持人、明星艺人和娱乐新闻后，放弃了全品类账号的孵化计划，转而深耕泛娱乐、母婴、美妆、明星等垂类赛道，不去堆积达人账号，而是充分挖掘当家主持人的专业优势、广电平台的联动资源以及官方背书的社会公信力，在达人孵化、内容生产、流量运营、用户留存等方面打出长板效应。

(三) 明确分工，坚持底线思维

不同于纯商业化的 MCN 机构，广电媒体占据了太多的注意力资源，因而必须承担相应的社会责任。像传统媒体时期编播分离一样，明确区隔流量变现和党建宣传的业务分工，是芒果 MCN 为广电媒体转型提供的借鉴，即"坚持底线思维，绝不为了商业化而消解广电媒体的严肃性，罔顾广电媒体的立身之本"。对"歌声中的党史"策划组而言，芒果 MCN 作为文娱生活领域领先的新型主流媒体机构，不能止步于简单的内容诠释，相反，它需要通过内容传达符合主流的思想认知以及满足受众心理需求的价值观，为媒体主流 IP 建设持续发力。换言之，在建党一百周年这样的历史节点，为了"一百天不断更"的目标收集一百首歌，讲述一百个党史故事，不是也不能是为了噱头，而是出于"时代是出卷人，我们是答卷人"的使命担当，在特殊的时代背景下，发出作为广电新媒体 MCN 的声音。

(四) 小步快跑，不断试错调整

在媒体融合的深水区，广电媒体亟待把互联网变成新舞台和孵化器，依靠自身独特的人力资源和高品质内容锻炼自身在互联网保持独立制作的能力。李志华认为，广电 MCN 表面上来看是在孵化达人，但是其背后的策划、运营、创意、制作本质上依赖于广电媒体的内容能力，从某种意义上来说，MCN 没有标准，它在融合实践中不断进化出不同的特色版本，如此丰富的产业内涵导致过早定义或陷入定义都会难以把握 MCN 模式发展的新动向。换言之，广电媒体并不一定都有足够的实力去打造平台，但布局 MCN 是一条普遍的可行路径。

因此,在新的内容业态出现之后,不去提前考虑太多"能不能做""做不做得好"的问题,而是以"小步快跑""一边试错一边调整"的姿态迅速入局,这是湖南娱乐频道的选择和经验,也是大多数广电 MCN 正在经历的过程。其背后的逻辑是,永远不要寄希望于找到一个能够一以贯之的业务模型,一旦选择与互联网用户同频,那么只有时刻保持变化才能适应环境。

四、结语

作为广电 MCN 化探索的先行者和排头兵,湖南娱乐频道向芒果 MCN 的转型过程具备时间长、业务广、程度深、成果多等典型特征。以芒果 MCN 为例进行个案研究,一方面可以观照短视频浪潮下广电媒体普遍面临的生存困境和适应难题,另一方面可以探寻湖南娱乐频道转型进程中值得推广的改革思路和突围策略,为正在经历阵痛的广电媒体提供借鉴。通过案例研究发现,湖南娱乐频道在组织改革时放弃从原来的电视台架构中分出一部分,而是直接以 MCN 的操作逻辑重构组织形态,在业务调整时明确短视频的工具属性,将商务需求前置,极大提高了实践效能。同时在内容制作和运营上,芒果 MCN 以打造可持续变现转化的品牌为目标开启城市 IP 营销,并建设直播供应链基地,为打通全链路营销提供保障。这些经验一部分来自对传播规律"变与不变"的把握,但更多是"小步快跑"过程中一次次试错的总结,大胆去做,这个动作本身才是广电 MCN 最需要参考的。正如李志华所说,"上了路,MCN 就是动词而不是名词"[①]。

(本案例由李欢负责撰写)

---

① 杨余.李志华:从湖南娱乐 MCN 到芒果 MCN,谁先打碎谁先赢[EB/OL].(2021-07-27)[2023-07-28].https://lmtw.com/mzw/content/detail/id 203838.

新型台网合作模式的实践思路与特征呈现
——以"中国节日"系列节目为例

摘要：作为文艺节目、文艺内容的重要产出单位和播出渠道，电视台与网络媒体之间经历了竞争与合作的多个历史阶段。在融媒体综合发展的时代背景下，当台网双方单打独斗的制作、播出已不再具备明显优势，由增量发展转为存量博弈后，互补与合作就成为新的发展方式。尤其是经历了早期台网合作的尝试后，以河南卫视、优酷、大象传媒等平台为代表的电视台、网络媒体基于自身业务模式和媒介优势，逐渐在合作中摸索出台网合作新模式。河南卫视的"中国节日"系列节目作为这一新模式下的产物，在策划环节的合作前置、团队协作中的整合、宣传营销的联动等方面均折射出新的实践思路，呈现出与以往不同的特征。

关键词：河南卫视；网络媒体；台网合作；新模式；中国节日

一、引言

融媒体综合发展的时代背景下，文艺节目的生产已经从早期的单一来源、单调形式、单独策划中脱离出来，呈现出更加复杂、更加多元的发展局面。作为早期文艺节目的重要产出单位，电视台曾经具备无可争议的垄断地位，而在经历了网络媒体的兴起、移动端小屏崛起的行业发展阶段后，文艺节目这个市场逐渐变得多元化，选择也更加丰富。在文艺内容的制作和输出层面，电视台由于受制播分离的大趋势影响、网络媒体制作能力不断加强，竞争力在一定程度上被削弱。谋求新发展、找寻创新路径成为电视台当下面对的一道难题。

有学者指出,随着媒体融合的深入,电视台与网络平台、电视综艺与网络综艺逐渐由相互竞争的"对手"变为密切合作的"队友",作为长视频的台网综艺需要面对来势汹汹的短视频的挑战。因此,媒体融合时代,电视综艺不仅要在节目制作、传播方面实现突围,还应在节目类型、节目形式、平台建设上不断创新。① 这说明,分头发展的双方几经尝试后,明确地看到了自身的优势、短板所在,逐步从竞争走向合作,从分庭抗礼走向融合发展。部分台网合作节目及相关数据见表1。

表1　部分台网合作节目及相关数据

节目名称	台属播放平台/出品方	网属播放平台/出品方	站内数据	豆瓣评分
《为歌而赞》	浙江卫视	抖音、西瓜视频	9.9亿播放量	4.9
《快乐再出发》	东南卫视、海峡卫视	芒果TV	3.5万点赞量	9.6
《早餐中国第四季》	东南卫视、海峡卫视	腾讯视频	8627热度值	8.6
《舞千年》	河南卫视	哔哩哔哩	1.2亿播放量	8.6
《2021河南省春节晚会》	河南卫视	哔哩哔哩	983.7万播放量	9.0
《2022中秋奇妙游》	河南卫视	优酷	430热度值	/

(数据来自网络公开信息)

从台网双方合作的不同角度出发,可将其分为合作形式不同、主导者不同的区别模式。前者主要体现为台网双方版权购买、联合制作、双向输出互动的不同方式,后者的观点则认为台网联动的模式主要有电视主导型和网络主导型。② 当下,台网合作的模式在经历前期发展后,又能够看到新阶段的新特征,即共同策划、共同制作、共享收益的利益共同体进一步得到强化;深度合作、深度内容定制的优势资源捆绑逐渐常态化;内容共创、营销同步、传播同力的发展节奏同步化。此中种种特征值得深入研究。

频频出圈并引起广泛关注的河南卫视"中国节日"系列节目通过厚植本地

---

① 孟雪,张国涛.媒体融合时代电视综艺的突围与创新[J].传媒,2022(15):52-55.
② 陈波,张雷.融合思维范式下的制播分开与合作:基于浙江卫视的实践探究与启示[J].电视研究,2015(11):30-33.

优秀传统文化,主打科技与文化融合创新,精准瞄向年轻消费群体,以河南卫视为传播主阵地,借助微信视频号、抖音、快手、大象新闻客户端等融媒矩阵,创新地域特色文化类节目的制作与传播模式,凸显中华优秀传统文化及其背后的文化价值与精神力量,为地方卫视探索以本地文化或传统文化为内核的文化类节目的内容、形式、渠道创新,提供了重要的参考与借鉴。①

河南卫视"中国节日"系列节目具备的研究价值主要体现在内容模式、传播效果、内容质量等方面,且合乎政策号召。党的十八大以来,以习近平同志为核心的党中央高度重视历史文化遗产的保护和传承工作。习近平总书记曾在多次调研时强调传统文化保护传承,阐述弘扬优秀传统文化、保护历史文化遗产、坚定文化自信的重要性,并指出要推动中华优秀传统文化的创造性转化、创新性发展,以时代精神激活中华优秀传统文化的生命力。"中国节日"系列节目在观众群体中收获不俗的反响和口碑,其策划思路、创作逻辑体现出全媒体深度发展下,文艺节目推陈出新的同时出现的一些新问题。不论是新视角下对节目内容同质化的审视、技术过剩视角下看到的"技术依赖症",还是过度营销带来的观众脱敏等现象,都在台网合作新模式的背景下具有面向当下与未来的借鉴意义。

多方学术成果为本文探究河南卫视"中国节日"系列节目所体现的台网合作新模式提供了各不相同、各具价值的观察视角。本文以"新型台网合作模式"为主题进行立论探析,将从以下几个方面的问题入手进行研究和阐述,以期为行业发展提供新思路。

(1)河南卫视这样的传统电视台是如何在台网融合的转型过程中做出新改变,并应用于节目的策划上的?它与网络媒体的合作都呈现出哪些新样态?

(2)新型台网合作模式在"中国节日"系列节目的前期策划和招商、制作与播出、全时段宣传营销、后续衍生价值开发中都是如何体现的?有何特色与过人之处?

---

① 王璇,赵小灿.厚植优秀传统文化 创新文化类节目传播模式:以河南卫视"中国节日"系列节目为例[J].中国编辑,2022(6):91-96.

(3)通过对河南卫视"中国节日"系列节目的案例分析,可以看到台网合作折射出的哪些新型传播关系?

对于"中国节日"系列节目新型台网合作模式的研究,本文采取了多种方法进行深入探析。在节目的前期策划、商务合作、团队整合、技术互补、营销联动上,均能看到新的尝试与业态。

二、案例分析

(一)台网合作前置——先手布局,策划破壁

1.内容消费,商务先行

对文艺节目内容的消费选择在当下已经产生了重要转变。在电视台以及电视节目发展的早期,由于渠道的单一性和不可替代性,观众的注意力往往被电视台锁定,处于被动接受内容输出的状态,缺乏选择。这种情况在电视台长久的发展过程中、尤其是对经济效益有了客观需求之后,的确给经营带来了极大的收益。此阶段的招商意味着很大程度上的"卖方市场",电视台依靠自身天然的信息输出垄断优势,能够在品牌曝光、消费号召力、内容推广度等层面给予广告商,抑或是商务伙伴以精准高效的市场反馈。这一阶段的商务活动在节目播出前就已开始运作,但未参与策划上的事务,在某种程度上仍然是"后置"的,而台、网双方在新形势下想要在商务成绩、经济效益上有所建树,就需要倾注更多的心力去探索。在此背景下,台网合作的双方在经历了合作初期简单的版权互换之后开始探索全新的商务路径,将双方的合作前置,在前期策划环节便开始植入商务运行的程序。共同设计、共同分析、经验共享,以数据分析建构用户画像,并做针对性的内容策划,以换取更加优质的商务合作,提升经济效益。

在经历了与多方视频网站、网络媒体的合作试水之后,河南卫视与优酷达成更长远的合作战略,双方在多个合作节目中都收获了不俗的反响。在二者的合作过程中,用前置的策划思维来塑造节目形态是双方的共识。依靠以往的经

验与数据,双方在对用户群体有了深刻洞察的基础上,为其打造针对性的节目内容,将流量和观众的注意力牢牢握在手中,以此将商务工作的经济效益最大化。这项工作尤其体现着台网合作的重大突破,即二者逐渐将经济效益的获取放在同一纬度的考量之中。

例如,在节目的创研阶段,河南卫视就已经与优酷一同进行内容策划。并且这种策划是基于深度合作,以及河南卫视本身的优势特色——传统文化的活化演绎能力来量身定制的。"中国节日"系列节目在创立之初就确定了"弘扬传统文化,讲好黄河故事,以中国传统节日作为抓手,来打造中国节日 IP"的创作思路。① 这种创新性演绎传统文化的节目形态,从受众层面来说正契合年轻群体的期待视野。自河南卫视凭借歌舞节目《唐宫夜宴》的精良制作而大火出圈之后,网络上的观众反响几乎都由年轻群体发出。他们在视频网站上用弹幕表达自己的惊叹,在社交媒体上带着相关话题不断表达自己的观后感,并自发推荐给身边的人。因此从商务和策划的角度来看,抓住年轻人就是抓住这类创新性演绎传统文化节目的成功基础,提前布局、前置策划,从最初始的节目形态就开始为创作做预备,这也是实现商务运作顺利的基础。

2.思维破壁,营销前置

在互联网时代,用户接收各种信息的量级、形式无不发生着翻天覆地的变化。海量信息流的涌入、爆炸式增长的文艺内容在让观众的选择范围大大拓展的同时,给内容创作者提出了更难的考题。不论是种类繁多的上星卫视还是百花齐放的网络媒体,都想要争夺观众宝贵的注意力,以保证自身的内容价值与商务价值。在此背景下,台网双方经历了一段时间的竞合之后,便有意在节目策划过程中把营销思维前置,从节目策划伊始便埋入营销点,以便在不同时期有节奏、有目的、有方法地展开宣传攻势,在竞争激烈的注意力赛场上发起进攻。这背后体现的正是台网合作的思维破壁,以优势互补后的新状态共同探索

---

① 王璇,赵小灿.厚植优秀传统文化 创新文化类节目传播模式:以河南卫视"中国节日"系列节目为例[J].中国编辑,2022(6):91-96.

新型制作模式。

《唐宫夜宴》的大火让演员们演绎的憨态可掬的"唐小妹"火出了圈,古灵精怪的演绎、非常有辨识度的外观造型让观众们一下子就喜欢上了这些唐小妹的形象。在《2021 七夕奇妙游》的前期策划中,台网双方就抓住这一独具魅力的人物形象,迅速制订并预埋传播方案,将唐小妹的形象往更加具象化和人格化的方向发展,让几名演员在整场节目中以拥有姓名的唐小妹身份出场,并串联起整个节目剧情。

节目在策划营销环节时,就遵循着"前期引发期待,后期满足好奇"的原则。早在节目播出前,河南卫视就已经通过#唐小妹征名##全民当编剧#等网络话题活动,调动粉丝和观众们的积极性,让他们参与节目创作的部分环节。这是一种将营销前置的方式,依靠早期的话题度在刷新率极高的互联网信息流中占据某个节点,并为后续的营销宣传交上接力棒。①

台网双方的营销前置合作不仅体现在共同塑造了唐小妹的讨喜形象上,在别处也有体现。依托"中国节日"的宏大主题,河南卫视打造的这一系列节目具备天然的能够从传统文化中汲取养分的优势——既有相应节日、节气的民俗风情、民间传说可供取材,也能够在具体的节目中用新技术、新手段进行包装,便于在节目的各个阶段进行宣传投放。《2021 中秋奇妙游》中的节目《广寒宫》就在"中秋"的节日背景下做了宣传点的预埋,与中国传统神话故事结合后,节目中的嫦娥与宇航员携手遨游九天之上的奇幻美景给观众留下深刻印象,形成强效记忆点。还有《2021 重阳奇妙游》的节目《家·重阳》,将传统的重阳习俗一一道来,从古至今的衔接一气呵成。这样契合节日主题的节目内容设计,更容易吸引观众的注意力和兴趣点,也便于在网络端综合传播、主题宣传以及切条视频传播。

3.受众反哺,创作接力

于前期策划层面而言,知晓观众的评价、获得观众的反馈是节目制作的重

---

① 顾亚奇,张旭.传统文化觉醒:符码体系与视听场域的再生产:基于河南卫视"中国节日"系列节目的文化观察[J].中国电视,2021(7):30-34.

要参考。观众的喜好虽然各有不同,但是从大量数据及反馈中总结出来的趋势规律仍然具备极高的参考价值。台网深度捆绑后,网络端的数据流大量涌向电视台策划方,网络媒体基于平台、算法、经验所抓取的用户反馈能够极大地弥补电视台这方面的能力缺失。大量观众通过实时弹幕、社交媒体发文、二度创作的方式表达着对节目的看法和喜好,这些数据成功反哺给节目本身,让台网双方不断对后续作品做出调整,达到有的放矢的效果。

《唐宫夜宴》大火出圈之后,在台网合作的策划思路下,如何让节目元素在网络端再次发酵、再次提高舆论声量成为下一步考虑的重点。河南卫视和河南博物院就联合微博美学共同发起"唐宫夜宴手绘大赛"话题,广泛邀请插画师、原创作者们对唐宫夜宴和唐小妹们的形象进行创作。彼时参与人数近千人,话题阅读量达六千万。① 通过该次活动的举办,不仅为《唐宫夜宴》节目中的唐宫少女们的 IP 进阶之路奠定了基础,也为官方层面、节目策划层面提供了如何用活唐宫少女形象的灵感思路。之后的《2021 七夕奇妙游》中的卡通唐小妹不倒翁形象、《2022 河南春节晚会》中的"奇妙游"系列经典角色卡通形象,一定程度上都是受众反哺节目的结果。

值得注意的是,《2022 端午奇妙游》中,四位唐小妹的名字以及素人演员的选定,都是从网络互动话题中征集而来的。这四位唐小妹的故事剧本同样是通过在线征稿,从一众网友的投稿中精挑细选脱颖而出的。节目组发出"江湖征集令"在线征集"唐小妹"的名字,于是就有了热爱音乐的宫廷乐师的女儿唐小彩,喜欢美食的街头艺人唐小可,天不怕地不怕的码头女孩唐小玉,聪颖自信、医术精湛的唐小竹。② 从小的层面来说这是受众反哺节目,从大的层面来说则是受众与制作方借由网络这个媒介共同促成了台网合作的新形式,让创作不断接力。这种参与式文化能够调动信息接受者的积极性、主动性以及创造性,并将传统的传受关系转变为"传受一体"的关系,让参与者成为主动的信息分享

---

① 李佳瑜,李海敏.文化类电视节目的创新研究:以河南卫视"中国节日"系列节目为例[J].当代传播,2022(3):110-112.
② 孙斌.优秀传统文化在电视节目中的突围与创新:以河南卫视"中国节日"系列节目为例[J].中国电视,2022(1):45-49.

者、传播者和创造者,促进文化的共创、共享。

(二)台网合作整合——技术融合,大小屏互补

1.技术碰撞,团队融合

社会学家 Mackenzie 与 Wajcman 从技术文化的角度指出技术的三个主要组成部分:物体对象本身,助其使用的诀窍,围绕该物体的活动。[1] 这一论断其实蕴含着对技术与文化、社会之间的关联的思考。技术的日新月异总是伴随着对最新技术的追捧,思考技术与文化的关系或许有助于警醒我们——由于数字和影像技术的进步,可能会因过度依赖奇观而忽略了叙事本身的魅力。[2] 在平衡与融合技术和文化方面,以河南卫视为代表的台网合作提供了有较高参考价值的范本。

首先,台网视觉技术整合,精致呈现文化风貌。

河南卫视"中国节日"系列节目台网合作,通过影像技术对传统文化故事进行精美呈现。例如,在采编制作的环节中,舞蹈节目《龙门金刚》在世界遗产龙门石窟所在地进行实景拍摄后,整合台网技术资源,运用了 AR、三维建模、电脑着色等数字化技术,在《龙门金刚》舞台上构建了逼真的石窟实景,同时通过着色技术复原彩色状态下的石窟造像,将台网双方的技术优势最大化,极大提升了节目的审美旨趣。另一破圈的舞蹈节目《唐宫夜宴》也在台网技术联动之下,采用了 VR、MR(混合现实)技术,将舞台表演与非遗景点实景、传统古画高度融合,演员们在虚拟的文物和古画中穿梭,观众也得以沉浸式置身于如画般的舞美造景中。

其次,互联网内容制作思维与电视台内容创作相结合。

互联网用户导向思维融入内容创作。在河南卫视与优酷的台网合作中,"中国节日"系列节目改变以往的传统广电思维模式,转而从互联网传播的角度

---

[1] GRISWOLD W.Cultures and societies in a changing world[M].California:Pine Forge Press,2008.
[2] 段鹏,宋芹.叙事、技术与仪式:融合创新模式下的文化类综艺节目:评析《国家宝藏》[J].中国电视,2021(6):40-43.

设计内容。互联网节目内容编排紧凑，使节目的弹幕讨论量更密集，用户留存更可观，在社交平台引发的传播效果更好，归根结底是对用户有吸引力。因此，从用户角度出发，将用户大数据和弹幕互动作为反馈纳入内容设计之中，可以更科学地指导内容创作。

互联网年轻化语态、娱乐性精神融入内容创作。"中国节日"系列节目的革新之一在于其取消了主持人的角色，取而代之的是由剧集、动画、游戏等演绎的戏剧化故事，这种更加迎合年轻受众品味的创新性表达是融合了互联网精神的体现。正是通过整合台网技术资源、融合台网精神，这一"戏剧+动画+游戏+歌舞+戏曲"的形式才得以实现，晚会节目既保留了电视台的高制作水准，保证了优秀的内容质量，又在呈现形式上推陈出新，突破传统晚会节目的形式局限与单一风格，技术与文化由此实现了高度融合。

互联网内容体裁与电视台高质量 IP 融合出新。在河南卫视与优酷的合作中，除了以河南广电为内容创作主体的系列节目外，还存在着依托于河南卫视的原创 IP 打造的系列互联网视频体裁，如短剧和中视频。例如，成功破圈的《唐宫夜宴》被改编为短剧，仍然延续了节目中的前沿视觉呈现技术与传统文化的融合呈现，还被制作成每集 15 分钟的中视频进行排播，探访和演绎不同朝代的经典故事。

2.大小屏互补，即时与点播并行

首先，台网大小屏用户的差异互补。曾经我们或许会直观地认为小屏媒体的用户更年轻化，以 20 多岁及以下的年轻用户为主，大屏媒体以中老年人为主。然而，中国互联网络信息中心（CNNIC）第 50 次《中国互联网络发展状况统计报告》显示，截至 2022 年 6 月，我国网民规模达 10.51 亿，互联网普及率达 74.4%，手机网民规模为 10.47 亿。① 在此背景下，大小屏用户的差异性正逐渐消弭，而台网联动的模式可以最大化地整合大小屏用户，如河南卫视与头部长视频平台优酷的台网合作，在《洛神水赋》节目的创作中，使用已经被诸多节目

---

① 中国互联网络信息中心.第 50 次《中国互联网络发展状况统计报告》[R/OL].（2022-08-31）[2023-05-26].https://www.cnnic.net.cn/NMediaFile/2023/0807/MAIN1691371428732J4U9HYW1ZL.pdf.

采用的洛神元素,通过台网合作编排及运用最新的水下拍摄技术,做到每一秒都达到精修效果,使单点节目极致化,然后先网后台播排以及在两微一端一号通过短视频的方式进行传播,真正做到了在收视人群、区域、时段方面进行全方位的覆盖,实现最大到达率。①

其次,OTT点播②搭建台网大小屏媒体桥梁。曾几何时,相比互联网的分众传播、分时传播,电视节目转瞬即逝、不可回放、无法搜索,相对刻板的线性传播是其劣势,而现今OTT媒体在家庭场景的渗透率已达到70%以上,这证明大部分家庭在看所谓的大屏电视时,是用OTT的方式在做点播,所以用户之间的流通性越来越强。在以往,电视台的大屏传播周期与传播频率受节目时长及其他节目的编排影响,传播周期很有限,而互联网的加入实现了多层次传播,且传播周期较长,还能实现目标用户的深度参与,最大化地实现电视节目价值,形成对节目及品牌的忠诚度。

值得注意的是,虽分属大小屏,但观众、网友对内容的需求越来越高,趣味性也越来越趋同,因此,提高内容质量、向年轻化表达转变已成为台网联动的题中应有之义。在这个过程中,二者的区别是小屏的内容迭代总体要求高于大屏,大屏媒体的内容更偏向于伴随式的观赏,用户很难坐在电视机前面,很专注、持续地看电视;而小屏媒体则基本上属于个人消费,用户的专注度代入感会更强烈,因而对于内容的要求会更高,由于其媒介的易操作属性,用户一旦看到不感兴趣的内容,便可以通过拖拽、倍速、弹幕等方式进行反馈。台网深度融合后,以小屏用户为主的平台便可以将数据复盘输送给大屏,这有利于双方共同打磨内容,进一步提升节目质量。优酷综艺内容研发中心总经理吉中行介绍,卫视在与优酷的合作中,每隔两周都会和卫视编导开一次内容复盘会,而过去卫视的内容复盘是基于月播甚至季播的数据来做讨论,由此达到小屏快速输出价值到大屏媒体,实现大屏内容迭代速率倍增。

---

① 范晓影.媒体融合时代"网台联动"模式解析[J].新闻传播,2015(12):29,31.
② OTT是"Over The Top"的缩写,这个词来源于篮球运动中的一个动作"过顶传球",用在电视业上是指通过公共网络向用户提供内容分发业务。

(三)台网合作联动——传播矩阵,IP先行

1.全媒体传播,矩阵同步

"中国节日"系列节目的爆火与出圈离不开台网合作带来的宣传营销的多点并进。网络媒体的触角遍布互联网,其中尤以信息通达程度、遍布范围、传播效力为重要参考坐标。电视媒体以自身体量为基础,配合网络媒体的全网触达效力,共同在节目的前、中、后期营造声势、制造话题、推高热度,为台网合作新模式写下新注脚。

首先,"先网后台",打造新媒体首发运营前期预热模式。传统文化系列节目中的台网合作模式首先将节目制作成3~5分钟的剧情式MV,投放到两微一端进行预热,预热一定时间后,赚足关注度再经电视台完整播放,这样的流程利用强大的网络传播力增强了网台联动的影响力,如2022年的"中国节日"系列节目的收官之作——《2022重阳奇妙游》,提前一周便在两微一端一号开始带上整档晚会及提前预判的单点极致节目相关话题进行预热。

其次,台网渠道内容深度融合,铸就双赢的传播过程模式。在台网合作的传播矩阵中,河南广电"中国节日"系列节目利用河南卫视、优酷视频、快手、抖音、微博、微信公众号、大象新闻客户端等平台,实现了媒体平台的全覆盖。多渠道、多平台的传播满足不同受众在不同场景的收视需求,如电视渠道满足了家庭集体观看的需要,视频客户端则为在线用户提供了实时观看、评论、互动交流等服务,新闻客户端及短视频平台则满足了部分观众碎片化接收信息的习惯。再通过算法推荐、用户画像等技术的助力,精准地将相关节目内容传送给感兴趣的用户。"中国节日"系列节目依托河南本土深厚的历史底蕴及卫视长期坚持对传统文化的传播和钻研的经验基础,已具备打造优质内容的条件,加之与各平台的合作,如采用优酷等平台的技术及渠道精准推送的助力,真正实现优质内容与优势渠道的整合,吸引更多的流量与用户,形成用户黏性与品牌忠诚,最终实现利益最大化,台网双方共赢。

最后,网台合作后期拆条分发,打造长尾效应。"中国节日"系列节目常采

用单点极致型节目助推整档晚会声势的方式进行,因为单点极致型节目传播力度非常强,碎片化阅读习惯下的用户很少会把晚会版块全部看完,但几个重点节目的讨论量跟观看度都会特别高,甚至由此带动整档节目的播放量在播出后持续变高,如在优酷、B站等视频平台,"中国节日"播放页面的评论区、弹幕区便有不少用户表示是在看过单项破圈节目后特来"补课"看整档节目的。"中国节日"系列节目的后期模式亦采取了接续式,在《2022重阳奇妙游》节目收官后,微博发起#2022奇妙游高光时刻盘点#、#2022奇妙游天籁舞台#等话题,唤起用户的集体记忆,与此同时对2023年的"中国节日"系列节目进行预告,这样连续剧式的做法有利于增强用户黏性。除此之外,部分深度垂直用户甚至二度创作及转载、整合节目视频,不仅实现了用户二度创作反哺节目内容创新与传播,而且曾经破圈的节目在新节目的播出后,还能受到关注,甚至形成回温热潮,达到优质节目的传播互动,形成良性循环。

2.IP贯穿,宣发联动

首先,符合Z世代的IP创新表达。《唐宫夜宴》走红后,河南卫视趁势成立了唐宫文创科技集团有限公司,借着其浓厚的底蕴为品牌提供了新的文化表达方式。河南卫视也从中孵化了"唐小妹"IP,在日常的运营中去丰满唐小妹的IP形象,并在之后的台网合作的各种节目、活动中赋予她们人格化、角色化、故事化特征,最终做到了区别于历史书与字画上的端庄仕女形象,以诙谐幽默的反差调性打造人格化Q版"唐小妹"IP,拉近观众与传统文化之间的距离,做到符合Z世代的创新性表达。

其次,唐宫IP打造长尾效益。唐宫IP天然的出圈属性、亲网络性、年轻态形式都昭示着其长远的发展潜力。在已经将其确立为重要IP战略之后,河南卫视和优酷也相继打出组合拳以确保未来发展,由唐宫文创科技集团有限公司专门负责唐宫系列以及后续节目IP的运营。河南博物院也出品了仕女乐队系列盲盒等节目相关文创产品。紧跟《唐宫夜宴》舞蹈视频破圈热度,河南卫视随即着手打造了《唐宫夜宴》《洛神水赋》等系列IP图库,组建唐宫系列自媒体矩阵。通过唐小妹×POP MART(泡泡玛特)等品牌联名及自媒体矩阵助力品牌全网破圈曝光,做到"让文物活起来",实现品效合一。

再次,IP创新晚会叙事语态。河南卫视网台合作模式IP开发的创新发展路径包括一众"唐小妹"与后来拥有确切姓名的唐姓少女,就此开拓了"唐宫"版图,并紧密参与了之后的节目内容、节目宣传,在新节目策划的同时,用"唐小妹交新朋友"的Q版拟人化叙事方式引出洛神、龙门金刚等新的IP,而每个传统节日都与营销结合,给《唐宫夜宴》持续注入新的IP生命力,真正做到了人物的创新即IP的创新。除此之外,依托互联网技术的反哺、互联网营销的作用,唐小妹替代了主持人,成了串联节目、推进剧情的重要角色。

最后,IP线上衍生到线下,助力文旅产业。除了通过"唐宫文创"让每一个新的IP落地之外,IP还带动实体经济的发展,如河南广电在洛阳龙门的街区打造了受年轻人喜欢的民宿,同时配套一些沉浸式的演出及剧本杀等系列活动。除此之外,为落实河南省委实施的文旅文创融合战略,河南广电立足于河南本地,带动河南文旅和文创的融合发展。在此作用下,根据河南文旅厅数据显示,在"中国节日"系列节目播出之后,在2021年有疫情的情况下,河南文化旅游业营收提高了300%。

三、讨论与反思

河南卫视的新型台网合作模式是一次传统卫视的大胆突破创新的成功案例,顺应时代潮流,交出了传统卫视突围的一种中国式解决方案,并开拓了节目文化产业路径,建立了可持续发展的良性循环节目生态。由此得出结论,广电集团掌握了大量的优质节目资源,互联网占据海量受众资源的平台高地,二者合作必然会孕育出更多优质的爆款内容。但未来更多的传统卫视在改革路程中如何更好地拥抱台网合作,打造更多优质的文化节目,而不是生搬硬套河南方案造成进一步的同质化,也值得我们警惕。

值得注意的是,我们长期探讨传统广电该如何转型,强调为电视注入互联网基因,但其实从"中国节日"系列节目的台网合作中可以窥见,传统广电有其独特的优势,而互联网需要长足稳定的发展,也必须从电视中寻找成功基因。①

(一)发挥台网合作优势,把握时代共情要素

仍旧以《唐宫夜宴》节目为例,《唐宫夜宴》依托盛唐文化背景进行视觉化创造,基本线索内容为唐东都洛阳上阳宫设宴、宫女表演的场景,带有极其深厚的传统审美意趣。这种内秀、沉淀于中国五千年历史文化之中的文化基因所催生出的审美倾向造就了市场上的一大批文化类节目。② 但让《唐宫夜宴》从众多同类节目中脱颖而出的关键则在于台网合作的模式创新。

节目播出后,该节目首先在 B 站、微博等平台发酵直至火爆,进而通过单点节目的极致化策略,提高了整档 2021 河南春晚的曝光度和收视率。从中可以窥见,依托各个网络平台庞大的用户基数及其大数据,再结合卫视自身得天独厚的历史文化优势的台网合作模式,以渠道共振、相互导流、内容共创的方式,打造出符合时代共情点和共鸣点的优质内容。

在河南卫视春节晚会通过《唐宫夜宴》出圈后,河南卫视再接再厉推出元宵晚会、"中国节日"系列节目。实景拍摄,取消主持人,全程表演,以博物馆里的文物及 IP 元素串联古今,再辅以 XR 等技术,做到技术为创意服务、视觉为思想服务。同样,河南卫视台网合作的独到之处不只体现在内容生产上,还体现在内容分发和话题传播等环节。在宣传推广中,河南卫视一改传统习惯,采用了"移动优先"的战略,不仅将 2021 年的河南春晚在快手、B 站、大象新闻客户端等平台做了先于大屏端的首发,还在播出时重点在大象新闻客户端、快手官方账号进行移动端的合作和宣传物料输出。

种种台网合作的创新之举虽然并不都是首次运用,但能够在传统文化的宏大议题中推陈出新,结合网络传播的全新特性进行针对性设计,足以体现出综艺节目的内容传播方式在当下已经产生了新的变化,即受众层面的信息接收与

---

① 周凯.反向学习:互联网视频植入"电视基因"[J].新闻界,2017(12):62-66.
② 夏莉莉.《唐宫夜宴》走红的启发与思考[EB/OL].(2021-02-23)[2023-05-26]. https://mp.weixin.qq.com/s/qUveiU_FZPVJxiCKQrOC_g.

观看指向的变化。观众对一档综艺节目的选择,或者综艺节目对观众的吸引,在当下的互联网环境中需要经历更为复杂的信息传播、兴趣过滤、入口引流才能实现。观众对节目的选择并非只是"选择"这一孤立的概念,而是综合了对其前期内容策划的认同与否、全周期宣传方式的感兴趣程度、具体呈现手段的吸引力判断、引流方式的接受转化度等方面。"中国节日"便是在台网双端的合作中把握住这一内容传播方式的变化,建立起与受众层面的同频,与时代发展变化的共情。

(二)主流文化节目深挖蓝海,提升民族文化自信

依托于技术的支持,传统文化的创新表达拥有了新的可能性,如《唐宫夜宴》和"河南博物院元宵奇妙夜"均充分运用了5G+AR等新技术,让场景与舞台有了更纵深和多维度的视觉效果。自然顺畅地实现场景转换,营造出时空对话的穿越感,给人一种沉浸式的观看体验,使得作品和舞台都"活"起来。这种台网合作模式下产生的节目内容再通过网络平台全媒体传播至各个终端,提高了传统文化在年轻人群体中的受关注程度,而不管是故宫博物院和敦煌博物院通过各种文创产品及活动出圈,还是《唐宫夜宴》和"中国节日"系列节目等在年轻群体中走红,其实都说明了一个问题——传统文化并不等于过时文化,年轻人对传统文化依然有极高的接受度和包容度。这一现象也彰显出台网合作模式传播传统文化的巨大潜力及新一代人的文化需求。

值得注意的是,乘着新型台网合作模式的东风,河南卫视迅速发展文化IP衍生产业,打造"产业"与"文化"相结合的创新型产业格局,从而实现了经济效益与社会效益的双丰收。同时在传播过程中,节目在信息量丰富的内容中适当留白,以让受众参与其中,进行二次创作,进而拉拢不同圈层的用户,用户亦成为重要的生产驱动力,甚至反哺节目本身,形成良性的闭环逻辑与生态模式。

(三)防止内容与技术失衡,避免同质化与过度营销

河南卫视"中国节日"系列节目的成功离不开创制者观念的创新与技术的运用,但也应当看到,无论多么绚丽的技术特效、缜密的传播策略,都离不开节

目内容的用心制作。通过讲述与除夕、元宵、清明、端午、七夕、中秋、重阳这些节日有关的7次系列节目，观众们记住的往往不是具体的节目特效与编排，而是唐俑的可爱、各个传统节日中有趣的习俗等。由此可见，优质内容才是用户观看与传播一档节目的最终动力。

因此，技术要为内容表达而服务。但即使是"中国节日"系列节目，近期的一些节目片段也出现了为展现特效和营造奇观而运用各种技术，但观众反响并不良好的现象。《唐宫夜宴》的5G+VR，《龙门金刚》的AR和三维建模，《少林·功夫》《豫见》等节目的XR技术固然能够让人眼前一亮，赞叹连连，但一味地技术堆砌所掩盖不了的是内容上的后继乏力。技术加持下的节目效果展示并不能脱离优质内容而独立存在。因此，如何平衡好技与艺，还需要节目制作者、研究者不断探索与研究。

河南卫视自《唐宫夜宴》及系列节目出圈后，相类似的节目纷纷涌现。这类现象的有益之处是可以在综艺节目市场中形成我国传统文化的审美系统，打造传统文化审美下的内容矩阵，推动传统文化的传播及建立文化自信；缺点则是大量同质化内容的出现造成审美疲劳。部分节目仅仅因为对爆款节目红利的渴望，盲目跟风。但这不太可能创造出一档真正的优质节目，反而会出现为了赶红利期导致节目内容粗制滥造及误读传统文化的现象。如何借鉴河南卫视台网合作模式中的精髓，避免同质化内容使用户产生新一轮的审美疲劳，以及如何更进一步探索新型台网合作模式，将是新一轮的命题。

值得注意的是，贯穿节目策划、制作、播出、播后始终的宣传工作固然能够在台网合作的大格局下，利用双方不同的优势使声量叠加、传播扩散。例如，据统计，微博端#河南卫视yyds#话题转化率高达4000:1，远高于行业平均水平，2021年，节目组通过前期预置话题，设计热点，引发全网讨论，登榜微博、抖音全国热搜第一，快手、B站等多个平台热榜前三。2022"中国节日"系列节目《七夕奇妙游》全网包揽话题词热搜23个。① 但这种声量带来的收视率、关注度和流

---

① 钱林林."中国节日"系列节目的艺术表达创新[J/OL].文化月刊,2023(1):60-62[2023-07-28].https://mp.weixin.qq.com/s/VaqcfryscjqhaRsJIb1OrQ.

量数据并不完全真实可靠。

无法否认的是,相当多的观众其实是在"营销"的直接作用下,或出于对视觉奇观的好奇心理,或出于跟风观看的凑热闹心理,或出于被互联网热潮裹挟的从众心理而进行观看。这种观看心态在一定时间内能够为节目带来客观的效益,但长此以往,频繁的社交媒体"刷屏"宣传、网络平台频繁曝光,难免让人产生信息疲劳后的逆反心理,从而令部分受众视该类节目的宣传内容为电子垃圾,把营销活动等同于自娱自乐的烧钱活动,越是接收到此类信息越是反感。因此,如何在宣传营销的时机、度量上把握一个合适的状态,将良性的宣传—播出—反馈—宣传逻辑做好运营闭环,是河南卫视与其他网络媒体需要共同思索和面对的问题。

四、结语

"中国节日"系列节目是新型台网合作模式的成功范例,从中我们体会到了传统文化的浩瀚。同样能够看到的是,我们可以通过整合内容、技术、渠道深挖其价值,并进一步释放传统文化的能量发展衍生产业,从而产生社会效益与经济效益,更甚者,还能反哺文化类节目。

但成功仅仅是一个开始,对于各个卫视平台来讲,做到改革创新是一项艰难的工作,其成本昂贵,实践难度也是巨大的。除此之外,晚会节目不单是为观众提供娱乐的平台,更肩负着向全球传播传统文化,向国人弘扬文化自信的使命,本质上是一种对国家文化软实力的提升。

新型台网合作模式的时代已经来临,创新改革的星火也已点燃,只等其成为一片燎原之势。

(本案例由胡瑞、喇姆负责撰写)

新技术新探索

虚拟数字人的人格呈现、技术迭代与应用探索
——基于多个数字人的探索分析

摘要：元宇宙与虚拟数字人概念的诞生为网络社会带来了新的虚拟入口,虚拟数字人经过了从1.0到3.0时代的迭代,如今已经实现了性格外貌真实化、智能交互即时化、应用场景多元化的发展,并且形成了完善的上、中、下游虚拟数字人产业链,成为数字经济的全新增长点。在呈现方式上,数字人在人格完善、美学体现、身份认同方面实现了突破;在技术上,数字人实现了全方位升级;在实际应用方面,当今的数字人不断深化服务职能、匹配场景多样化需求;同时,数字人从生产到产业结构方面都经历了全方位的商业化变革。本文以超写实演艺型数字人梅涩甜、湖南卫视虚拟主播小漾、百度超写实数字人龚俊作为研究对象,辅以洛天依、度晓晓、柳夜熙和AYAYI等数字人进行横向对比,从数字人呈现、技术构成、场景应用与服务职能、公司商业化战略布局等维度力图深入探讨当前数字人的发展特征、面临困境和未来发展趋势。

关键词：数字人；数字产业；虚拟社会

一、引言

习近平指出,当今时代,数字技术、数字经济是世界科技革命和产业变革的先机,是新一轮国际竞争重点领域。虚拟数字人是存在于数字世界的"人",未来,元宇宙中的虚拟身份可能会成为新的消费主体。当下中国,发展数字经济已经上升为国家战略,依托数字平台产生的大量数据需要更广阔的应用场景来

实现更高的价值,虚拟数字人也因此拥有巨大的发展潜力,在不断去魅的过程中,填充着元宇宙的蓝海。

2021年开始,我国虚拟数字人的发展进入快车道。国家政策加码助力数字经济发展,虚拟数字人的上、中、下游产业链得到完善。在政策方面,2021年3月,国家将虚拟数字技术的发展纳入《中华人民共和国国民经济和社会发展第十四个五年规划和2035年远景目标纲要》,同时在与数字人相关的上游产业,出台了一系列利好政策,如《基础电子元器件产业发展行动计划(2021—2023年)》《"双千兆"网络协同发展行动计划(2021—2023年)》等。在产业链方面,上游技术方以软硬件平台、工具为主,腾讯、字节跳动、百度等巨头牵头布局;中游服务方涉及虚拟人 IP 孵化、设计、技术运维等全链条产业;下游应用方在游戏、文娱、传媒、金融、文旅、教育等行业纷纷探索数字人发展进路。同时在疫情的催化之下,受众对于线上娱乐、消费的需求空前增加,在资本的敏锐嗅觉之下,股市各路资金开始抢筹相关上市公司,给了数字人发展新的增长机会。

数字人分为虚拟偶像、虚拟主播和虚拟员工三类,本文根据覆盖多个分类和代表性的样本原则,排除样本过少的虚拟员工类数字人,最终选取超写实演艺型数字人梅涩甜、湖南卫视虚拟主播小漾、百度超写实数字人龚俊作为研究对象,辅以洛天依、度晓晓、柳夜熙和 AYAYI 等数字人进行横向对比。从数字人呈现、技术构成、场景应用与服务职能、公司商业化战略布局等方面对数字人的创造、应用和产业现状进行综合梳理,并提出以下四个问题,以期对数字人的发展脉络进行更有针对性的分析,从宏观层面为数字人的产业发展提供优化路径。

(1)数字人的外貌及文化表征有怎样的特点?

(2)数字人制作技术与产业链发展如何?

(3)数字人的应用现状如何?有什么样的发展趋势?

(4)数字人为何具有巨大的商业价值?

目前,数字人是学界的研究热点,作为可操作落地的数字化产品,多数学者将其作为分析元宇宙的核心要素,其研究领域十分广泛,包含了数字人的媒介物质性、数字人应用研究、数字人政策研究等方面,从学理角度梳理数字人本质,有针对性地提出问题,并给予政策向的意见支持。其中,最主要的研究方向集中于:

(1)数字人的创新应用。学者徐琦提出在专业服务和偶像娱乐等场景下,我国主流视听媒体都在对数字人进行积极的创新性探索①。例如,新华社数字宇航员、数字记者"小诤"成功承担了载人航天工程、行星探测工程、探月工程等国家重大航天项目的"现场报道"任务;上海广播电视台融媒体中心的数字人"申雅"则是首个具有新闻属性的二次元偶像。另外在课堂教学、文化拓展、医学研究等领域,也活跃着数字人的身影。

(2)数字人的产业发展。我国的数字虚拟人产业处于成长初期,3个主要层级的产业结构趋于稳定,商业逻辑逐渐清晰,但是在要素投入、用户体验、价值变现、行业监管等方面仍存在一定的问题。根据《数字人产业发展趋势报告(2023)》,2023年,数字人将朝这几个方向加速迭代:一是"皮囊更好看",在跨越恐怖谷效应后,有利于与人建立良好的心理连接;二是拥有"有趣的灵魂",提升数字人多模态感知和交互的能力,让数字人未来有可能具备记忆力和判断力;三是需要渲染、动捕等行业开发工具及云渲染等技术支持体系的进一步完善,从而大幅提升制作效能,有效降低制作时间和成本。中国移动通信联合会元宇宙产业委员会执行主任于佳宁表示,数字人以及数字员工未来在智能化的方向上,会有更广阔的发展空间。随着5G加速应用、6G逐步到来,虚拟数字人的应用和覆盖面将进入量级发展的阶段。

(3)数字人的伦理问题。湖南师范大学讲师翁杨认为随着媒介元宇宙建设日益推进,虚拟新闻主播与真人主播无限接近的时候,受众在心理和认知上可能会产生质疑,并且感觉到恐怖和难受②。另外,自然人与虚拟人的关系和地位不断冲突碰撞,同时存在虚拟人的行为规制风险。苏州新闻出版集团视频视觉融媒中心总监蒋恺则认为,元宇宙带来的最大危机可能就是技术过分崇拜导致

---

① 徐琦.主流视听媒体虚拟数字人应用创新与优化策略[J].中国电视,2023(1):102-107.
② 翁杨,杨大学.媒介元宇宙中的虚拟新闻主播:身份定义与话语功能[J].出版广角,2022(17):87-90.

文化价值漠视①。当前传媒业对元宇宙的探索与实践，过于追逐各种黑科技带来的震撼感和惊艳感，沉浸于技术狂欢，而对媒体内在的伦理规范和文化意义缺乏关注。

针对数字人的应用、发展和伦理反思，上述研究为本文提供了可借鉴的分析角度与方法。

二、案例分析

本文将结合数字人的具体实际，从表征呈现、技术驱动、应用场景、服务职能以及商业化四个角度，由微观数字人制作、宏观数字人产业综合分析，跟踪数字人制作流程与产业应用，从产学结合的多元视角分析当下数字人行业与产业的特点、痛点和发展关键点，以期为数字人的发展提供可行化路径。

(一)表征：从形象呈现到身份获得

数字技术的发展促进了数字人形象的飞速迭代升级，数字人不仅在呈现形象上日趋精美、具备立体性，突破了"赛博格"的人机结合体形象，向自然人形象过渡，并且逐渐介入日常现实生活中，在与自然人的知识生产、情感传递中获得数字人主体性，产生独属于数字人的个体记忆和经验。

1.形象人格化，语态主体化

随着数字人产业的日益发展，数字人的个性得到日益丰富。在一定程度上，数字人摆脱了"被凝视"的束缚，他们不再需要通过用户反馈、市场需求等确认自身的主体性，而是从变化的环境中发展出可变的自主人格，摆脱数字人本身刻板的人设标签，建立起独特的虚拟物质性。

整体而言，数字人的人格发展经历了三个阶段，完成了从无自主人格、半自主人格到完全自主人格的发展。

---

① 蒋恺.元宇宙与媒体深度融合的创新实践及反思[J].出版广角,2022(12):89-92.

在第一阶段中，数字人往往是基于用户需求而产生的技术载体，不具备性格、个性，是技术发展带来的人形产物。也就是说，数字人的第一阶段是语音陪伴服务、偶像复现等特定情况下的技术延展，本质是一种数字工具。这种特征在初代的数字人身上具有较强的体现，以百度可交互虚拟数字人度晓晓为例，度晓晓的产生最初是百度App中的虚拟助手，可以基于AIGC能力进行搜索辅助和简单的程序对话，帮助用户在App搜索中代替人工提供提示、陪伴等服务。除去"度晓晓"的名字和女性形象外，度晓晓并无性格、表情等设定，其性格和特点甚至能够在与用户的对话中养成。因此，度晓晓人格并未形成，只能够对人类的思维和表达方式进行学习和模仿，其语言内容和语言特色完全由用户的个人喜好决定，用户甚至能在特定界面选择自己喜欢的度晓晓每日穿搭，与传统游戏界面中的养成游戏类似。可以说，度晓晓是百度交互技术的集合体，也是用户得以交互的人性化身。

在另一种情况——偶像复现中，数字人也不具备主体人格，仅具备客体性。这种偶像的再现搭载了全息投影、3D建模等技术，在舞台、线上空间中还原了现实偶像的体型和面貌，但也止步于此。由于偶像复原领域本身的限制，这类数字人的主体人格完全被湮灭。在用户接触这类数字人的过程中，它们无法发展起与原偶像截然不同的个性，必须依赖背后的创作团队，通过设计与原偶像符合的话术、做出与原偶像相似的动作和表情，这类数字人的存在才变得合理。数字人的个性和人格完全基于用户对原偶像的想象，一旦不符合，便会出现"数字人不像偶像""偶像滤镜破碎"等批评声。

在第二阶段中，数字人的人格具有半自主人格的特点，其中一半符合了商业化的趋势，由设计团队设计决定，另一半则包含了主体性的观察和思考。从商业化趋势来看，由于数字人大多应用于文娱、营销和服务领域，因此这一阶段数字人的个性（尤其是女性数字人）带有亲切、热情、顺从等共性，并通过创作团队的初期设定拥有一定数量级的动作、表情和话语预设，能够针对环境选择合适的动作表情进行组合呈现。以数字人阿喜为例，这类数字人都被团队设定成拥有模块化的动作和表情，如"对你比心""嘟嘴思考""欢欣雀跃"等，通过可爱的身体姿态表达，传递出友好和善的信号，如在创设的虚拟环境中，阿喜用伸懒腰、眨眼和跳跃的动作组合，配以白色短袖展现自然轻松的生活状态，以此吸引用户眼光，获得更多的流量关注。像阿喜这样的数字人就吸引了大批粉丝关注，其率真可爱的性格使其女粉丝数占比高达75%。从主体性观察和思考来说，这一阶段数字人的人格化初具雏形，他们不再是被摆弄和操控的"玩具""手办""漫画人物"，而是更具生命力和人格特征的伙伴，数字人在创造初期就拥有初始的设定，如出生年月、肤色人种、性格爱好等，数字人拥有了更多关于自身存在、自身定位、自身和环境的关系等方面的主体性观察，并将这类思考付诸言语和行动中，向用户传达观点、引导思考。数字人梅涩甜对世界的看法就很有代表性，作为数字人脱口秀艺人，梅涩甜明确地知道自身的数字人身份，梅涩甜更以戏谑方式在新闻播报、脱口秀等场合探讨数字人和自然人之间的关系："人美多读书""知道自己从元宇宙的雪山之巅而来""反讽CG大哥建模缩胸"……诸如此类的观点输出彰显了数字人的主体性观察，也输出了对商业化的反思，在一定程度上改变了大众对数字人"胸大""眼睛大"等刻板印象。

在第三阶段中，随着"数字孪生"概念的出现，用户在虚拟社会中打造专属于自己的数字人形象成为可能，这也让数字人完全拥有了主体性。通过"捏人"，在元宇宙为代表的虚拟场景中，数字人能够与其他的数字人联结，数字人不再是单独的个体，而是通过渠道对接、对话、虚拟身体互动等方式建立联系，并进一步建立起属于自己宇宙的认知观、价值观。目前，这一阶段的数字人并未完全开发纯熟，尚处于初级阶段，但以梅涩甜为代表的数字人已经尝试在新华社平台建立社会关系，通过2022年数字人拜大年活动，与龚俊等十多位数字人共同为大众送上了新春祝福，是数字人进一步发展至第三阶段并拥有完全主体性的尝试。

2.外貌精细化，风格多样化

技术的创新促使数字人外貌的呈现更加精细化，在呈现维度、五官精细度、动作幅度等方面都有突破。

首先数字人的呈现维度实现了从2D、2.5D再到3D的演进。比如，初生代数字人偶像爱酱的 2D 形象深入人心,多服务于动漫特色的叙事中;而度晓晓的 2.5D 形象最受欢迎,更适用于服务于百度的 UI 交互平台,配合其 AI 舞蹈、AI 写作能力,适配虚拟空间;3D 数字人龚俊则可以与现场拍摄的实景视频融合,更具现场感和真实感。从 2D 到 3D 的形象演进一方面满足了大众对数字人立体、真实形象的期待,另一方面也赋能数字人多形式运用于传播场景中,不论是在平面中的传播内容消息,还是在构建的虚拟空间中展现身体和环境之间的方位关系,数字人的立体形象基本实现了对空间、方位的匹配,满足了传播场景持续拓宽的需求。

其次,数字人的五官更加细腻,表情更加丰富。其人脸构建超越了传统的恐怖谷理论,超写实 CG 模型、次世代三维技术在精细程度上赋能人物的塑造。数字人不再是机器人,面部不仅还原了面部组织与结构,甚至在毛发、表情、皮肤质感、肌肉走向、骨骼运动等方面有所突破。以数字人阿喜为例,其带有绒毛的皮肤、搞怪的鬼脸与真人别无二致。阿喜的面部肌肉纹理和走向完全参照真人构建,皮肤的真实、表情的灵动也给其带来了美妆、护肤等品类的商机。

最后,数字人逐渐能够实现大幅度的动作。从一开始只能站立、微笑,到能完成走路、挥手等小幅度动作,再到能够实现转身、旋转欢呼等手脚协调的全身动作,数字人的肢体语言和手脚协同能力日渐完善。在不同的肢体动作中,观众能从多角度感知数字人的身体语言,并从中获得潜在的数字人情绪、状态等信息。

除了外貌的精细化外,数字人的呈现风格也在走向多样化。数字人的风格不再拘泥于一种固定的模板和审美范式,而是探索多元的审美,从色彩、外貌、搭配元素等角度再出发,探讨数字人风格的多元可能性。在色彩方面,数字人从原先的冷色调转向暖色调。数字人原先基本以蓝、绿色调为主,皮肤为冷白皮,突出数字人的科技感和智能感,而目前数字人的色彩大部分已经由冷色调转向暖色调。《元宇宙发展研究报告 3.0》中的数据显示,数字人的冷色调仅占 17%,而暖色调则占 83%,贴合了交互性和陪伴感,拉近了与人之间的关系。数字人不再冰冷,而是成为大众可以信赖的伙伴。在外貌方面,数字人摆脱了模式化的、千篇一律的审美,在大眼睛、双眼皮、高鼻梁、粉嫩皮肤的固定模板中不断反思,创造出拥有单眼皮、小雀斑等特色标志的外貌形象。这些带有多元风格的数字人形象尊重个体差异,反对数字人的外貌趋同,如柳夜熙、梅涩甜等单眼皮国风女性数字人,为数字人的外貌呈现提供了新思路。在搭配元素方面,数字人的出现往往伴随着科技的元素,如光圈、像素、赛博朋克等。湖南卫视的虚拟主持人小漾初次出现在《你好,星期六》的节目中时,她就处于一个随时可移动的未来感空间中,并伴随着扫描的形式逐行显现,最终形成全部形象。然而,近年来国风元素的兴起也给数字人带来改变,中国传统纹样、服装样式、配饰元素等在女性数字人中多有体现。

3. 建立社会身份,增强角色认同

数字人的社会身份获取方式主要分为两个途径,分别为通过提供服务获取和通过娱乐演艺方式获取。总体来说,社会身份的建立对数字人而言并非难事,其中通过服务获得社会身份这一途径更简单,而以娱乐为入口获得数字人身份的数量比例更高。《虚拟数字人深度产业报告》内容估计,2030年中国数字人整体市场规模将达到2700亿元,其中演艺型数字人(身份型数字人)约1750亿元,服务型数字人超过950亿元。

数字人通过服务获取社会身份是最直接、快速的途径,其身份多直接与垂直行业勾连。这类身份的获得一般出现在娱乐、金融、教育、医疗等行业中,他们以数字员工的身份进入行业,结合人工智能技术为各行各业的人提供信息服务,如虚拟主播、虚拟客服、虚拟心理医生、虚拟导游等,角色认同感较强。湖南广电推出的数字人小漾在设定之初是见习主持人的身份,通过参加《你好,星期六》等节目,进一步成为节目主持人,并参与了更多湖南卫视相关的线上线下活动。值得一提的是,数字员工与明星IP的结合能产生更多的化学反应。以数字人龚俊为例,其数字人形象进一步整合了明星身份和员工服务的属性,既借用了演员龚俊的明星身份和明星外貌,又在此基础上成为百度的智能解答客服,创造了虚拟世界的多重社会身份。龚俊数字人负责人孔先生表示:"龚俊数字人上线一周,其相关语音搜索的使用量同比增长了18%,大家都愿意尝试使用龚俊数字人试一试。"在这层意义上,明星身份对数字员工起到了赋能作用。他们既能够成为明星的代表者吸引粉丝、获得广告费,产生经济价值,又可以成为明星的数字分身,帮助他们进一步完善其社会功能。

数字人通过娱乐演艺获得社会身份是目前最多也是最常见的身份获取方式。他们主要通过成为虚拟主播、虚拟偶像等获得流量关注,并进一步通过偶像IP赢得粉丝认同。这些数字人将美的视觉作为目标,能够满足人对美好之物的喜爱,以此弥补人类自身的不完美,这是人类对跨越时空永恒之美的追求。[①] 在获得曝光的过程中,用户向粉丝转变,并对该数字人建立起情感依赖,甚至投身粉丝创作,在人物性格、相关情节等方面给予关键性意见。明确的人物性格、鲜明的情绪价值会带来流量,继而带来更高的社会身份,并发展出粉丝经济的新模式。在社交媒体上,这类数字人比数字员工更活跃,他们往往在美妆、唱演、舞蹈等方面更具优势,这也为他们带来更多的商业价值。以数字人柳夜熙为例,其参演的短视频剧爆火后,她就以美妆博主、网红的身份参与商业化代言和活动,其热搜#挑战柳夜熙仿妆#话题在一周内就获得超5亿次播放。

(二)技术:从形象升级到互动升级

数字人的本质是技术的集合,数字人集成了计算机图形学、图形渲染、动作捕捉、深度学习、语音合成等技术[②]。整体来说,数字人的技术可以分为两个部分,第一个部分主要涵盖数字人的制作技术,包括人物设计、人物合成、三维建模等;第二个部分更侧重于数字人和环境的交互,包括人物表达、识别感知和分析决策等。第一个部分与数字人本身的构建直接相关,而第二个部分则对数字人与场景、环境的适配提出更高要求。

1.软硬件载体升级

技术的发展带来了软件和硬件的多重升级。在硬件方面,显示设备、光学

---

① 谢新水.虚拟数字人的进化历程及成长困境:以"双重宇宙"为场域的分析[J].南京社会科学,2022(6):77-87,95.
② 郭全中.虚拟数字人发展的现状、关键与未来[J].新闻与写作,2022(7):56-64.

器件、传感器和芯片为数字人提供接触支持。其中,显示设备是数字人的载体,既包括手机、电视、投影、LED 等 2D 显示设备,也包括裸眼立体、AR、VR 等 3D 显示设备。光学器件用于视觉传感器、用户显示器的制作,传感器用于数字人原始数据及用户数据的采集,芯片则用于传感器数据预处理和数字人模型渲染与 AI 计算。

在软件方面,数字人的外观和身体搭建遵循着建模、渲染和驱动三个步骤,依靠建模软件、驱动软件和渲染引擎完成数字人的构建。建模软件能够依靠计算机视觉、计算机图形学等对虚拟数字人的人体、衣物进行三维建模,渲染引擎则能够对灯光、毛发、衣物等进行渲染,进一步细化数字人的容貌、服装等细节。

数字人不仅需要具备人的相貌、形态,还需要具备"人"的行为。因此,数字人的合成还需要美术、管理、传播等多个学科的联动合作,依靠动作捕捉和 AI 驱动的技术,协调肢体动作,让数字人形象看上去更加逼真。

从动作捕捉来看,动捕需要真人穿戴相关设备,使得真人的肢体动作和设备绑定通过数据的实时采集将点位传递到数字人身上,实现数字人的身体活动。以新华社首位 AI 合成主播为例,其肢体动作都是利用 AI 驱动完成,创作团队会利用 4D 扫描进行数据采样,经过"中之人"的演绎,超写实 CG 建模软件和云渲染引擎就会建立相应的 4D 模型。其中,CG 建模采用的次世代三维制作技术不仅能还原数字人骨架与面部,甚至连头发丝、肤质都能做到精细,动捕技术确保了数字人在制作过程中既快速准确锚定位置、构建精准模型,又能快速完成渲染保证数字人的形象完整,同时智能驱动,实现数字人的精准展演。

从 AI 驱动来看,数字人大多应用了仿真人体模型、卡通建模结合语音合成等 AI 技术,这与机器深度学习、运算力的提升、计算机视觉"基础设施"的日益精进密不可分。以梅涩甜、小漾、柳夜熙为代表的数字形象均由 AI 驱动完成形象活动。其中柳夜熙作为 AI 驱动技术的代表,其创建是基于上百位女性的形象,再通过大数据构建模型,由大量的技术人员和工程师一起参与最终成型。

动作捕捉和 AI 驱动并不是割裂的,相反在现实应用中不少数字人采用了混合驱动的模式,以满足不同情况下的需求。比如,梅涩甜解决的就是数字人成本高、周期长的问题。通过混合驱动的模式,其 AI 驱动实现了低成本和高效率,多在访谈、课程、讲座中使用,它的真人动作捕捉则表现力强,生动多变,大多使用于影视剧、广告片、脱口秀、Vlog、综艺演出和直播中。

2.交互能力升级

数字人的交互能力主要在技术交互和场景交互中体现。技术交互主要针对于数字人本身,指的是数字人能够对用户发布的指令进行响应,并针对性提供相应的回答和肢体语言反馈,也就是"听得清、听得懂、能表达"。其中"听得清"使用了 ASR(语音转文本)功能,帮助数字人有效识别语种、方言,将所听声音转化为可分析的编码文本;"听得懂"利用了 NLP(自然语言处理)技术,能够基于大数据分析文本的含义,通过语境和语义分析了解用户诉求;"能表达"则利用了 TTS(文字转语音)功能,在为诉求用户提供方案时,数字人能够将文本再次转化为语音,用户还可以选择不同的语种要求数字人回答。整体而言,在多重软件驱动下,数字人能够综合完成信息摄入、信息处理、信息表达的流程,并根据已有的知识图谱,为用户提供截然不同的回答方案。龚俊作为百度 App 的服务型数字人在此方面具有典型性,其"双全工状态"(Full Duplex)令用户在呼喊龚俊名字的过程中就能完成对数字人的召唤。用户在百度 App"语音设置"界面中选择龚俊数字人为语音搜索助理,即可在语音搜索时与其进行面对面的实时对话。既能满足用户的搜索需求,还可以对端功能进行控制,实现夜间模式、书架、游戏等功能的一语直达。

在场景交互中,技术的发展推动了数字人与场景的融合,并且让数字人的实时互动成为可能。数字人和场景的结合有赖于动作捕捉技术和渲染技术的速度提升,并在此技术上发展 AR 实时渲染功能。在有限的时间内,数字人需要与现场多系统的空间方位和时间码对齐和协同,确保数字人在对的时间、对的方位出现,并且与现场真人完成自然流畅的互动。在这一点上,湖南卫视推出的数字员工小漾同样具有典型性。小漾不仅需要完成动捕和渲染形象,还需要配合节目整体对位,保障系统之间的对接和同步,确保能够与节目同步顺利进行。在《你好,星期六》节目中,"小漾"通过"34 台 Optitrack 动捕摄像机运用

Motive3.0 软件对动捕演员的身体动作进行识别、分析,形成骨骼数据,并将骨骼数据流传输至 Motionbuilder,进行实时数字驱动,模拟完成主持人工作"。实时场景交互为数字人注入了新的活力,这就使得节目的制作效率提升,让数字人无时间差融入各类型的场景中。

(三)应用:从服务职能拓展到深度场景匹配

在数字人的应用方面,数字人以场景适配为目的,以有效提供服务为具体职责,丰富传播方式,并尝试在各行业广泛应用。如今数字人已经形成了较为完善、可用性强的多场景应用体系。

1.传播方式演进

首先,数字人实现了从人机传播到人际传播的传播方式演进。在人机传播阶段,数字人仅作为单向传播的辅助,代替部分主播职能完成简单新闻消息的播报。比如,在北京冬奥会期间亮相、由央视打造的 AI 手语主播,初级仅具有平面形象,配备嘴部动作和语音合成功能传递新闻消息。但如今,虚拟数字人已进化至具备人工智能驱动特点的 3.0 阶段[①],在人工智能技术的辅助下,数字人能够进行"自主思考",及时处理输入信息,真正模拟出"人"的特性。因此,拥有交互功能的虚拟数字人摆脱了以往剧场化和程式化的表现方式,正式进入交互的语义空间。以湖南卫视推出的虚拟主持人小漾为例,她拥有与真人相仿的外貌,留着可爱的短发,给人以亲切之感。在《你好,星期六》节目中,小漾在与主持人和嘉宾的互动中做到了抛梗、接梗,还打造了"音痴少女"的人设,引发观众们的阵阵笑声。

其次,数字人在服务内容上更为丰富。数字人不再单纯将娱乐、音乐、演出作为核心内容,反而拓展到金融、工业等领域,甚至成为传播载体,一方面向用户输出信息、表达观点,另一方面接收、搜集处理用户信息,为心理咨询、教育等

---

① 付卫艳.融合数字技术传播的多媒体出版发展思路:评《媒介融合:网络传播、大众传播和人际传播的三重维度》[J].新闻爱好者,2019(9):112.

行业提供案例和参考。传播学者约翰·杜翰姆·彼得斯指出:"媒介对交流实践之所以重要,是因为参与者在交流中的亲身在场是重要的……只有凭借这个物质载体,我们人类才能够彼此参与和从事共同的事业。"[1]数字人的交互发展为我们提供了媒介交流的数字载体,让虚拟世界中的用户拥有了"在场"的数字身份,使得网络社会的参与感与切身感得到提升。以双向传播为出发点,数字人衍生出更多的媒介职能,如陪伴型数字人、治愈型数字人等。在百度 App 中,会有很多用户搜索与"自杀""抑郁症"相关的信息,通过数据识别,百度的虚拟数字客服可以通过接入专业的咨询师帮助其解答困惑,同时数字人能够通过语音外化进行情感聊天,由于其具有虚拟性,往往更容易使求助者乐于敞开心扉,以获得比真人情感陪伴更好的心理治愈功能。

2.场景应用探索

在虚拟数字人交互技术逐渐成熟之后,数字人团队对于多行业、多场景的精细化、分众化服务开始了探索。

数字人为特定场景和领域提供了应用价值,可以代替多种职业,解放生产力。比如,作为服务性数字人提供常规的服务价值。他们以其快速、可复制、低成本优势实现大面积铺开,成为 NPC、助理、老师、带货导购等,进入游戏、娱乐、金融、营销等行业,并走进下沉的商业化生活中,作为"电子元件"连接各场景、各需求点;此外,在一些需求量大、人力缺乏的岗位,又或者是危险特殊的岗位上,数字人起到了不可替代的作用。比如,新华社虚拟记者小诤就已追随多个重大航天项目进入中国空间站,在太空报道新闻,弥补了目前记者无法进入太空站的遗憾,实现了太空站的记者"在场"。

数字人的应用场景从平面走向立体,从线上走向线下,从单一场景走向多元场景。国内首位虚拟数字人 AYAYI 是一个通过数字技术合成的、十分贴合真人的虚拟形象,但她的应用场景有限,多通过合成出现在平面的商业海报中,无法应用于立体场景。她的五官、身体、毛发都是靠建模设计出来的,功能仅仅

---

[1] 彼得斯.对空言说:传播的观念史 [M].邓建国,译.上海:上海译文出版社,2017.

是形象展示;而后,数字人阿喜、柳夜熙被置入立体的三维空间,配合故事叙事,在抖音等短视频社交平台风靡,此时的虚拟数字人开始"动起来",也拥有了情节与人物性格设定;发展到数字人小漾阶段,数字人完全突破了媒介和场域的限制,小漾能够在社交平台中完全以真人的形式进行生活分享,并将个人形象动态融入线下的生活场景中。比如,她在长沙美食街拍摄的夜景照片获得了上万的点赞量,照片中对于人群的虚拟处理、小漾身上穿着的湖南卫视"快乐中国"文化衫都从细节中透露着真实。在湖南卫视大力发展流量文化的环境中,小漾通过社交平台与参加综艺节目积累粉丝。虽然同为虚拟数字人,但拥有更强的信息处理能力与可塑性,为观众提供个性化服务,成为卫视流量主持新人的代表。

(四)商业化:从价值挖掘到多样化发展

数字人本身及数字人产业都具有极高的商业价值。从数字人本身来看,以虚拟偶像、虚拟主播和虚拟员工为代表的类型正在成为商业化营销新风口,通过内容生产、提供服务等方式加快商业化变现能力;随着利好政策不断,数字人产业逐步拓展上、中、下游市场规模,在更多企业、更大范围中得到应用,并吸引更多企业进入数字人产业。

1.数字人"IP"的多重驱动力

IP效应是数字人加速商业化的最直接路径,通过偶像的打造往往能更快促进粉丝的增长。数字人的偶像IP一般遵循再现现实偶像IP和打造新偶像IP两种方式。

再现现实偶像通过现实偶像在数字人身上的形象嫁接,迅速打开粉丝市场。"龚俊""迪丽冷巴"数字人就遵循此生产逻辑,并在此基础上实现额外的服务职能、娱乐功能。百度智能云曦灵的采访显示,相比于2.0版本的服务助手度晓晓,"3.0龚俊数字人上线那周,语音搜索的使用量同比增长了18%,大家都愿意用龚俊数字人试一试"。因此,百度智能云曦灵数字人平台也在考虑尝试更多的明星数字人。

除了以明星为基础的生产模式外,再造新偶像IP也成为多数数字人的内容生产模式。通过以元宇宙为主题的故事叙事,数字人得以成为元宇宙的介绍人和代言人,为用户打开了了解元宇宙的窗口。再造偶像IP在一定程度上规避了现实偶像的"塌房风险",重新建立起紧密围绕自身的内容,与粉丝的绑定更为直接、更为紧密,商业化路径也更通畅。数字人能够以自身为基点,与其他数字人联动打造数字人宇宙,探索更多内容生产的可能;或以原IP为基点,打造以元宇宙为主题的文化创意的MCN机构,不断生产与数字人相关的NFT数字藏品,甚至与商业品牌联动合作、以数字人身份出演影视剧,担任社会职务。梅涩甜就在数字人的商业价值方面具有典型性。梅涩甜经营了一家元宇宙书店——"梅书店",而书店就是集虚拟现实文化空间、NFT数字藏品、虚拟现实视频栏目、跨次元文化活动、数字出版等于一体的文化创意机构,兜售以梅涩甜为主的商品。此外,腾讯新闻孵化的梅涩甜数字人自带媒体人属性,会以制片人、主持人身份不断开发兼具内容价值和商业价值的视频节目,并担任了很多社会职务,如北京国际电影节元宇宙推介官、汉语桥全球外国人汉语大会数字人推广大使,为文化、艺术、科技项目提供服务,承接论坛、访谈、数字展厅、宣传片、数字藏品等业务。

2.数字人产业的极强变现力

北京市2022年8月发布的国内首个数字人专项政策《北京市促进数字人产业创新发展行动计划(2022—2025年)》[①]中提出,到2025年,北京数字人产业规模突破500亿元、培育1—2家营收超50亿元的头部数字人企业、10家营收超10亿元的重点数字人企业以及20个数字人应用标杆项目,昭示着数字人产业在全面商业化阶段的发展前景。

艾媒数据显示,2021年中国虚拟数字人带动产业市场规模和核心市场规模分别为1074.7亿元和62.2亿元,2025年预计分别达到6402.7亿元和480.6亿

---

① 北京市经济和信息化局.北京市促进数字人产业创新发展行动计划(2022—2025年)[EB/OL].(2022-08-03)[2023-05-26]. http://www.beijing.gov.cn/zhengce/zhengcefagui/202208/t20220808_2787958.html.

元,市场规模呈现快速增长态势。

数字人发展涉及上、中、下游的完整产业链条。随着互联网 3.0 的产业热度持续上升,数字人战略布局初步形成,并衍生以平台为中心的产业生态。

上游技术方以软硬件平台、工具为主,出现了腾讯、字节跳动、百度等互联网巨头的牵头布局。产业链上游企业主要致力于底层基础建设、优化数字人生产工具,其中最具代表性的是工具类公司和 IP 策划类公司,其主要任务是在虚拟人诞生前负责内容策划,以确定其形象、性格、人物定位以及制作数字人的最基础光学器件和传导器等硬件及驱动渲染等软件,这类公司往往以单一技术驱动,无法做到资源的整合,但决定着数字人的根本和呈现质量。

中游企业主要是制作加工数字人的厂商,即具有集合硬件组装或软件系统的能力,以模块化的方式为数字人的搭建提供直接工具,即 SaaS(Software as a Service,软件即服务)平台。值得一提的是,AI 软件在该类软件应用中具有突出作用,不论是智能语音识别还是 CG 建模技术,在 AI 的加持下数字人的生产效率大大提高,业务范围涉及虚拟人 IP 孵化、设计、技术运维等全链条产业。

下游应用方在游戏、文娱、传媒、金融、文旅、教育等行业纷纷探索数字人发展进路,同时在疫情的催化之下,受众对于线上娱乐、消费的需求空前增加,在资本的敏锐嗅觉之下,股市各路资金开始抢筹相关上市公司,给了数字人发展新的增长机会。

从整体来看,上游技术与中游的数字人厂商建立了深度合作,在金融、交通等领域展开探索性合作,达成拓展商业版图的目的。在场景驱动下,数字人与下游的应用场景也进行着深度融合,驱动数字人的优质发展,形成以游戏应用和传媒影视为先锋、文旅和金融紧跟其后、教育和医疗行业试点突破的多层次、多模态格局。值得注意的是,由于各家数字人制作公司的布局和特长不一,数字人制作的上、中游企业往往会选择在多个链路中同步布局。比如,数字人阿喜的制作公司——动图宇宙并不止步于数字人孵化,还致力于数字人制作平台的 To B 业务。其推出的 To B 向 SaaS 工具——扭蛋星全链路服务平台,能够直接连接品牌方与知名 IP 合作,打通中、下游,赋能品牌方直接进行数字人创作,实现数字人的大批量、低成本制造,加快推动数字人的商业化代言模式建成。

此外,以腾讯、科大讯飞、阿里为代表的互联网巨头企业仍是数字人产业的主导力量。这些大厂为数字人提供一站式技术服务,在人工智能、渲染建模等技术领域具有不可替代性,并在平台层、运营层与用户有更直接的联结,能够集技术与运营能力于一身,这使得他们在元宇宙全域产业链的布局中更有优势。

三、讨论与反思

"数字人"其实是一种虚拟性媒介的演化逻辑与发展进路。经过对数字人的拆解分析,本文发现数字人已经超脱其本身,成为集技术、商业、数字经济于一体的复杂实体:数字人成为一种技术集合体,通过软件、硬件迭代升级不断完善自身功能;数字人产业链日臻丰富,为数字人品牌营销及上、中、下游链路打通提供商业化空间;数字人为虚拟经济增长提供了可供参考的现实渠道,在丰富多元社会身份、解放生产力、激发商业增长点等方面作出了重要贡献。然而在加速发展的过程中,技术端、产业端也暴露出更多的问题。

(一) 实用性有待加强

数字人是一种人的意识形态的表征,不论是"大眼睛""白皮肤""塌鼻梁""小雀斑"等外貌特征,还是虚拟偶像、虚拟主播、虚拟员工等数字职能,都是自然人对数字化存在的探索和反思。从B端来看,目前数字人仅完成基础的交互化需求,在企业运营、服务、营销上还有许多提升空间,未来数字人可以通过塑造元宇宙的企业代言形象,形成品牌效应,或者基于数字人多维感知和综合分析能力洞察客户需求,为企业联动用户提供连接作用,实现精准营销需求。从C端来看,数字人的偶像属性明显,娱乐性能仍待完善,如何基于数字人技术实现趣味性图像或音视频生成、开拓虚拟偶像途径,甚至赋能用户打造数字化身,成为当前数字人发展亟待突破的瓶颈。当然,值得期待的是,未来的数字人不会在职能与身份上有严格划分,其身份多元化、技术智能化与场景适应化仍是大势所趋,这也为数字人的实用性落地提供了强有力的支持。

(二) 面临潜在安全风险

数字人在短短 5 年的时间内迅速发展,由于缺少相关行业规范和先例,数字人行业在内容方面尚处于探索阶段,在制作中存在内容风险和法律风险。首先,数字人遵循"人物先行、形象先行"的底层逻辑,在具体的内容制作中常出现流程倒挂的现象。这就对数字人的前期形象、人设设计提出更高要求,如果前期准备不充分,就会出现剧情、互动中人物单薄的情况,无法支撑数字人的后续发展,如何创造话题热度、提高受众的留存率、引发用户的持续关注,仍是现在亟待解决的问题。其次,从法律角度而言,数字人的肖像权、数据安全性无法得到保证。随着数字人进入 3.0 超写实阶段,虚实之间的边界变得模糊,更需警惕换头、永生带来的伦理问题和道德问题。当数字人获得社会身份,其个人版权和隐私问题也亟待解决,需要呼吁尽快出台数字人相关的管理制度,明确监管边界,让数字人的文化创造成为推手而非阻碍。

(三) 产业发展尚不均衡

作为诸多先进技术的集合体,数字人对技术开发的门槛较高,往往需要综合集成软件与硬件技术,并绑定动画师、角色设计师、建模师等多专业高精尖人才。然而,目前产业缺口巨大、技术动力欠缺,与国外数字人产业相比,数字人技术壁垒仍然存在,开发产品同质化现象严重,亟待更高精尖的技术带来变革,如"梅涩甜"所在的山魈映画表示,现在多数的数字人都是丸子头或束长发,就是由于算力不足和成本过高导致的。

相比其他数字产业,数字人的资金投入门槛高、周期长。开发一个数字人的成本价格在百万到千万之间浮动①,远高于市场数字产品的开发成本。在开发数字人后,同样需要投入大量财力物力维持数字人的内容制作、运营维护。高技术、高成本、较长的资金回流周期使得许多偏远地区和中小企业仍然持观

---

① 刘凤羽,甘亦非.虚拟数字人的发展进路探析[J].新闻研究导刊,2022,13(17):29-31.

望态度。目前,数字人产业均分布在东南沿海一带以及一线城市,产业集群并未成型,技术方、中游平台方、应用方、下游运营方的公司单兵作战远大于协同合作,行业顶层设计匮乏,并未出现行业巨头,这也是数字人在整体的商业市场中占比较小的原因。数字人行业发展方兴未艾,亟待宏观的顶层设计协同产业均衡发展,发布可持续的人才培养计划,全面落实数字人产业的政策保障。

四、结论

梅涩甜、小漾、龚俊等数字人的出现与发展深度体现着类脑科学、深度学习、人工智能和计算机图形学的快速发展,昭示着下一代互联网的完整形态——元宇宙整体架构正趋于完善。越来越多的虚拟数字人被设计、制作和应用在各种场景中,在数字呈现、技术升级、应用领域等方面不断创新发展,向着全面化应用、友好式交互、切身性体验的方向前进。与此同时,元宇宙生态的建立带来了一系列数字伦理、数字安全等社会性问题。在当下的案例研究中,可见虚拟数字人虽然已经实现了形态与功能的多样化,但是在数字伦理、创新发展等方面仍旧任重而道远。但可以预见的是,虚拟现实是未来世界发展方向之一,它将彻底改变人类生活方式,作为元宇宙的重要媒介,虚拟数字人将助力我们实现虚拟世界与现实世界在深度融合上的创新和突破。

(本案例由李怡汐、李悦飓负责撰写)

在线健身直播的传播策略与运营机制
——以刘畊宏健身直播为例

摘要：随着全民健身战略深入实施，我国健身人群不断扩大，以健身直播为代表的在线健身快速兴起。刘畊宏健身直播自开播以来，在短时间内获得大量关注，仅2022年4月短短两周时间内涨粉就超过5000万，成为2022年度直播领域最具关注度和影响力的案例之一。研究发现，刘畊宏直播出圈的关键在于：名人效应融合专业性的主体优势，实用性与趣味性兼具的内容设置，多元传播模式融合聚力的传播机制，机构、平台、内容多端并进的运营模式。刘畊宏直播为健身类直播的发展带来诸多启示：健身主播应打造个人特色IP吸引用户关注，满足用户多元需求，提升参与意愿，以长远眼光探索商业新机，助推在线健身行业的高质量发展和全民健身事业的持续发展。

关键词：全民健身；在线健身；刘畊宏直播

一、引言

党的十八大以来，以习近平同志为核心的党中央高度重视体育强国建设，将全民健身上升为国家战略①。2022年，党的二十大报告指出"广泛开展全民健身活动，促进群众体育和竞技体育全面发展，加快建设体育强国"②。对发展

---

① 国务院.关于加快发展体育产业促进体育消费的若干意见[EB/OL].(2014-10-02)[2022-12-25]. http://www.gov.cn/gongbao/content/2014/content_2771071.htm.
② 习近平.高举中国特色社会主义伟大旗帜 为全面建设社会主义现代化国家而团结奋斗：在中国共产党第二十次全国代表大会上的报告[M].北京：人民出版社,2022.

全民健身事业提出了更加明确的要求。当前,我国健身人员规模不断扩大,《2022国民健身趋势报告》显示,"我国7岁及以上年龄人群中,每周至少参加1次体育锻炼的人数比例为67.5%,较2014年调研增长18.5%"①。国民健身场地也在发生新的变化,"由于疫情防控政策影响,2020年以来,居家健身成为新的体育健身场景"②。疫情虽然在一定程度上影响了线下健身,但也为健身行业带来了新的机遇,近两年在线健身、居家健身相关产业链快速发展,成为健身行业新的发展突破口。

作为在线健身的主要形式,健身直播在疫情期间迅速兴起,这不仅是直播赋能下的必然发展趋势,也是政策支持下的行业创新需求。一方面,2016年以来,网络直播快速发展,深度嵌入社会生活,赋能经济发展和企业转型。随着在线健身需求不断扩大,"直播+健身"的新模式应运而生。另一方面,2021年国家体育总局发布《"十四五"体育发展规划》,鼓励全民健身智慧化发展,推进"互联网+健身""物联网+健身"③,为"直播+健身"发展提供政策保障。

在这一背景下,国内头部短视频直播平台大力布局健身直播,这对全民健身事业发展起到了积极的推动作用。抖音自2021年12月发起"DOU动计划""抖音全民健身计划"等健身活动,推出"冠军健身课"、《抖音健身手册》等科普内容,旨在帮助更多用户在短视频和直播中享受运动带来的乐趣④;快手自2022年4月上线"快手暴汗健身房"以来,在一个月内吸引了23位奥运冠军、运动员加入,健身达人直播课超过370场,直播总观看人次高达7.4亿次⑤;B站发布的《2022 bilibili运动健身数据报告》显示,2022年有1.15亿人在B站观看运

---

①② 《2022国民健身趋势报告》发布:全民健身周 一起动起来[N].中国体育报,2022-08-10(6).
③ 国家体育总局."十四五"体育发展规划[EB/OL].(2021-10-25)[2022-12-25]. https://www.sport.gov.cn/zfs/n4977/c23655706/part/23656158.pdf.
④ 抖音体育知识搜索超1.6亿次,休闲锻炼两不误[EB/OL].(2022-07-18)[2022-12-25]. http://science.china.com.cn/2022-07/18/content_42039214.htm.
⑤ 快手日报.直播观看量超7.4亿,"快手暴汗健身房"开启全民健身新时代[EB/OL].(2022-05-21)[2022-12-25]. https://mp.weixin.qq.com/s/rFGIvuyyYAXWM49Io_5UFg.

动健身内容,视频播放量超 300 亿次,超百万 TV 端用户早上 7 点跟着直播练瑜伽①。

随着健身直播的蓬勃发展,一大批形体运动、燃脂瑜伽、有氧塑形等领域的健身主播如雨后春笋般出现,掀起全民健身热潮。2022 年 2 月,台湾艺人刘畊宏在抖音直播间带领观众跳《本草纲目》版毽子操,魔性的动作配上动感十足的音乐,迅速吸引大量粉丝跟练。在经历三次"乌龙封禁"事件后,刘畊宏更是话题不断,频上热搜。统计数据显示,2022 年 4 月近 30 天内,刘畊宏直播累计观看人次超 1 亿,单场直播最高播放量达 4476 万,创下了抖音直播 2022 年新纪录②。与此同时,刘畊宏粉丝数量在持续上涨,在 2022 年 4 月的两周内迅速涨粉 5000 万,其中涨粉最多的一天粉丝增量高达 1016.6 万③,这让刘畊宏一跃成为抖音"现象级"健身主播。

凭借高人气和高热度,刘畊宏健身直播成为 2022 年度直播领域极具关注度和影响力的案例之一。本文以此作为典型案例进行研究,从以下三个层面探讨刘畊宏直播出圈背后的深层原因,剖析其对在线健身行业发展带来的启示:

(1)刘畊宏直播当前发展的总体情况如何?

(2)与其他健身直播相比,刘畊宏直播的核心优势是什么?其在内容设置、传播机制、运营模式上有何特征?

(3)对于在线健身行业的发展,刘畊宏直播出圈提供了怎样的借鉴与参考?

二、案例分析

截至 2022 年 12 月底,刘畊宏抖音粉丝量已突破 7100 万,抖音话题#刘畊宏

---

① 哔哩哔哩.《2022 bilibili 运动健身数据报告》来了[EB/OL].(2022-09-07)[2022-12-25]. https://mp.weixin.qq.com/s/pWXRFMCK0vMOyE_1tfOMzQ.

② 中新经纬.一周涨粉 2686 万!刘畊宏爆火,幕后赢家是谁?[EB/OL].(2022-04-23)[2022-12-25]. http://www.jwview.com/jingwei/html/04-23/479222.shtml.

③ 宋宇晟.复盘刘畊宏走红全过程:因何而火,又改变了什么?[EB/OL].(2022-05-02)[2022-12-25]. http://www.chinanews.com.cn/cj/2022/05-02/9745047.shtml.

本草纲目健身操#相关视频播放量高达14.1亿次。作为2022年破圈突围的健身直播,刘畊宏直播在主体优势、内容设置、传播机制、运营模式上有诸多创新探索,本文试图从多视角、多维度解析刘畊宏直播出圈的原因,阐明其特征与优势。

(一)主体优势:名人效应融合专业性

相较于一些素人健身主播,刘畊宏直播有效发挥和持续强化名人效应,在此基础上进一步展现其专业的健身实力,具有名人效应融合专业性的主体优势,这成为刘畊宏直播出圈的核心所在。

1.名人效应是其迅速吸引用户的基础

所谓名人效应,是指名人在社会上产生的影响力[①]。即名人的行为会形成一定的感染力和号召力,引发人们的关注与模仿。刘畊宏直播有效利用名人效应主要体现在以下两个方面:

一是刘畊宏本人作为一名艺人发挥的名人效应。刘畊宏在娱乐圈内具有演员、歌手、健身教练、小泡芙爸爸等多重身份标签,他于1990年出演电视剧《佳家福》正式出道,后与吴宗宪、倪志强、钟昀呈等人组成音乐团体"咻比嘟哗",在台湾当地积攒了一定人气;2010年后参加过内地的《超级减肥王》《减出我人生》等多档健身节目并在其中担任健身教练,使其影响力逐步扩大至内地;2017年带着女儿小泡芙出演真人秀节目《爸爸去哪儿5》,凭借小泡芙可爱的模样和父女二人出色的表现,越来越多的内地观众被其圈粉。这些演艺经历提升了刘畊宏的知名度,奠定其直播的人气和流量基础。

二是刘畊宏直播聚合多位名人的影响力,实现名人效应最大化。在直播选曲方面,作为周杰伦的好友,刘畊宏直播过程中播放的跳操背景音乐几乎都是周杰伦的歌曲,包括《本草纲目》《龙拳》《牛仔很忙》《公公偏头痛》等,这些耳熟能详的歌曲能很好地唤起用户的集体记忆,引发情感共鸣,成为直播吸引用户

---

① 中国社会科学院语言研究所词典编辑室.现代汉语词典[M].7版.北京:商务印书馆,2016:912.

的重要因素。在嘉宾设置方面,刘畊宏邀请众多明星嘉宾参与直播,如内地演员郑恺及其妻子苗苗、武打演员蒋璐霞、香港演员李若彤等,其中郑恺夫妇参与的直播单场点赞量破1.9亿,观看人次超过1000万。明星嘉宾的助阵实现了名人效应,有效提升了直播的人气。

2.专业健身实力是其获得持续关注的关键

名人效应奠定流量基础,而健身直播的内核依然要回归健身,刘畊宏直播获得持续关注的关键还在于他具备专业的健身实力。

首先,刘畊宏长年坚持健身,拥有丰富的健身经验。刘畊宏从十八岁开始健身,已持续健身三十多年,不仅在多档健身节目中担任健身教练,帮助他人成功减重,也是吴京、林俊杰、彭于晏等多位明星的私人教练。源于对健身的热爱和传递健康生活理念的坚持,刘畊宏曾出版专著《畊宏健身书》分享健身经验,获得一众明星的推荐。这些经历练就了刘畊宏专业的健身实力,为其开展健身直播积蓄能量。

其次,刘畊宏直播为用户提供了专业的健身指导。从健身前加强科学的健身提醒,引导用户"循序渐进""适度健身",到健身过程中反复讲解每个动作的要领,提示动作的标准性,再到健身结束后提醒用户进行拉伸,以缓解高强度健身带来的肌肉酸痛。这种全程的专业性指导使用户获得了良好的健身体验,有助于直播持续获得关注。

(二)内容设置:实用性与趣味性兼具

在"内容为王"的时代,优质的内容是主播吸引用户的核心。相较于其他类型的直播,健身直播聚焦运动,场景和内容相对单一,其吸引用户的难度较大,这要求健身主播不仅要考虑直播内容的实用性,还需要在直播中表现出优秀的控场及互动能力[①]。对此,刘畊宏不仅编排了简单有效的健身操动作凸显实用

---

① 丰佳佳.流量拓宽健身赛道 深耕内容才是王道[N/OL].中国体育报,2022-05-19[2022-12-25].http://www.chinasportsdaily.cn/tyb/html/2022-05/19/content_116883_14830325.htm.

性,也凭借优秀的控场及互动能力营造了温馨欢乐的健身氛围,使整个健身过程充满趣味性。

1.动作简单有效凸显实用性

简单有效的动作是衡量健身操实用性的重要维度,刘畊宏的健身操动作既简单易学,又具有一定的健身效果,展现了较强的实用性。

首先,简单易学的健身操动作成为吸引更多用户参与的前提条件。刘畊宏的健身操动作基本都由他自主编排,充分考虑用户居家健身的实际情况和全民健身的需求,其编排的动作相对简单,具有普适性。一方面,一套健身操中的动作重复率高,易学易记,方便用户更好地接受和掌握。另一方面,刘畊宏的跳操动作只须徒手操作,无须器械辅助,这降低了健身的门槛,对于用户来说能随时参与其中。

其次,刘畊宏健身操的健身效果在互联网平台上得到众多用户的验证。在跟练一段时间后,自称"刘畊宏男孩""刘畊宏女孩"的用户在抖音、小红书等平台上分享跟练体验,其中不少用户晒出自己健身前后的对比照片来显示跟练之后取得的成效,"刘畊宏女孩两个月瘦了十斤""刘畊宏男孩三个月健身效果"等话题也在社交平台上引发广泛关注与讨论,进一步凸显其实用性。

2.氛围温馨欢乐增强趣味性

温馨欢乐的健身氛围是刘畊宏直播间的重要特点。不同于一些专注健身操实用性的直播,刘畊宏健身直播互动感较强,不仅创新推出"家庭式直播"这一形式与家人甜蜜互动,还通过互动话语和动作设计与用户积极互动,使健身过程更具趣味性。

一方面,"家庭式直播"打造温馨欢乐的健身情境。"家庭式直播"是刘畊宏直播的创新特点之一,通过与家人的互动营造温馨氛围,制造诸多笑点。对于陪练人物的选取,刘畊宏主要邀请妻子加入直播,后加入过岳母。在与妻子的直播中,两人会穿情侣装进行甜蜜互动,向用户展现幸福美好的夫妻关系。在岳母参与的直播中,三人同台直播形成全家一起健身的和谐景象,满足用户对家庭美满生活的期望,契合用户全家在线健身的需求。三人跳操时,岳母和妻子会因动作节奏过快而展现出身体上的不适,这与刘畊宏轻松自然的状态形成较为强烈的反差,塑造出一种独特的喜剧效果,从而增强了直播的趣味性。

另一方面,趣味性的互动话语和魔性的动作设计增强了用户的参与意愿。在直播过程中,刘畊宏会用趣味性的口号鼓励用户参与健身,如"腰间的肥油咔咔掉,人鱼线马甲线我都要!""Come on,动起来,别放弃,坚持下去!"这些口号押韵、有记忆点,配上刘畊宏自创的魔性动作,不仅让健身过程更具趣味性,也契合用户的瘦身心理。在直播评论区,刘畊宏会设置福袋抽奖来引导用户参与互动。一般情况下,参与福袋抽奖需发送设置好的评论内容,如"跟着刘畊宏夫妇一起快乐跳操!""永远年轻,永远充满活力!"等,这些激励人心的评论内容在评论区刷屏,既能提升用户的参与度,也能激励用户持续参与健身。

(三)传播机制:多元传播方式融合聚力

刘畊宏直播出圈离不开多元传播方式的融合聚力,其主要包括三种方式:一是多账号、跨平台的矩阵传播,二是网络趣缘群体的二次传播,三是官方机构、主流媒体的助力推广。

1.多账号、跨平台的矩阵传播

多账号、跨平台的矩阵传播有助于提升传播主体的影响力,并在多个平台扩大其传播范围。刘畊宏通过打造多账号、跨平台的传播矩阵,借助多账号渠道拓展健身内容,以跨平台联动提升其关注度。

首先,构建包括主账号、子账号、团队其他成员账号的多账号矩阵。刘畊宏最初在其抖音主账号"刘畊宏"上开展健身直播,后开设抖音子账号"刘畊宏肥油咔咔掉"更新跳操视频合集。2022年9月,刘畊宏推出"畊练团",包括健身教练陈玉轩、张峰、Rock,瑜伽教练青青等人,并在抖音上同步开设了畊练团的相关账号,如"畊练团—加练在家练""畊练团—give me five"等,这些账号协同刘畊宏直播主账号一起进行直播,形成体系化的畊练团直播课表,直播时间一周七天,丰富了肌力、拉伸等健身内容,为用户提供了直播间外的加练渠道。

其次,联动多个平台实现跨平台传播。刘畊宏直播平台以抖音为主,以小红书、B 站、微博为辅,实现跨平台联动传播。在抖音平台,内容以直播和短视频为主。在小红书平台,根据其平台特色,除了直播和视频,还发布图文笔记,如更新畊练团的直播课表,分享直播和生活中的照片等。在以年轻人为主的 B 站上,内容呈现形式更具互动性和趣味性,刘畊宏与 B 站博主"火山哥哥"合作推出《本草纲目》音乐游戏,将《本草纲目》的跳操动作创新呈现为游戏动作,给用户带来了全新的娱乐体验。在微博上,微博话题会与其他平台中产生的热点话题紧密结合,如 2022 FIFA 世界杯期间,#刘畊宏在直播间因偶像梅西在小组赛输球后落泪#的话题,在抖音平台形成热搜。经过一段时间的发酵后,该话题在微博上也获得大量关注,引发众多网友共情,截至 2022 年 12 月底,该微博话题阅读次数高达 5 亿,讨论次数达 2.4 万。

2.网络趣缘群体的二次传播

网络趣缘群体的二次传播对扩大信息影响力具有重要作用。网络趣缘群体是指一群对某一特定的人、事或者物有持续兴趣爱好的人,主要借助网络进行信息交流、情感分享和身份认同而构建的"趣缘"共同体①。二次传播会让信息在更广的范围继续传播,新媒体的二次传播包括网民通过社交媒体的分享机制进行的传播②。作为刘畊宏夫妇的粉丝,众多"刘畊宏男孩""刘畊宏女孩"和"Vivi 女孩"在网络平台上形成热爱健身的网络趣缘群体,通过信息交流和情感分享实现二次传播,有助于提高直播的影响力和参与度。

一方面,信息交流扩大直播影响力,带动潜在用户加入健身行列。众多"刘畊宏男孩""刘畊宏女孩"在抖音、小红书等网络平台上形成网络趣缘群体,分享健身视频与健身心得,引发广泛交流与讨论,进一步提升直播影响力。与此同时,这种信息交流会吸引更多潜在用户加入居家健身的行列中,不断扩大网络趣缘群体的规模,增加直播的粉丝数。

---

① 罗自文.网络趣缘群体的基本特征与传播模式研究:基于 6 个典型网络趣缘群体的实证分析[J].新闻与传播研究,2013,20(4):101-111,128.
② 杨剑锋.论分享:社交媒体时代的分享与传播[J].新闻知识,2016(4):3-5.

另一方面,情感分享引发用户共鸣,有助于激励用户持续参与健身活动。信息交流之余,网络趣缘群体也会在网络平台上进行情感分享。例如,一批健身初学者会因刘畊宏妻子 Vivi 在健身初期遇到困难的情形产生代入感,形成"Vivi 女孩"这一群体。随着直播跟练次数增加,Vivi 虽然劳累却坚持陪刘畊宏完成直播的精神品质引发群体共鸣,成为众多"Vivi 女孩"在网络平台上相互鼓励的动力来源,这种正向的情绪传递增进了"Vivi 女孩"的身份认同感和群体归属感,有助于提高用户健身毅力。

3.官方机构、主流媒体的助力推广

官方机构和主流媒体拥有庞大的受众群体,传播范围更广,影响力更深。刘畊宏直播有效借助官方机构的合作和主流媒体的报道进行推广传播,推动其实现大规模出圈。

首先,官方机构的合作为其提供宣传契机。在杭州亚运会倒计时一年之际,杭州亚组委发布了刘畊宏版《@未来》亚运健身操,这是刘畊宏专门为杭州亚运会设计编排的健身操,视频中刘畊宏与妻子 Vivi 一同出镜录制。健身操一经发布,#刘畊宏亚运健身操上线#的话题很快登上微博热搜,并获得了 21 家媒体的报道。

其次,主流媒体的报道宣传成为其出圈的重要助推力。2022 年 4 月,刘畊宏为新华网粉丝打造专属健康操,获得新华网的点赞转发,#刘畊宏新华网专属限定版健身操#的话题登上微博热搜,获得网友们的广泛关注与讨论。作为一名台湾艺人,刘畊宏借助健身这一共通的生活方式,带动两岸人民同屏健身,有助于增进两岸人民的联结、了解与交流,这一点不仅受到国台办的点赞宣传,也得到中国新闻网、环球网、澎湃新闻等多家主流媒体的报道。

(四)运营模式:机构、平台、内容多端并进

当前,刘畊宏直播运营模式主要包括三方面:一是与头部 MCN 机构合作赋能,二是与直播平台协同并进,三是与短视频内容联动发展。这种机构、平台、内容多端并进的运营模式使刘畊宏直播得以聚集外部资源与力量,推动其形成

运营的良性循环。

1. 与头部 MCN 机构合作赋能

MCN 机构能够助力主播进行系统化运营，为其提供丰富的行业资源，而刘畊宏直播出圈同样离不开其与 MCN 机构——无忧传媒的合作赋能。作为头部 MCN 机构，无忧传媒持续 39 个月获抖音 MCN 机构月榜第一，拥有丰富的运营经验。具体来看，双方主要从以下四方面开展专业化运营：

一是人设内核挖掘。刘畊宏最本质、最鲜明的人物特性是三十多年来对健身的坚持和热爱、恩爱的夫妻关系、其乐融融的三胎家庭，这些特性在无忧传媒的挖掘下被不断放大，为后续直播内容创作奠定重要基础。二是赛道及时转型。2021 年 12 月到 2022 年 2 月，刘畊宏夫妇原本在抖音进行直播带货，但带货效果不尽如人意。考虑到全民健身的大背景以及近年来健身行业的加速发展，刘畊宏快速调整直播定位，聚焦自身优势，将赛道转向健身领域。三是内容精准操盘。坚持运营的核心是内容，刘畊宏及无忧传媒对内容不断深耕探索，不仅定期推出新的健身操，以满足用户对内容更新的需求，而且对"乌龙封禁"等热点事件进行深度挖掘，为直播带来更多流量。四是商业化长远布局。刘畊宏并未在直播热度最高时开展直播带货，而是通过软植入的方式进行健身相关品牌的推广，如 FILA 运动套装、怡宝饮用水等，使用户的接受度更高，从而实现更好的营销效果。

2. 与直播平台协同发力

随着全民健身需求日益高涨，运动健身成为以抖音为代表的短视频平台重点扶持品类。相较于同类短视频直播平台，抖音较早就开始对运动健身品类进行探索与扶持，以聚合优质内容生产者，丰富平台的健身资源，匹配和满足用户的多元健身需求。2021 年年底，抖音发起短视频健身行动"DOU 动计划"，号召有体育内容创作能力的个人及机构在抖音平台创作、发布运动视频，记录健身日常①,此时运动健身这一品类已经起势。

基于对抖音布局健身赛道这一现象的观察,刘畊宏直播借助抖音对运动健身品类的扶持,与平台协同发力赢得广泛关注。2022年4月,抖音推出《一起宅家吧》系列节目②,刘畊宏直播趁势推出,借助抖音平台的流量扶持,在短时间内获得大量人气与热度。这一时期,在平台的重点扶持下,运动健身品类直播人数及次数在抖音大幅增长。抖音官方发布的《2022抖音潮流健身图鉴》显示,2022年1月至8月,平台健身直播间数量同比增加134%,主播人数同比增加127%③。不难发现,健身主播与直播平台协同发力的运营策略有助于双方实现共赢发展,平台流量扶持为主播带来更多人气与热度,众多健身主播入局也进一步丰富了平台的健身资源。

3.与短视频内容联动发展

除了健身直播的运营,刘畊宏也注重抖音平台内短视频的运营,实现直播与短视频的联动发展,发挥短视频对直播的内容引导和资源整合作用,主要体现在以下两个方面:

一是结合短视频用户反馈,反哺直播内容创新。结合在全平台高赞和高热评论里提取到的用户评论内容,刘畊宏会根据用户反馈做针对性的直播内容调整,助力直播内容创新,同时把直播间优质出彩的内容制作成短视频进行分发,形成内容更新与迭代的良性循环。

二是将直播内容细分成不同类别的短视频,实现精细化运营,以满足用户的多元健身需求。2022年5月,刘畊宏在子账号"刘畊宏肥油咔咔掉"上线"刘畊宏抖音独家健身合集""Vivi健康厨房"等合集视频,包括全身燃脂操、局部瘦身训练、健身提示、健身饮食等细分化的健身相关内容,以满足用户对不同健身

---

① 抖音App.短视频直播健身正当时!"抖音运动推广官"邀你动起来[EB/OL].(2022-05-10)[2022-12-25]. https://mp.weixin.qq.com/s/vUtmWr_v4VtuVjeKYbaqTQ.
② 周松涛.一天涨粉1000万!刘畊宏爆火,幕后赢家是他[EB/OL].(2022-04-24)[2022-12-25]. https://mp.weixin.qq.com/s/obrruU_BC7Ckfz-Yn0QDkg.
③ 抖音App.《2022抖音潮流健身图鉴》发布 钓鱼成抖音运动"顶流"[EB/OL].(2022-08-08)[2022-12-25]. https://mp.weixin.qq.com/s/LgLAi3wlqbf74dWmvYZNdQ.

项目的需求。这种视频合集的形式让用户可以不受直播时间限制,随时随地跟着视频练习打卡。截至 2022 年 12 月底,"刘畊宏抖音独家健身合集"已更新至第 117 集,累计播放次数高达 9.5 亿。

三、讨论与反思

通过上文对刘畊宏直播案例的梳理可以发现,刘畊宏在主体优势、内容设置、传播机制、运营模式上有其独特的出圈经验,如打造个人特色 IP 吸引用户关注、满足用户多元需求提升参与意愿、以长远眼光探索商业新模式等,为健身直播的创新发展提供了借鉴和参考。

(一)打造个人特色 IP,吸引用户关注

直播领域的头部主播往往具有很高的辨识度和个性化风格,会形成鲜明的个人特色 IP。基于对刘畊宏直播案例的观察,健身主播可通过差异化思维与多元化思维两条思路打造个人特色 IP,吸引用户关注。

一是以差异化思维展现个人 IP 的独特性。健身主播和 MCN 机构要回归至主播本身,挖掘人设内核,找准其鲜明特点,并着力体现个人 IP 的独特性,为用户打造差异化的服务和体验,如刘畊宏的人设内核是热爱健身和家庭,在确定这一特色 IP 的基础上,刘畊宏展现了专业的健身实力,为用户呈现了"实用性"与"趣味性"兼具的直播内容。

二是以多元化思维丰富个人特色 IP 的内涵。主播的人设并非一成不变,也需要与时俱进,不断丰富其内涵。刘畊宏自身就具有专业教练、三胎家庭的父亲、周杰伦的好友等多重人设,这些人设都与潮流热点紧密结合,为刘畊宏提供了内容延展和话题讨论的空间。相较于打造单一人设的主播,刘畊宏打造的多重人设使个人 IP 更具独特性,也为其带来了更多关注与热度。

(二)满足用户多元需求,提升参与意愿

当前,随着在线健身行业的迅速发展,健身直播的类型越来越多,用户需求

也越发多元化。这种多元需求不仅包含对健身内容的需求,也包含对情感体验的需求。对此,刘畊宏直播通过丰富的健身内容和温馨欢乐的健身情境满足用户的多元需求,提升用户参与意愿,为健身直播的创新发展提供了两条参考路径。

一是丰富健身内容并根据类型整合,满足用户多元需求。刘畊宏从健身内容以直播跳操为主,到畊练团成立后丰富了肌力、拉伸等内容,健身内容种类不断增多。与此同时,刘畊宏还会定期更新健身操满足用户对新内容的期待,为其直播注入活力。随着健身内容不断丰富,不同类型的健身内容被整合成不同视频合集,既方便用户观看,也能满足用户细分需求。

二是营造温馨欢乐的健身情境,满足用户的情感需求。刘畊宏直播在形式和内容上进行创新,通过"家庭式直播"这一形式营造温馨氛围,制造诸多笑点,配合趣味性的互动话语和魔性的动作设计,使用户沉浸在温馨欢乐的健身情境中,满足用户感知家庭美好、坚持健康生活理念的情感需求。需要关注的是,如今用户在观看健身直播时已不再满足于对内容本身的需求,而是更追求情感层面的体验,健身直播能否更好地满足用户的情感需求成为健身主播获得持续关注的关键。

(三) 以长远眼光探索商业新模式

商业变现是健身主播和 MCN 机构运营短视频直播账号的终极目的。当前健身主播的变现方式一般有以下四种:直播带货、广告植入、知识付费(出书,健身课程售卖等)以及品牌合作(或创立自有品牌)①。其中最快、最直接、效率最高的变现方式是直播带货,但刘畊宏与无忧传媒坚持商业化长远布局的策略,并未在其直播热度最高时选择直播带货,而是采取品牌软植入这一更为隐性的商业行为,以更好地平衡用户体验与商业变现的关系。从其呈现效果来看,刘畊宏的软植入使用户接受度更高,有助于品牌方和主播实现互利共赢。

---

① 新摘商业评论.全面商业化的刘畊宏,要做下一个李子柒[EB/OL].(2022-05-09)[2022-12-25]. https://www.shangyexinzhi.com/article/4830019.html.

软植入之所以能取得较好的营销效果,究其原因在于主播个人IP形象与品牌形象具有高度的一致性。从刘畊宏直播软植入的品牌来看,FILA运动套装、怡宝饮用水等品牌都与运动健身息息相关,前者作为偏高端的时尚运动品牌,既能满足健身的专业性,又具有时尚属性,与刘畊宏明星教练的IP形象相匹配;后者作为健身场景中主要消费品之一,起到健身补水的重要作用,与刘畊宏倡导的健康生活理念具有较高的契合度。刘畊宏直播避开直播带货的常规套路,在软植入模式上进行创新尝试,为众多健身主播的商业化探索提供了启发。

四、结论

当前,我国全民健身事业进入新的发展阶段。在线健身作为全民健身的创新模式,已成为推动全民健身事业发展的题中应有之义。本文聚焦刘畊宏直播出圈的案例,进行多种方式研究,发现刘畊宏直播出圈有多重不同维度的原因,主要包括名人效应融合专业性的主体优势,实用性与趣味性兼具的内容设置,多元传播模式融合聚力的传播机制,机构、平台、内容多端并进的运营模式。在多重因素的共同作用下,刘畊宏直播这一现象级IP得以诞生,成为在线健身行业发展的重要样本。

在国家政策支持和直播平台的扶持下,健身直播如今已进入高速发展期。刘畊宏直播出圈启发众多健身主播要打造个人特色IP,吸引用户关注;满足用户多元需求,提升参与意愿;以长远眼光探索商业新模式。诚然,随着在线健身行业竞争日益激烈,健身直播在未来发展过程中或将面临审美疲劳、用户积极性消减等困境,这就要求健身直播应始终坚持内容为王的创作宗旨,专注内容并不断创新,可尝试借助人工智能、VR、AR等新技术赋能用户体验,强化用户的参与感、趣味感与沉浸感,以助力直播获得长久的生命力,助推在线健身行业的高质量发展。

(本案例由岳沁蓉负责撰写)

网络直播赋能企业转型的实践阐释
——以新东方东方甄选直播间为例

摘要：在数字经济和实体经济深度融合的背景下，直播电商作为一种新兴商业模式，成为我国扩大内需、促进数字经济发展的新引擎。"双减"背景下，新东方面临转型，东方甄选直播间走入助农赛道。直播团队建构知识型带货话语体系、设置情感营销的直播策略，创新了直播模式。传播方面，团队布局多平台生产矩阵，主次舞台合力生产内容，扩大了品牌影响力。2022年，新东方东方甄选直播间成为企业借助直播转型的典型创新案例，为企业的数字化转型提供了积极的参考。

关键词：新东方东方甄选；直播带货；直播助农；话语体系；情感传播

一、引言

自2016年网络直播元年以来，网络直播不断走入个体生活，与各行业走向深度互嵌，"直播+"战略成为一种能够与演艺、医疗、电商、教培等不同行业融合发展的高效率低成本的公共数字管道。①5G技术的发展，使"视频化生存"成为现实。根据第50次《中国互联网络发展状况统计报告》，截至2022年6月，我国网络直播用户规模达7.16亿，其中电商直播用户达4.69亿，占网民整体的44.6%，相比于2021年的12月增长了533万。可见，"内容+电商"的商业变现模式已深度影响用户的消费习惯，电商直播成为企业触达消费者、拉动消费增

---

① 王建磊，冯楷. 从展演经济到流量电商：网络直播功能的工具化转向[J]. 传媒. 2022(3)：51-54.

长的重要手段。① "佰草集延禧宫正传"抖音带货直播间、鸿星尔克官方旗舰店抖音直播间、新东方东方甄选直播间均凭借独具特色的内容,在年轻消费者聚集的短视频社交平台中持续出圈,电商直播已为企业在传统营销方式的基础上开辟出第二营销赛道。

2021年7月"双减"政策出台后,作为头部的在线教育机构,新东方如何转型成了大众的关注焦点。面对市值和营收日益衰减的现实,新东方在创始人俞敏洪的带领下,从直播助农出发,开始涉足电商领域。2011年11月7日,俞敏洪在抖音平台首次开播,宣布新东方转型直播带货,推出东方甄选品牌,进入助农直播赛道。直播初期,新东方的带货效果并不乐观。2021年11月至2021年12月,东方甄选直播间共开了26场直播,两月累积销售额仅有454.76万元,现实情况并不尽如人意。在6个月的蛰伏期后,2022年6月9日,新东方迎来了第一次粉丝量的爆发性增长。带货主播董宇辉凭借双语带货和其独特的诗词鸡汤的个人风格火爆出圈。2022年6月9日至2022年6月10日,东方甄选直播间的观看人次超过760万,单日销量总额超过1500万,6月9日到6月16日,东方甄选粉丝增长300多万;6月9日后的7天内,东方甄选的直播销售额为1.6亿元,平均日销售额超过了2000万元,对比于开始直播155天(2021.12.28—2022.5.31)15.87万元的日营收而言,新东方直播间的出圈爆火拉动了农产品销售额的指数增长。

数字经济蓬勃发展的趋势下,新东方直播间是企业数字化转型的一次成功探索。2022年,东方甄选成了现象级直播间,董宇辉等明星主播及其英文带货短视频引起了国内多家媒体的广泛关注和网民热烈讨论。直播间出圈的同时,新东方通过东方甄选直播间的助农带货成功实现了"双减"下的企业转型,2022年中暴跌70%的在线股价实现了翻倍。东方甄选为网络直播赋能企业转型提供了有益启示。

本文认为,新东方东方甄选直播间的爆火出圈是2022年度网络视听领域

---

① 中国互联网信息中心.第50次《中国互联网络发展状况统计报告》[EB/OL].(2022-09-26)[2023-10-15].https://www.thepaper.cn/newsDetail_forward_20105580.

的突出现象。也是疫情背景下,电商直播带动企业数字化转型的一次平台实践。其平台运行机制、内容生产模式的复盘与探索对于传统行业的视听化探索和数字化转型具有借鉴意义。基于此,我们以新东方直播为案例,从以下三个层面进行研究:

(1)新东方东方甄选直播间在直播内容策划、建构上有什么特征?知识内容的运行模式是怎样的?

(2)东方甄选直播间如何利用互联网形成破圈传播的效果?传播机制如何?

(3)新东方的成功转型为同类待转型的企业提供了哪些借鉴与启示?

本文以新东方代表性直播间东方甄选为研究案例,探求及归纳新东方的现象级直播间在短视频语境下多层次、全方位的本体特征,聚焦东方甄选直播间并结合新东方企业的具体实际,从直播间带货主播、直播内容、传播矩阵、商业化模式四个层面出发,探求电商直播时代,直播创新的新进路及直播赋能企业转型的具体可实现路径。

二、案例分析

东方甄选直播间的出圈为电商直播行业注入新动能,"吆喝式"的直播方式不再占据主导,知识型主播同样能够吸引更多观众的注意力。东方甄选知识型主播带货以头部主播主导、名人参与互动为主要特点。

(一)主播:知识型主播成为行业清流,直播内容拥有文化支撑

电商主播主要通过内容输出来为网络购物注入情感属性,建立起与消费者的信任关系[①]。东方甄选直播间重视主播个人能力的展现,借助知识型主播丰富其直播内容,推动直播出圈。东方甄选知识型主播带货以创始人加持、头部

---

① 戚小斌."直播+电商"模式下心理契约到消费意愿的演化机制研究[J].商业经济研究.2022(14):94-96.

主播主导、名人参与互动为主要特点。

1.创始人加持:创始人IP影响力是出圈的基础

无论是新东方教培时期的繁荣,还是新东方直播的火热出圈,俞敏洪都与"新东方"这三个字紧密相连。俞敏洪在东方甄选直播间提到:"东方甄选直播间是个降噪的直播间。"东方甄选直播间成立的当天,俞敏洪就为其站台,亲自下场了新东方的首次助农直播。但在此之前,新东方转型做直播助农并不被看好。

"曾经的教课老师,能够做好直播带货吗?"这一类的声音曾不停出现在媒体的报道之中。在"双减"政策下,新东方转型势在必行。在助农直播开始之际,主播们业务不熟练、疫情下农产品运输困难、助农利润过低等是东方甄选面临的重要难题。但俞敏洪并未急于求成,而是在一段时间的沉淀中摸索出成熟的直播模式。

2022年6月10日,"新东方主播"冲上微博热搜,"从没想过能在带货直播间学英语"话题登上抖音热榜第一。东方甄选直播间在俞敏洪和十几位头部主播的坚持下取得了瞩目成绩。在东方甄选粉丝不断上升的时候,俞敏洪也坚持不忘初心,常常在直播间与大家分享知识。为了拉动氛围,还会与主播们一起展示才艺等。

2.头部主播:以深厚的学识创新知识型带货模式

电商直播在很长一段时间内以卖力吆喝式带货为主要形式,通过强烈的情绪渲染激发观众的消费欲望,"Oh my god! 买它!"一度成为众多电商主播争相模仿的台词。东方甄选直播间并未沿袭这一传统营销模式,而是通过循循善诱的知识分享得到了众多观众的青睐。以董宇辉、顿顿等主播为主导,东方甄选的直播模式由此得以出圈。

东方甄选主播董宇辉因为长着一张标准的"国字脸",而自嘲和兵马俑长相神似。出身于陕西农村、教书八年的董宇辉,原本是新东方在线高三英语名师,2022年随着企业转型走入直播间。良好的知识储备,是董宇辉进驻带货圈的资本。他能和观众从杜甫、苏东坡聊到莎士比亚、尼采、黑格尔。形容一款热销中的火腿，董宇辉不仅能用英语介绍其滋味、调料，还可以脱口而出："是风的味道，是盐的味道，大自然的魔法和时光腌制而成。"

毕业于中南财经政法大学的顿顿，大学期间获得英语和法语双学位，而且精通日语，会讲诗词。丰厚的知识积累使得顿顿在东方甄选直播间能够大展身手。例如，在介绍饮料时，顿顿根据不同口味吟诵诗歌，描述山楂味，他说："无意苦争春，一任群芳妒，零落成泥碾作尘，只有香如故。"描述桃花味，他说："桃之夭夭，灼灼其华。之子于归，宜其室家。"甚至就连一句"I miss you"，顿顿都可以用不同的诗词来表达——它既可以是"人生若只如初见，何事秋风悲画扇。等闲变却故人心，却道故人心易变"，也可以是"深闺女子的长相思——玉勒雕鞍游冶处，楼高不见章台路"。

董宇辉在东方甄选的直播间曾提到，在早期直播模式探索阶段，自己也刻意模仿其他主播的风格，导致"四不像"。当他看到新东方董事长俞敏洪在直播间介绍产品时并未急迫地销售产品，而是从产品产地出发，介绍中国的地理优势，让观众在知识上获益，他才意识到东方甄选"助农"的意义所在。加之俞敏洪并未对主播规定每场直播的绩效，才能够让主播们大胆探索直播路径，建立起自己独特的带货风格。

东方甄选直播间不仅是产品销售的市场，更是生动有趣的课堂。知识型主播在直播间可以自信从容地分享文化知识，让观众们在短视频直播所塑造的学习情境中沉下心来，获得别样的学习体验。

3.名人参与：名人访谈提升直播内容的文化底蕴

东方甄选作为新东方在电商直播的头部引领者，经常会邀请重量级的嘉宾进行直播访谈，如茅盾文学奖获得者梁晓声、战略咨询家王志纲、喜剧表演艺术家陈佩斯等。这一举措表明新东方作为教育培训集团对于知识分享的重视，有网友评价"这些嘉宾的直播访谈不亚于专业的访谈综艺节目，让人收获颇丰"。

"人生交契无老少，论交何必先同调。"这是董宇辉对梁晓声进行直播访谈后的感悟。2022年8月16日，东方甄选邀请著名作家、热播影视剧《人世间》的作者梁晓声做客直播间,为观众们带来了一场思想盛宴。梁晓声在直播间谈及读书时说道:"读书让人眼睛有光。"这让众多网友感叹"更有东方甄选内味了"。

名人的参与不仅提升了东方甄选直播间直播内容的文化底蕴,而且促进了直播数据的增长。导演赵霁携电影新作《新神榜:杨戬》做客东方甄选直播间时,与俞敏洪、董宇辉畅聊电影背后的创作思路,直播间同时在线观看人数持续保持在 10 万人以上,这为电影宣传提供了新思路,同时推动了电影票房的提升。当晚,16.3 万张电影票一经上线全部"秒光",销售额达 323.9 万元。古天乐携《明日战记》做客东方甄选直播间时,直播间在线人数最高达到 70 万,19.9 元的电影票卖出 20 万张,销售额达 398 万元。

从教书育人到直播带货,在电商直播洪流的冲击下,新东方在转型之路上依旧坚守本心,站在时代的风口与文化的高度,成为知识型直播带货的"佼佼者"。知识型主播带货是新东方在企业文化延续与行业发展低谷中做出的明智选择,这一特点也将推动新东方探索更多企业发展机遇。

(二)内容生产:双语直播巧用企业文化,知识分享构建情感联结

电商直播借助一定的场景框架进行营销,其目的是通过符号策略与话语引导刺激消费行为①。新东方起步于双语教培,在语言运用及文化传播上有着一定经验。新东方转型电商直播,延续双语教学这一特点,通过双语直播延续其特有的企业文化,并通过知识分享的方式建构直播间的情感场景。以东方甄选为主体的新东方直播话语特征主要表现在双语直播与情感构建两个层面。

1.双语直播:延续企业特有文化,满足用户知识需求

新东方直播以双语为载体,汇集中华民族传统文化、世界优秀文化和企业特有文化,通过直播的形式进行知识传播,搭建起独特的直播场景,精准聚焦用

---

① 周丽,范建华.形塑信任:网络电商直播的场景框架与情感逻辑[J].西南民族大学学报(人文社会科学版).2021,42(2):347-361.

户需求,满足用户对知识的渴求。

双语直播是新东方直播出圈的独特标志。新东方作为英语教培企业在转型发展直播的过程中有效利用了其员工坚实的英语基础和文化底蕴,放大双语优势,以此在电商直播行业形成独特的模式。"牛排'原切'怎么说? Original Cutting""24 bags of seasonings,24 包调料,配料表是 ingredient",董宇辉一边带货一边教学,吸引广大网友在直播间驻足。"Don't cry over spit milk,不要为了打翻的牛奶而哭泣",这是顿顿在直播间给网友们送上的鼓励。置身直播间,网友们能够体验到新东方线下的课堂氛围,也能够感受到语言为网络生活带来的感染力。通过双语直播,东方甄选开辟了一条直播带货的新路径。

在双语直播的基础上,东方甄选的主播们还会为网友们讲述世界各地的优秀文化,其中当然也包括以古诗词为主的中华传统文化。东方甄选主播顿顿在直播中介绍火锅底料时提到春秋时期古人的饮食,在介绍咖啡时讲到《史记·陈涉世家》中的"燕雀安知鸿鹄之志",将产品与中华文化紧密结合,聚焦文化传播,弱化直播带货的商业气息。主播 YOYO 在兴之所起时还会坐在钢琴边弹奏《卡农》,为观众上一堂带货直播之外的文化鉴赏课。在东方甄选直播间,主播们与观众可以谈论一切所感所想,由古至今,由内及外。

东方甄选的知识带货模式满足了用户对于知识学习的客观需求,在碎片化传播环境下,对传播优质内容、提升直播质量有着一定启示。

2.情感共享:精心设计内容,激发集体记忆

引发情感共鸣是新东方直播内容建构的关键策略。通过双语带货实现知识传播与情感联结,搭建起直播间的情感场域,引发用户的情感共鸣,成为东方甄选直播间特有的叙事特征。在东方甄选直播间中,主播主要通过内容的设计与集体记忆的引导引发与观众之间的情感共鸣。

通过内容的精心设计实现知识的软着陆是主播在新东方直播间引起观众情感共鸣的重要因素。董宇辉在介绍东北五常大米产品时说:"我没有带你去看过长白山皑皑的白雪,我没有带你去感受过十月田间吹过的微风,我没有带你看过沉甸甸地弯下腰、犹如智者一般的谷穗。我没有带你去见证过这一切,

但是亲爱的,我可以让你品尝这样的大米。浪漫不止星空花海,还有烟火人间。"浪漫的叙述引发了无数观众对于美好生活的向往,烘托出直播间浓烈的情感氛围。在高考结束之际,董宇辉在直播间分享自己的大学生活时讲道:"太阳光到地球都需要 8 分钟,静下心修炼自己,你也能散发光芒。"温暖的话语鼓舞了众多考生。

主动设置议题、激发集体记忆是东方甄选直播间汇聚观众情感的独特渠道。东方甄选直播间主要通过主播与嘉宾的互动,表达观众目前最关注或者内心最在意的情绪点,从而引发集体回忆。著名作家麦家在做客东方甄选直播间时,与主播谈论到孤独的意义,他讲道:"孤独是人生永远的话题,越是孤独的人越要向往光明。"在谈到《人生海海》时,他说道:"在写这本书时,不想带着技巧,就想带着心跳写,表达对故乡的情感。人生就像大海,可以什么都创造得了,但同时什么都颠覆得了。"一场深刻的访谈对话为网友们展现了一位真实且孤独的智者,同时引发了网友们与麦家老师的情感共鸣。2022 年国庆节前夕,著名主持人倪萍做客东方甄选直播间,倪萍通过回忆自己童年时期与姥姥的生活场景,表达了对于姥姥的喜爱与怀念。网友们通过倪萍的讲述收获了温情与感动。当晚直播在线人数一度达到 51 万,10 万本《姥姥语录》全部售罄。

新东方直播在话语叙事中通过情感共享给予了直播间一定的符号意义,同时提升了产品背后的情感内涵与文化价值。观众们能够被直播吸引,不仅是因为主播主动分享的文化知识,也归因于直播场景中网友对于情感共鸣的肯定。

(三) 传播矩阵:多账号、多平台搭建新东方直播矩阵

直播体系的建立是电商直播进行全方位、多层次发展的重要渠道。在数字经济时代,电商直播需要建立起完整的体系,构建和完善营销策略,从而提升直播带货的效益。新东方在线执行董事兼 CEO 孙东旭曾表示,从直播带货开始,他们便定位多平台、多渠道、多产品带货。新东方直播目前正朝着这个方向打造多账号,拓宽多平台,搭建其传播体系。

1.多账号:构建多样垂类账号

2022年6月,东方甄选的火爆出圈给予了新东方开拓并带动其他账号进行电商直播的契机。新东方在东方甄选、东方甄选美丽生活、东方甄选自营产品等主账号的基础上,开辟了教育、美食、美妆等账号,进行多垂类联动发展。以2022年抖音9月带货榜为例,东方甄选稳居抖音直播带货榜榜首的位置,月直播GMV(Gross Merchandise Volume,商品交易总额)预估在5亿元至7.5亿元之间。至此,东方甄选已经从6月至9月连续四个月占据抖音带货榜榜首。但仅仅打造出东方甄选这一个直播间并不是新东方直播转型的最终目标。在9月的抖音带货榜中,除东方甄选直播间霸榜榜首外,东方甄选美丽生活、东方甄选自营产品两个账号也冲到榜单前50名。东方甄选美丽生活以预估1亿元至2.5亿元的月直播GMV成为抖音带货9月榜第19名;东方甄选自营产品以预估7500万元至1亿元的月直播GMV成为抖音直播带货9月榜第34名。

电商直播需要开拓广泛的渠道,新东方作为直播带货的佼佼者,正在摸索不同垂类的共同发展。目前,东方甄选在抖音平台上已经拥有近2800万粉丝,东方甄选美丽生活直播时间也延长至12小时,粉丝突破200万,图书号粉丝超过350万。有效利用好这些垂类账号,搭建起多方向的直播间,能够助力新东方在电商直播行业铺筑广阔而长久的发展道路。

2.多平台:开展多元生态布局

东方甄选首先在抖音平台出圈,这也是新东方目前直播转型的第一平台。此外,新东方在全网平台不断创建官方账号,开拓更多的可能性,如微信视频号、小红书、天猫等。与此同时,东方甄选上线了独立App,尝试开辟独立的商品交易平台。这一趋势表明新东方在全网逐渐布局出完整的生态矩阵。

东方甄选App的上线是新东方尝试自建供应链的标志。东方甄选App页面显示,东方甄选App是新东方旗下甄选好物平台,该平台提供一站式购物体验,源头直采、严格品控、贴心售后是其打出的标签,目的是让用户享受高性价比、健康的生活方式。与抖音平台建设不同,东方甄选App并未开设直播,而是偏向于介绍产品,引导用户主动消费。这一做法能助力东方甄选摆脱第三方平台的约束,建立起企业自主掌握控制权的产业生态圈。不过,目前东方甄选App的使用者还是东方甄选品牌的忠实粉丝,很难达到抖音平台用户的广泛性,做到全民共享的消费模式。东方甄选App的卖货内容基本和抖音直播间保持一致,价格也相差无几,还未构建具有特殊吸引力的直播空间。

在国内电商市场中,淘宝、拼多多、京东已经形成了"三足鼎立"的局面,分走了市场大部分的份额。在这一市场现状下,东方甄选虽然坚守与抖音的伙伴关系,但也在不断拓宽其他电商直播赛道,在淘宝、京东等平台创建了其官方店铺。

在传播矩阵中,东方甄选以抖音与微信视频号为主要阵地,同时开辟微博、小红书等传播平台。在抖音平台上,东方甄选持续发力,在保证直播间稳定运营的基础上,坚持发布相关短视频内容,每天发布数量控制在 15 条左右,视频点赞量稳定在 2 万至 10 万。视频号场域则截然不同,东方甄选的策略是打出一套"社群+公众号+视频号直播+小程序商城"的组合拳:社群进行粉丝维护与沟通,公众号负责内容发布,视频号直播和小程序商城则带动用户消费。此外,东方甄选在小红书与微博等平台也开通官方账号,并进行持续稳定的内容推送。

东方甄选以抖音为主要阵地,同时建立独立 App 运营、多平台带货、多渠道传播的生态圈。在电商直播竞争日益激烈的今天,通过多账号、多平台的构建为企业发展开拓更广阔的赛道。新东方在线财报显示,未来新东方一方面将继续在抖音试点直播活动,探索双语直播、室内外直播等不同的创新模式,同时通过与第三方合作及自营产品不断拓宽和丰富产品品类的选择范围;另一方面,新东方在线建立了优质的供应链管理体系,并在短时段内推出自营产品。

(四)营销模式探索:直播场域内外共联,推动传播向商业转化

从法国社会学家布尔迪厄的文化实践理论视角来看,场域是行动者争夺有价值的支配性资源的空间场所,各种资源构成不同形式的资本,每一场域都有

各自占主导性的王牌资本①。东方甄选的出圈不仅得益于其内容与直播空间的搭建,直播场域内外的联动也推动其商业转化率的提升。因此,以东方甄选为主的新东方直播形成了主舞台与次舞台联动的营销模式,由此获得较为可观的商业成果。

1.直播场域内外共联,主次舞台融合传播

(1)主舞台:直播间场域生产一线内容

直播场域是东方甄选生产一线内容的重要来源,也是实现其商业效果的最直接渠道。东方甄选直播间以内容与产品为抓手,搭建直播场域的整体框架,为东方甄选场域内外的生产提供重要参考。

在产品上,"助农"是东方甄选直播带货的重要主题。2022年4月30日,东方甄选开始推出第一款自营产品,在半年内共计推出42款。其中,自营烤肠作为爆款单品,销量已突破134万单,商品好评率达99%;自营蓝莓原浆售出40多万箱,拉动了大兴安岭周边农村的相关产业发展。

在内容上,东方甄选以带货为主线延展内容建设。东方甄选围绕"助农带货""知识带货"的特色产出优质的传播内容,并在以东方甄选为主的账号中发布相关直播短视频,以此带动粉丝的增长与流量的拉升。例如,东方甄选从全民阅读与健康生活的理念出发,邀请众多文化名人参与直播访谈,不仅增加了销量,也提升了东方甄选直播间的形象与知名度。通过邀请名人做客,东方甄选直播间获得了巨大收益,其中,茅盾文学奖获奖作品《额尔古纳河的右岸》累计销量超过70万册。

(2)次舞台:直播间外内容的二创传播

主舞台直播间的第一生产为次舞台场域的内容建设提供源源不断的素材。直播间外,东方甄选的主要传播群体为官方主账号、营销号与粉丝用户,通过分析这三类账号可以观察出东方甄选的传播效果。

东方甄选抖音账号将直播内容进行裁剪与加工,以短视频的方式在其官方

---

① 汪民安.文化研究关键词[M].南京:江苏人民出版社,2020.

账号上发布。例如,东方甄选抖音账号发布著名作家毕淑敏做客直播间探讨"幸福"的精彩片段获得很好的传播效果,助力账号形象的提升和粉丝数量的增加。同时,东方甄选账号积极探索直播以外的短视频内容建设,邀请头部主播或嘉宾进行专业的短视频内容拍摄,传播产品理念或企业文化。

营销号的助力从不同层面提升了新东方直播的传播热度。营销号与直播间粉丝的二次创作与转发也推动了新东方直播相关内容更广泛的传播。例如,在抖音平台上,粉丝将顿顿的经典语录"不要慌不要慌,太阳下了有月光"作成背景音乐,制作发布相关视频内容,从侧面带动了新东方直播的热度,以此让新东方主播收获了更多非直播间用户的关注。

2.传播提升直播流量,直播带动商业转化

短视频时代,用户注意力是电商直播争夺的重要资源。电商直播本质都是将直播空间、主播个人与营销相结合,消费者的注意力在竞争中处于核心地位[①]。东方甄选通过完善的营销策略提升短视频用户乃至互联网用户的关注,推动其流量增长,实现其商业转化。

从商业转化这一层面分析东方甄选直播的效果,能够直观地观察出东方甄选作为抖音平台电商巨头的影响力。抖音平台官方账号页面显示,截至2022年11月7日,东方甄选抖音账号粉丝数超2786.8万,点赞数累计9620.7万,十五日内新增视频237条,直播场次达15场,观看人数超2.2亿。在此基础上,东方甄选紧紧抓住双十一活动的契机,十五日内累计带货1009类。其中,甄选自营烤肠成为热门商品,在15场直播中销量位居第一位,销售额高达5000万元。

新东方作为企业转型发展的成功案例,通过传播共振、商业转化等方式将直播场内外联动起来,推动了直播效益的快速提升。这不仅体现出新东方作为知识型企业所具备的优秀传播能力,也为其他企业的转型提供了丰富的经验。

---

① 王艺璇,安真真.注意力经济:电商直播中消费者注意力的生产与控制[J].中国青年研究,2021(2):14-21.

三、讨论与反思

新东方东方甄选直播间的出圈,是设定主播人物形象、建构直播间内容、搭建传播模式、设置营销矩阵四方面合力作用的结果。作为直播赋能企业数字化转型的典型案例,东方甄选直播间为企事业单位的产品数字化营销提供了可借鉴的经验,也为电商直播各环节的设置与创意升级提供了方向指引,如主播人设及话语体系的构建、直播内容商业化变现、消费者购买行为唤醒、扩大品牌自身影响力等问题。本文在针对本案例的分析总结的过程中,也发现了电商直播存在的一些问题。

(一)把握产品属性特点,建立前台主播人设

主播是直播间前台展演的核心人物,其风格和属性构成用户对于直播间与品牌的第一印象。基于产品的核心卖点,直播间确立起直播风格和特色化内容。作为内容的核心输出者,主播也要建立起符合直播商品定位的人设。在主播人设与商品调性相匹配的基础上,直播间通过人物来建构起消费者对于直播间的记忆点。东方甄选以农产品为主要带货对象,因为"民以食为天"的传统文化因子,直播间选择了"知识型主播"的主播人设定位,并定期邀请文学领域、影视艺术领域的名人来强化直播间的文化因子。强风格化的主播和定期邀请的文化型艺人,都作为前台的名片向受众传递出文学、文化的信号,建立直播间的文化基底。因此,产品直播间要在内容建构之前剖析自身产品的属性及特点,选择合适的直播风格,并建立相匹配的前台主播人物形象,快速且有效地传递直播商品的特点。

(二)弱化商业色彩,延续企业文化

电商的直播内容是通过符号策略、话语引导来刺激消费行为,本质上是商业化推销内容的输出。企业文化是企业核心竞争力的关键部分,是企业发展的

推动力,也是员工个人成长和进步的精神纽带。实现转型的同时如何延续与继承企业文化?是处在转型关键期的老牌企业要思考的关键问题。新东方作为家喻户晓的教育品牌,其直播间中的产品作为能指,在意见领袖主播的内容建构下,编码为优秀文化的所指。这保持了新东方企业文化的延续性,为优秀文化提供了新的输出路径,同时有温度的内容提升了传统商业性强的电商营销行为的内涵。

通过传播内容的策略化建构转变企业文化的表现方式,弱化了直播间的商业气息,同时可以满足屏幕前消费者对于信息质量的要求。此外,精心设置直播间议题、激发集体记忆又可以赋予直播间新的符号意义,在提供文化信息的基础上附加情感共享的服务。东方甄选的创新性、有深度的带货话语内容体系,取代了"买它买它买它"的营销化、情绪渲染话语体系,"内容+情感"的组合拳可以弱化直播推销的商业色彩,并吸引受众的短时关注和长时观看。

(三)建立直播营销生态,扩大直播间影响力

单一垂类赛道难以拓展商业版图,多赛道开发是提升直播内容商业转化率的关键。面对激烈的直播市场,企业在布局核心品类直播间的同时,要拓展直播赛道,通过搭建多方向的垂类直播账号以延长品牌的寿命。信息爆炸的互联网时代,电商在生产内容的同时要注意内容传播效果的提升。东方甄选设置的"主次舞台"的双线内容传播模式是可借鉴的途径之一,即在直播间内的主舞台精耕直播内容,直播间外的次舞台二创轻量化短内容,次舞台内容的扩散与传播实现直播间引流效果,提升直播间的传播度及影响力。

四、结论

通过分析新东方东方甄选直播间的案例,本研究在直播间人设建立、内容建构、传播矩阵、营销模式四个方面,为直播与企业的数字化转型提供了经验参考。党的二十大报告指出,加快发展数字经济,促进数字经济和实体经济深度

融合,打造具有国际竞争力的数字产业集群。电商直播作为一种新型直播业态,在增加就业、扩大内需、促进数字经济发展等方面发挥了积极作用,蓬勃发展的电商行业也为处在转型期的企事业单位提供了一次更换赛道的机会。值得一提的是,在乡村振兴、助农发展政策的背景下,直播电商的发展开始成为推动乡村振兴的新引擎。除去新东方原有的教育品牌的影响力,东方甄选的阶段性成功与其在乡村振兴战略大背景下对"三农"赛道的选择,以及长期教学服务所积累的内容生产与传播经验均有紧密的关联。随着商业业态的不断更新,消费者的消费认知和消费模式也在不断变化。"知识主播,知识带货,情感传播"的电商直播的营销策略如何更持久地适应不断变化的新消费模式,增强内容的商业转化率,将是进一步思考和研究的方向。

(本案例由翟昊冉、陈健负责撰写)

图书在版编目(CIP)数据

视听新传播.7,转型与破局:中国网络视听年度案例研究:2023/王晓红,罗姣姣主编;包圆圆,田元副主编.--北京:中国传媒大学出版社,2024.11

ISBN 978-7-5657-3656-8

Ⅰ.①视… Ⅱ.①王… ②罗… ③包… ④田… Ⅲ.①互联网络-视听传播-案例-研究-中国-2023 Ⅳ.①G206.2

中国国家版本馆 CIP 数据核字(2024)第 109814 号

视听新传播:转型与破局
——中国网络视听年度案例研究7(2023)

SHITING XIN CHUANBO:ZHUANXING YU POJU
——ZHONGGUO WANGLUO SHITING NIANDU ANLI YANJIU 7(2023)

主　　编	王晓红　罗姣姣
副 主 编	包圆圆　田　元
责任编辑	张　静
特约编辑	李　婷
责任印制	李志鹏
封面设计	拓美设计

出版发行	中国传媒大学出版社		
社　　址	北京市朝阳区定福庄东街1号	邮　　编	100024
电　　话	86-10-65450528　65450532	传　　真	65779405
网　　址	http://cucp.cuc.edu.cn		
经　　销	全国新华书店		
印　　刷	三河市东方印刷有限公司		
开　　本	710mm×1000mm　1/16		
印　　张	18.75		
字　　数	296千字		
版　　次	2024年11月第1版		
印　　次	2024年11月第1次印刷		
书　　号	ISBN 978-7-5657-3656-8/G·3656	定　价	98.00元

本社法律顾问:北京嘉润律师事务所　郭建平